徐才厚之死

劉雲峰 著

廣度書局

徐才厚之死

作者　劉雲峰

責任編輯　張稚芬

出版　廣度書局

triangel.publish@gmail.com

出版地點　香港

版次　2014年5月第一版

國際書號　978-1-962312-16-5

定價　港幣138元

目　錄

◎　◎

楔子

從農民的兒子變成貪腐的將軍，徐才厚走完了自己不尋常的一生。其實，只要再挺過兩個月，就是他七十一周歲的生日了，還沒來得及吹滅生日的蠟燭，就終結在自己創造的悲劇裏。

他是一個軍人，軍人離不開武器。在他生命的最後一刻，軍人和武器之間達成了一種默契。子彈穿越的地方，一片焦黑，一個上將倒下了，同時，也讓那如同過山車般跌宕的人生匆匆血腥了結。

他給自己做了一個爽快的了斷，卻讓整個中國陷入了更大的疑惑……

第一章

將軍「決戰」豈止在病牀

三零四醫院的槍聲

二〇一四年四月十三日下午兩點多，北京阜城路解放軍三〇四醫院傳出有病人吞槍自盡，一名住在該醫院西樓八層高幹病房的病患，趁著看護人員不註意，竟然拿出事先放在衛生間天花板裏的一把意大利產老款貝瑞塔九二式手槍，朝自己的頭部打了一槍。等聽到槍聲，看守人員立即沖過去，病人已經奄奄一息，太陽穴周圍已經淌滿了鮮紅的血。

救護醫生在第一時間對傷患進行了搶救，到下午三點半宣告不治，這位吞槍自盡者不是別人，正是被拘押在這家醫院的前中央軍委副主席徐才厚。

美國博訊社也在第一時間獲得了徐不在人世的消息，他們通過三個渠道了解情況，其中有兩個渠道告知確實已經死亡或者離瀕臨死亡，只有一個渠道告知消息無法證實。一個星期之後，另外一家和大陸關係密切的海外中文媒體發出辟謠報道稱，徐才厚因患膀胱癌晚期，目前仍然拘押在一家

醫院中。

據接近中南海警衛局的消息來源，徐才厚吞槍自盡的消息震驚了中央高層，在如粗嚴密的看護情況下，槍械是如何運進去的，又是誰提供的。再有，看護的部隊號稱是王牌師，為什麼居然會出現這樣的烏龍事件？

由於事發突然，更由於徐的自殺可能會對涉及谷俊山、郭伯雄案的審理帶來變數，中央高層要求務必將徐死亡的消息嚴加保密。可是，美國的博訊社卻在事發不到二十四小時就播發了相關消息，雖然沒有說明死因，但確信徐死亡的消息已經得到證實。

據來自軍方的消息來源稱，徐才厚是三月底按照習近平的指示，由三〇一醫院轉往三〇四醫院隔離審查的。主要有兩個目的，第一、三〇四醫院比三〇一醫院更加容易進行看護，便於邊治療邊審查。第二、三〇四醫院雖然是解放軍總醫院的分院，經過軍紀委反腐調查，現任院長黃少平大校、以及政委卿建中、副院長王福利都和徐才厚在軍中的派系沒有關聯。第三這家醫院膀胱癌治療技術有一定優勢。

三〇四醫院的全名叫解放軍總醫院第一附屬醫院，是三級甲等醫院，也是一所以創傷外科、危重病醫學、急癥

徐才厚之死

解放軍三〇四醫院

救治為重點，集醫教研為一體的現代化醫院。醫院創建於一九五四年，現已發展成為以燒（創）傷、骨科、急救為特色，臨牀學科齊全，儀器設備先進，整體醫療水平較高的現代化綜合性醫院。這家醫院人才實力雄厚，擁有高級職稱專家一百二十余名，總後科技金星兩人，科技銀星一人，科技新星兩人，享受政府特殊津貼二十九人。

據來自大陸軍方的消息，從三〇四醫院轉來的關於徐自殺的消息，只有院長、政委以及該院少量醫護人員知道，其他人員都不知悉。四月十三日「吞槍事件」發生後，該醫院在小範圍就有人互相傳遞這個訊息。有一位參加搶救的護士說，因為左太陽穴創口面過大，臉部出現變形，基本無法辨

16

認死者是誰，不過，從一名三○四醫生的說，他當時恰好在搶救現場，看到傷者就是徐才厚。

衛生間裏的秘密

令北京衛戍區三師蒙羞的是，他們這支部隊組建七十多年來，從未出現過重大瑕疵，卻在和平年代僅僅看護一個問題病人，卻出了大事故。一個癌癥晚期的病人，居然可以在號稱「王牌師」的部隊的眼皮底下，持槍自盡。

據來自北京衛戍區司令部的消息，勘察人員經過細細偵查，發現自盡者使用的是一把老式意大利貝瑞塔九二手槍，槍械的英文名字是Beretta 92 SB-F，貝瑞塔公司品牌的這款手槍是半自動的，使用閉鎖槍機的延遲反沖結構、有單動和雙動模式，使用的子彈是九乘十九公厘規格。其生產商羅·貝瑞塔武器制造廠股份公司成立於一五二六年，是全世界最古老的軍械企業之一，也是意大利主要的槍支制造商，他們生產的武器廣泛被全世界的平民、警察與軍隊所使用。據了解，二○○○年起，大陸公安部八局以及武警一些機構采購了兩千多把這款手槍，從槍支的編號以及使用記錄來看，自

17

徐才厚之死

徐才厚使用的是一把意大利貝瑞塔九二手槍

盡者使用的這把槍是從公安部八局所轄機構流出的。

調查人員仔細查驗了徐才厚病房周圍的環境，窗戶都是細粗圓鋼筋加固，門警每天三班每班兩人看護，大門外樓梯口還有二十四小時警衛。病房內也有探頭，只是衛生間的探頭沒有安置，一般情況下，徐才厚上廁所都有一人陪同，只是那天徐才厚支開了看守幾分鐘。查驗人員也調看了相關樓層的監控錄像資料，槍支不可能由衛戍區一師的看護人員帶入，也未發現有其他可疑人員進入徐的病房。

查驗人員從衛生間的天花板內終於發現了其中的秘密，因為那個可疑移動的木板的上方是排放管道的區域，勉強有可以蹲伏一個人的位置，上面似乎有人新近走動的痕跡，這一區域可以一直通到屋檐處的陽臺。可令調查人員感

到奇怪的是即便是這樣，又是誰事先發現了徐關押的地點呢？況且，要把一把槍支透過層層封鎖放到指定的隱秘處，必須要有多人的配合，完全不是一個人能獨立完成的。

調查人員將被關押中的徐才厚的貼身衛士王曉明的妹妹和妹夫作為主要嫌疑人，因為他們兩位當年曾經在這家醫院幹過一段時間護工，由於王曉明的妹夫會點電器活，經常被叫去修理些電器，因此有可能對醫院大樓天花板上方的結構比較熟悉。可當調查人員趕往兩口子開設在平谷縣的廢品收購點的時候，發現他們的生意早在半年前就結束了。不過，有鄰居說，兩人正在鬧離婚。因此，似乎不大可能作案。可由於這把槍確實是由武警序列的人員掌握，雖然暫時還沒有找到實際的佩槍人員，但調查人員相信最終還是能夠找到的。

自殺還是他殺

弊案在身的徐才厚是不是也可能是他殺呢？來自中央軍紀委的消息來源說指，這種可能性還是存在的。由於徐才厚收受錢財的金額上億，所牽涉的人員眾多，特別是高層那

些目前惴惴不安的人，可能會對徐產生殺機。

因為，假定徐才厚竹筒倒豆般地將所有事情全部招認，那就極有可能令自身家族整個奔潰，而與徐才厚建立利益關係的家族其級別都不會低於部長一級，甚至還有可能貴為政治局委員甚至常委，說到底這有可能是一場「窩裏反」。

不過，彈痕專家研究後否定了他殺的可能，只同意可能有人協助了徐的自殺。因為整個看護的場景無法「他殺」這個工作，周的房間有二十四小時的監控裝置，更沒有任何余地可以實施作案。況且後來經過對槍源的調查，證實這把作案手槍是武警部隊某團副政委在二〇〇八年四月丟失的，這個副政委因為丟失了這把槍而被提前復原了。

據軍委辦公廳的消息來源，調查人員還曾火速前往遼陽找到了那位現在擔任遼陽糧食局下屬一家貿易公司黨支部書記的轉業幹部，仔細了解了當年丟失槍支的情況。那位副政委哪知一提起就開罵，說當年那把槍其實是團長丟的，他是屬於頂包，後來對方死不承認，害得他自己在基層混了五六年還是小單位的書記，而那位團長現在卻已經是正師級的幹部了。

　　那位轉業幹部說，二〇〇八年三月在一次慶功會後酒席
宴會上，團長把手槍丟了，因為我們兩人經常共用，所以，有
的時候那把槍也會登記在自己的名下。後來，團長就找我商
量，能不能出點錢給我，讓我把這件事情頂下來，當時處於
意氣用事、戰友之情，再加上弟弟想參軍需要他幫忙，一分
錢沒讓他話就頂了下來，結果後來事情的發展就變了樣了。

　　槍源問題再查下去，就變成是一件新弊案了，所以，調
查人員無功而返。

　　根據軍方的消息來源，調查人員幾乎可以確認，徐才厚
是屬於自殺，而且這把槍遺失後依舊在武警序列的人中使
用，至於究竟是誰幹的，因為徐已經過世，再加上徐本人在
軍中半輩子的人脈關係，真要做到並不會特別難。而且，徐
應該對自己今後處境早有思想準備，先做點功課的可能性
還是有的。

　　更有不願透露姓名的消息靈通人士告訴一位西方在京
的資深記者，其實郭在軍中的人脈比人們想象的要厲害，不
排除徐才厚事先得到了抓捕訊息和收押地點後，有人按照
徐的要求，提前將槍械放在徐將被收押的房間內。

郭伯雄被抓，徐當場崩潰

徐才厚自轉入三〇四醫院被收押後，反而顯得比較平靜。只是對中央軍委將其老婆、女兒、秘書「一鍋端」的做法表達了強烈不滿。徐認為，處理腐敗問題不能殃及無辜的家庭成員，如同周永康案實行的「滿門抄斬」的做法，不符合中央對策政策。他還將這些寫成材料，說要交給習近平，後來也不了了之。

據中央軍紀委的消息來源，徐在接受軍紀委問話時候，始終堅持避重就輕的策略，大都數都是以「不知情」搪塞。他還想軍紀委要求，為了有利於自己的治療，每次談話不能超過兩小時，另外希望能夠從家中拿些文房四寶，他要研習書法，臨摹一些字帖。因為，醫生說過，這對癌癥的治療有好處。

據中央軍紀委的消息來源說，軍紀委是主動將郭伯雄被抓的訊息透露過徐的，徐還有點將信將疑。說：老郭不是我老徐，你們動不了他。可能軍紀委的人要打擊一下徐的氣焰，故意把徐接受審查的一份材料順手在徐面前晃了晃。頓

徐才厚和郭伯雄可謂一搭一檔

時，徐才厚長時間沉默，末了，竟然嚎啕大哭。

據現場目擊者說，從來沒有看見徐才厚如此情緒失控。有消息指，郭徐兩人曾經一起請江湖術士畫符念咒，多方說只要兩個人不一起被抓，熬過兩年就能見天日。哪知道，郭也一起栽了，徐可能感到絕望。畢竟，兩人在軍界這些年幹了大量見不得人的事情，特別是事涉政變、刺殺、洗錢、賣軍銜等，件件都沒好結果。

郭伯雄被抓細節

二〇一四年四月十日，有香港傳媒爆料，中共反貪腐又傳出有驚人發展。原中央軍委副主席郭伯雄，在本月清明節後，被中共中央辦公室和軍紀委的人馬，從家中帶走，現被關入北京秦城監獄。報道還披露，在郭伯雄任職期間，郭與谷俊山狼狽為奸，大量出售軍事用地，郭伯雄與徐才厚形同政界的周永康和賀國強，相互配合、沆瀣一氣，圈掘巨額財富。

報道還指，郭伯雄家財早在二〇一〇年就超過百億人民幣。郭伯雄在廣東、福建、江蘇、北京、雲南、廣西、陝西、甘肅等地僅房產就超過百套，每套價值超過千萬元人民幣，且裝修豪華無比。另外，郭伯雄還包養二奶十多人，郭伯雄看好的二奶就一定要通過徐才厚調入戰友歌舞團、戰士歌舞團、前進歌舞團、海政歌舞團等部隊的文工團。

據中央軍紀委一位不願透露姓名的人士透露，郭伯雄並不是在家中被抓，而是在從陝西鹹陽市的禮泉縣掃墓返回北京時候被捕的。郭一行六人是坐四月五日東方航空公司

MU二一一五次航班從西安飛北京的,飛機晚上二十點〇五分到達,郭一行從貴賓通道穿過後,工作人員去拿隨身行李,這時候,機場工作人員邀郭伯雄在貴賓休息室等候。郭因為當晚在西安和成都軍區的老軍頭喝了半斤多烈酒,頭一直有點暈乎乎,就糊裏糊塗答應了。當他跟著機場工作人員進入休息室的時候,隨行的他的太太和兩個鹹陽老家的親戚也想跟進去,但被機場保安人員勸阻。

郭可能因為確實頭暈,只顧自己向前走,他一屁股坐在沙發上,才發現老婆和親戚都沒進來,剛要說什麼,見周圍站著十幾個不認識的軍人。來人中一個胖乎乎的上校對郭說:我們奉命前來將將軍帶走。

據目擊者說,這時候郭好像酒是徹底醒了,他瞪大眼睛問:這是習主席的決定嗎?郭連問了三遍,四周的軍人都不發一語。

正在這個時候,從側面內室走出來五、六個人一個人,其中走在最前面的是中央軍紀委副書記杜金才上將。顯然,郭伯雄沒想到在這裏碰上軍中老友。杜從攜帶的皮包中拿出一張紙,面無表情地向郭宣讀了中央軍委對郭伯雄涉嫌重大經濟案件隔離審查的決定。

徐才厚之死

這時候，在門外的郭的太太還有他的兩名親戚以及秘書和警衛，也被約到另外一個房間，中央軍紀委的工作人員，正在向他們宣讀同樣的那份同樣內容的決定。

有目擊者爆料，郭的太太情緒有些沖動，當場把握在手裏的一部手機砸了，還想沖上去和宣讀文件的軍紀委工作人員理論，結果被守在邊上的軍人按住在位置上。

據中央軍紀委的消息來源，郭並沒有如一些報道所言被押往秦城，而是在一個空軍療養院中被隔離，他的太太也在一周後被帶走問話，於第二天被釋放。目前，郭的情緒比較穩定。

舉報信最後壓垮徐才厚

雖然中共官方尚未公布徐才厚以及郭伯雄的相關案情，但不少人都認為東北軍出身的徐才厚已成「死老虎」，郭伯雄和徐屬於難兄難弟。不過，徐才厚一直采取的策略是困獸猶鬥，他一方面和中央軍委周旋，一方面加緊讓自己的親戚海外洗錢準備先讓家族「外逃」。

計劃失敗後，居然獲得二〇一四年一月二十日和習等的

公開露面的機會。這時候，他又燃起了一點希望。可是二月底到三月初又傳出有關徐才厚、郭伯雄貪腐的舉報公開信，其中細節詳細且驚人，並稱「徐才厚、郭伯雄一日不除，全黨全軍一日不寧」。這封信徐才厚在被抓捕之前，就在海南從網上讀到。

公開信指，「反貪會聚集人心，增強部隊戰鬥力。但從講政治的高度看，要特別當心利益集團失衡，誰都知道部隊有兩大利益集團，東北虎集團的徐才厚垮了，西北狼集團的郭伯雄仍逍遙法外，正在做（坐）大。他在軍中的黨羽骨幹不亞於徐才厚的人馬，不處理他的問題，軍心難穩。」

信中內容揭露前軍委副主席郭伯雄、郭伯雄女兒、女婿、兒子貪污受賄的細節，還稱郭伯雄已悄悄潛回陝西，四十七集團軍政委張福基私下派出大批人員，沿途陪同的便衣暗哨到處都是，希望中央對郭的問題要盡早處理，擔心鬧出亂子。

信中提及，在谷俊山被免職後，兩年前有段時間，郭伯雄也很緊張，谷俊山被免職後攜重金去看他，他給谷打氣說：「原以為把你免了職群眾議論就少了，想不到碰上春節，相互走動，議論更多了。但是你放心，有我們在你沒事！下屆

徐才厚之死

軍委班子都是我和徐才厚定的，我們商量好了，也給胡主席報告了，到時我們給他們打聲招呼保你能過關。」谷俊山說，「徐副主席也是這樣說的。」

據說信中舉報，後來情勢急轉直下，看到火要燒到自己身上，郭伯雄急了，不停地給現職領導打電話，又托人去找總政治部副主任王瑞林，請他出面做范長龍和許其亮的工作，不知是怎麼談的話受了刺激，沒過幾天，王瑞林就住進醫院。

最後該信說，大家呼籲盡快查處郭伯雄的問題，總政治部副主任杜金才必須迴避，因為他是郭一手提起來的，把郭伯雄問題解決了，部隊才能真正安定下來。

從這封信來看，郭伯雄、徐才厚等涉案很深。不過，也有分析認為，當局雖然做實了谷俊山案貪腐案，但難掩背後隱藏的中南海內部巨大分歧。

據接近徐才厚的消息來源說，徐一直認為這些信件都是他和郭伯雄的對手搞的，其主要目的就是要把他們兩個拉下馬。徐本來還想以罹患膀胱癌為名常住醫院躲躲禍，哪知道這翻天巨浪越來越高，自己就是汪洋中的一條小船。

保健醫生透露真實病情

徐的膀胱癌是在二〇一一年一月的例行檢查時候確診的。當時，軍內專家進行了五次會診。徐之後病情逐步加重，專家提出了進行割除的方案。專家們認為，膀胱癌一旦確診就要及時治療，手術切除是膀胱癌早期最為常見的治療方法，但是手術後常常會面臨復發轉移的問題。膀胱癌手術後能活多久，並沒有一個明確的回答，術後生存期也是因人而異的。徐聽了專家的意見後，不能拿捏究竟是采用手術治療還是保守治療。他老婆的意見是保守治療。

參加徐才厚病情會診的一名北京協和醫院的醫生說，膀胱癌是一種比較嚴重的疾病，治療方法有膀胱部分切除術和根治性全膀胱切除術兩種，由於患者腫瘤的分期、病理類型及腫瘤大小、部位、惡性程度、有無累和鄰近器官、選擇的手術方式等情況不一樣，所以手術後生存率也不相同。當時會診時候因徐才厚的膀胱癌已經屬於晚期，大致有兩大癥狀。其一徐體內有單發的、不能經尿道切除的較大腫瘤；其二腫瘤以外的膀骯粘膜多處隨意活檢顯示無原位癌及無

徐才厚之死

上皮發育異常的改變,同時前列腺尿道也出現病變。

徐才厚對病情一直有了解,他原本同意進行開刀,但了解到手術後的存活率只有百分之四十八後,就改變了註意。二〇一三年十月,徐請人找來了一名北京的著名老中醫,老中醫和他詳細敘述了中醫治療膀胱癌的優勢。

這位姓陳的老中醫是中醫世家,曾給新加坡前資政李光耀看過病,也給中共大佬宋平當過一段時間保健顧問。他認為,根據徐的身體條件,完全可以采用中醫保守治療法,存活年限在十年以上。

王姓老中醫詳述了中醫治療膀胱癌的三大優勢。其一:中醫有很強的整體觀念,往往能從患者全身的特點加以考慮,而不只是局限在癌腫瘤本身。中醫調理能糾正機體的某些失調,去除腫瘤的復發因素,減少轉移的機會。其次,中藥對健康細胞的傷害比較小,一般不會因治療本身的原因對體力產生新的破壞。在癌好轉的同時,體力也會逐漸得到恢復,逐步增強免疫力。其三,中藥減輕手術及放化療的毒副作用。另外,中醫還可扶正祛邪。

據徐才厚的身邊工作人員透露,這位老中醫該給徐開了中醫食療的方子,其中有:絲瓜一百克(洗淨刮去皮、切

塊），鴨血塊一百克、加調料煮熟食，能清熱利濕解毒。另外還有鮮葡萄榨汁一百克、鮮蓮藕榨汁一百克、鮮生地榨汁六十克，混合放瓦罐中煮沸，調入適量蜜糖溫服，可用於膀胱癌血尿及尿痛。

徐按照中醫食療方案進行了兩個月後，確實感到病情有所緩和。但是徐才厚的保健醫生認為，徐的病灶依舊非常嚴重。這位保健醫生曾在二〇一四年三月應要求向中央軍委辦公廳詳細報告過徐才厚的病情，本以為是中央軍委要研究對徐的病情的治療，後來才發覺，原來是評估逮捕徐之後徐本人的身體承受能力。

中央軍委定調善後

據來自北京衛戍區一位退役少將的消息來源，徐才厚的自殺後，最緊張的是潘良時，本來想在抓捕和管理徐才厚上露一手，哪知道除了大漏子。潘還上報軍委要求處分，看到習那邊沒有回應才稍稍安心。

據中央軍委公辦廳的消息來源，事件上報到習近平和王岐山那裏，沒想到都比想象的要反應平靜。經過軍委會的研

31

究,當時有三種意見,一種認為可以按照前空軍司令張定發的模式,發訃告、開追悼會,但不解釋、不追究。第二種意見是參照姬鵬飛自殺模式,舉行降低了規格的追悼會,然後再時隔一年之後,再對追悼會上的政治結論作出說明。第三種是暫不對外公布,待軍中郭伯雄、谷俊山案結案後,再議文件形式在黨內和軍內做一說明,但死因以膀胱癌為準。

意見中提及的姬鵬飛和張定發的死亡案都曾引起軍內外轟動。

自殺在中共黨內雖不是什麼新鮮的事情,但十五年來在高官中只有兩次。一是老外交家、全國人大副委員長姬鵬飛因不滿在軍中擔任總參情報部常務副部長的少將兒子姬勝德被判死刑,二〇〇〇年二月十日下午服食了大量安眠藥,一命嗚呼。姬鵬飛的死因一直是個秘密。

根據姬鵬飛生前擔任的職務,他的追悼會的規格應有江澤民、李鵬、朱熔基出席,但卻只有胡錦濤出席,致了簡短的悼詞。更為蹊蹺的是,中央軍委、軍方的四總部、國防部都沒有送花圈。最令人不解的是,姬鵬飛的兒子姬德勝,當時已被軍事檢察院宣布逮捕,卻意外地穿著便裝,出席了父親的追悼會。胡錦濤按慣例,向死者家屬握手節哀時,也握了

姬勝德的手。這一鏡頭在電視熒屏畫面上出現後,曾引起很大爭論:這算怎麼一回事?

　　直到二○○一年十月,中共才給省部級發了文件,給姬鵬飛的政治、組織結論補充了意見。大意是:姬鵬飛就其兒子姬德勝的問題,曾向組織提出了不合法、不合理的要求,被拒絕後,做了、講了一些嚴重錯誤的事和話,以極其錯誤的行為,造成原患病癥惡化而死亡;姬鵬飛一生曾對黨的事業,對國家外交,港澳等工作,作出較大貢獻。經討論並聽取了多方面的意見,決定維持對姬鵬飛悼詞的結論;但建議:今後對有關姬鵬飛生前活動等,不舉辦公開形式的研究和紀念。全文不到二百字的補充意見稱:姬鵬飛是「以極其錯誤的行為,造成原患病癥惡化而死亡,」這無疑含蓄地暗示姬鵬飛是自殺身亡。當然,這也是繼高崗之後,中共體制內第二起高層領導人的自殺案。

　　另外一起引起爭議的是張廷發不明不白死亡案。二○○六年五一黃金周,當胡錦濤乘坐中共最先進的一艘導彈驅逐艦到黃海視察北海艦隊時,突然兩艘北海艦隊軍艦同時向胡乘坐的導彈驅逐艦開火,打死驅逐艦上五名海軍戰士。胡錦濤命大逃過一劫,立刻乘艦上的直升飛機離開。事後,據被拘捕的艦艇官員供認,事件和張定發有關。隨即,

徐才厚之死

張定發便從軍界消失，到了當年的十二月十四日，六十三歲的張定發在北京死了。中共草草為其舉行了追悼會，一般認為張是死於自殺，但中共軍方始終沒有公開說明。

據來自中央軍紀委的消息來源，二〇一四年四月底，中共軍委內部做出決定，按照第三種意見辦理，並將和徐才厚一起被逮捕的徐的妻子暫時釋放，料理善後事宜。軍紀委特別強調，不開追悼會、不做政治結論，並表示肯定徐才厚對軍內一些事務上做出的貢獻，並將給家屬一定撫恤。

真假兩份遺書

在徐才厚死後，高層對待徐的問題立即有了轉變。中央軍紀委的兩名徐案的辦理人員都被調到了軍內巡視組，待移交案情資料後，將赴南海艦隊做巡視。徐的妻子早關押了一個不到時間後，被釋放回家。不過，軍紀委明確和她宣布，因為她在「洗錢」和保管徐才厚巨額政變經費中，嚴重涉案，暫時回家並非說明不再審理，而是先讓她回家一段時間，處理徐死後的善後事宜。

從徐才厚工作過的濟南軍區司令部得到消息，徐死後

調查人員曾經在徐的枕邊發現了一封二十字的遺書。書寫的時間不詳，推測大約在三月下旬。遺書用圓珠筆寫在一張裁剪過的A四紙上。內容是這樣的：查案動搖軍心，鬥爭太過無情，生命若有來生，還想再回兵營。但徐才厚的妻子認為，這是軍方調查人員杜撰的，徐早就留有遺書。

自二〇一二年三月薄熙來被捕以來，徐才厚就料想到自己的狀況可能會有改變。徐的遺書寫於二〇一三六月左右，是寫給妻子的，遺書中沒有提及對案件的態度，只是對北京家兩處住房、濟南一處公寓以及瓦房店老家的三間老屋提出了自己的處理意見。對家中的存款等，他委托妻子辦理。特別強調要把父母親的墓重新修一修。最後是六個字：我不在，你保重。

徐才厚是在二〇一四年春節後三亞期間突然接到上面返京電話後，才告訴妻子自己寫有一份對家庭財產的處理意見的。

據接近徐家的消息來源，徐提及的錢款並非涉及「政變經費」，徐一直堅稱，自己只是代理薄熙來管理這筆錢財，根本無意對黨中央犯上作亂。

根據軍紀委的消息來源，調查人員在徐才厚遺書下面

徐才厚之死

有兩個信封，這是他寫給許其亮的申訴書，希望有機會讓高層了解一下他案情的實際情況。徐才厚的妻子對此不予否認，她表示，這樣的申訴書寫了十幾封，但都沒有效果，否則老徐不會自尋短見。

　　據熟悉徐家的一位徐家親戚表示，死訊傳到老家瓦房店後，徐的兩個堂侄和一個表弟一起來到中央軍紀委「上訪」，他們認為這是一次謀殺事件，希望中央能搞個水落石出。他們還揚言，假定不給答復，要將事情捅到網絡上去。後來，一位少將接待了他們，據說勸說工作取得了成功。

第二章

抓捕軍中「病虎」現場全紀錄

徐才厚之死

三中全會後短期隔離

徐才厚被短期隔離是在二〇一三年的十一月底，也就是周永康被抓的前幾天。據解放軍總政治部宣傳部一位不願意透露姓名的大校說，徐才厚是被中國人民解放軍軍紀委書記杜金才約去談話的。談話進行了八個小時，談話之後，徐才厚被立即宣布監視居住。徐在之後的半個月中，采取了配合的態度，主動交代了收受谷俊山百多萬元巨款的細節，但對參與薄熙來周永康政變計劃則只字未提。

據中共軍紀委的消息來源，徐才厚被隔離一個星期後，膀胱癌再次發作導致排尿出現困難，徐的家屬請到了原中央軍委副主席張萬年，要張萬年和習近平打個招呼。其實，張萬年也因為谷俊山的事情搞得滿頭是包。當年，在給谷俊山授銜問題上，張也得過谷的好處。張萬年還給谷俊山的一本書，寫過序言，光潤筆費就是十萬。

事情的經過是這樣的，谷俊山之父谷彥生本是國民黨壯

丁，後來中共烈士周鎬將軍的勤務兵，周鎬被國民黨殺害之後，谷父回家務農。為了將自己的老父親包裝成為紅色子弟，谷俊山在家鄉為父修陵，墓前牌位上刻著「雨花臺烈士」五個字，並且請南京市雨花臺烈士陵園管理局的人寫了本《生死記憶：周鎬與谷彥生的故事》。

張萬年收了錢為該書作序，親手幫谷俊山「染紅」。張萬年在序中說，翻閱《生死記憶》一書，心中久久不能平靜。還說：書中故事跌宕曲折，真實感人，飽含著戰友深情、人間真愛，洋溢著偉大的愛國主義和革命英雄主義的壯烈豪情。

有軍方的消息來源指，張萬年不願意親自出面替徐說項，但考慮到假定徐才厚真有三長兩短，必定自己也難有好的結局。於是，趁著元旦軍內團拜之際，請現任軍委副主席許其亮給習近平幫忙溝通。後來，中央軍委專門就徐才厚問題做了研究並報請習近平同意，暫時解除了對徐的隔離審查。但同時留有「尾巴」：根據軍紀委的處理結論，待「谷俊山問題結束時候，再做軍內處理。」哪知道，這其實只是習近平和王岐山「欲擒故縱」的一個招法，一時間思想放鬆的徐才厚，頻頻派人去香港「轉移百億元家族巨款」，鬧出「洗錢」大風波。事發後，徐被新帳老賬一起算，詳情後面章節還會詳細敘述。

春節露面，徐才厚中計

二〇一四年一月二十日中央軍委舉辦慰問駐京部隊老幹部迎新春文藝演出，徐才厚精神不錯，與習近平郭伯雄等人同臺亮相。

徐是在一月十九中午接到中央軍委辦公廳通知的，當時簡直可以用「解放」兩字來形容。徐也感到張萬年的能量真是不容小覷，根本不知道眼前的這個「小陽春」只是個習近平和王岐山為他挖的「陷阱」。

據來自中央軍委辦公廳的消息，慰問駐京部隊老同志是常規「節目」，早在半年前就確定了。由於考慮到相關的影響，按照慣例，習近平決定讓那些未公開宣布涉案的軍內官員都出席活動，以顯示表面的和諧和團結。於是，徐才厚當然在被邀請的名單上，只是徐本人錯誤解讀，以為自己已經過關了。

徐是排在張萬年和郭伯雄之後，出現在接見的人群中的，很多人見了多時不見的老首長也顯得格外驚奇，能夠和習主席一起出來，說明政治上肯定了，幾個躲了老首長很多

時候的將領紛紛走上前去和徐才厚熱聊，有幾個濟南軍區的老部下，還和徐才厚緊緊擁抱。因為參加倉促，未來得及焗油，徐的一頭白髮也引發人們的不少議論。

在演出前的休息室裏，張萬年、郭伯雄和徐才厚等一批大小軍頭聊得正歡，這時候習近平微笑著走了進來。老軍頭紛紛關上話匣子，一個個站了起來，徐才厚更是興奮過頭，從張萬年和郭伯雄身邊走過，直接來到習近平身邊，他還示意一名軍報記者，到他的前面站好最佳的拍攝位置，給自己留下「寶貴的瞬間」。

習近平沒有看站在離自己身邊大約一米又半的徐才厚，只是和在座的北京軍區的幾位老將軍聊聊過年的話題，他和大家提到自己當年在延安過年的時候，因為吃不上肉就到山上打野豬，哪知道延安的山裏根本沒野豬，幾個人白白忙乎了一夜，空手而歸。習對大家說，艱苦奮鬥確實是我們的傳家寶，一定要代代相傳。在座的老同志紛紛鼓掌。

習近平還和大家聊起了反腐敗的話題，他說：反腐敗高壓態勢必須繼續保持，堅持以零容忍態度懲治腐敗。黨的十八大以來，中央堅持「老虎、蒼蠅一起打」，深入落實八項規定精神，堅決糾正「四風」，黨風廉政建設和反腐敗鬥爭

徐才厚之死

徐才厚國慶節露面

取得了新進展，得到了廣大幹部群眾積極評價。中央一再重申「對腐敗分子，發現一個就要堅決查處一個」，「黨內絕不允許腐敗分子有藏身之地」。要做到「零容忍」。習說，我們還有很多工作要做，絕不可有鬆口氣的想法，要加強理想信念教育，增強宗旨意識，使領導幹部「不想腐」；強化監督管理，嚴肅紀律，使領導幹部「不能腐」；堅持有腐必懲、有貪必肅，使領導幹部「不敢腐」。

習近平請大家發言，話音未落，徐才厚把話接了過去，他話題一轉，從習說的反腐轉為中國夢。徐說：習主席關於中國夢強軍夢重要論述，作為當代中國發展進步的精神旗幟，彰顯了強大的凝聚力、感召力和推動力，是引領官兵精

神生長的思想行動指南和動力源泉。為籌劃和推進軍隊改革指明了方向、提供了根本遵循。徐還說，在新的一年裏，我們要深入貫徹黨的十八大和十八屆三中全會精神，堅決貫徹落實習主席和中央軍委一系列決策指示，牢牢把握黨在新形勢下的強軍目標，堅決聽黨指揮、做好軍事鬥爭準備、持續改進作風、深化軍隊改革，不斷開拓國防和軍隊建設新局面。

據目擊者說，習近平聽罷並無什麼表情，反而站起身說：很快就要開演了，咱們去觀眾席吧。

徐才厚表現過火，討了個沒趣，只能默默跟在了習和其他軍頭後面，走出了休息室。

看戲一直心神不定

中央軍委舉辦慰問駐京部隊老幹部迎新春文藝演出，在北京西郊萬壽寺附近總政下屬的中國劇院舉行，這是中國第一座現代化的大型歌舞劇院，建於一九八四年，是為紀念毛澤東誕辰九十一周年和迎接國慶三十五周年、演出大型音樂舞蹈史詩《中國革命之歌》而興建的。這幢三層框架結

構建築，地面以上高二十二點九米，俯視呈「工」字型，通身潔白，人們稱讚這幢建築本身就是一件完整的藝術品，每年中央軍委的春節慰問演出都在這裏舉行。

中國劇院總建築面積一萬一千平方米，由觀眾廳、舞臺、化妝室、排練廳、貴賓室、錄音室、繪景間和一些附屬設施組成。觀眾廳高十四點一米，面積九千平方米，分上、下兩層，共設座席一千七百五十八個。後臺是三層面積九百零八平方米的化妝樓，大小化妝室共有二十多個。地下室設有樂隊休息室和演員休息室等。

劇院舞臺的自動化、機械化水平都比較高，舞臺面積是六百多平方米，分割成五塊升降臺，中間兩塊能雙層升降正負二點五米，上面有五個直徑為一點二米的旋轉臺，兩側有六塊平行推拉車臺，可以迅速遷換場景和演員。臺前樂池也能夠升降，升起後既可延伸加大舞臺，又可方便樂隊出來謝幕。

根據央視的報道，當晚的文藝演出在喜慶熱烈的《春節序曲》中拉開序幕，聯唱《踏上強軍新征程》、合唱《假如戰爭今天爆發》、小品《英雄帖》、舞蹈《步調一致》，展示了全軍面向未來戰場，聚焦能打仗、打勝仗大抓實戰化訓

練，紮實推進軍事鬥爭準備的新成果新風貌。短劇《太行山上》、獨唱《大地情深》，表達了黨和人民群眾永遠生死相依、血脈相連，展現了新形勢下共產黨人貫徹群眾路線、弘揚優良作風的時代風采。合唱《我是一個兵》、獨唱《過雪山草地》、《革命人永遠是年輕》，反映了人民軍隊火紅的信念、不變的本色。舞蹈《蓮頌》展示了中華優秀傳統文化的魅力，營造出幸福美好的意境。舞蹈《沂蒙情》、獨唱《回延安》，熱情謳歌老區人民愛黨愛軍、無私奉獻的革命精神，表達了紅色傳統代代傳承、軍民魚水一家親的深厚感情……雄壯激越的領唱與合唱《強軍戰歌》，據稱抒發了全軍將士矢志強軍報國的壯志豪情。

有目擊者說，徐才厚在整場演出中，經常前後張望，更在演出間隙不住和後排人士打招呼。當演出結束後，徐隨習近平走上舞臺，臨近座位上有三個中將銜軍官和徐打招呼，徐更是使勁搖擺手，當眾證明「清白」的意味很重。

根據當天新華社的消息，中共軍中要員悉數參加了這一活動，他們是：范長龍、許其亮、常萬全、房峰輝、張陽、趙克石、張又俠、吳勝利、馬曉天、魏鳳和，以及梁光烈、喬清晨、陳炳德、李繼耐、靖志遠。

徐才厚之死

攜家人三亞春節度假

徐才厚中國劇院露臉後一直處在興奮中，據其身邊工作人員透露，他在一月二十一日請總政專職的軍中特級理髮師給他焗了油。在鏡子裏他看著一頭「烏髮」還和理髮師開玩笑，說：又回到了濟南軍區當政委時的形象了。

春節前，徐才厚特意在家裏擺了三桌酒席，為了避嫌，軍內老軍頭一個沒請，倒是把自己在濟南軍區當政委時候的炊事員、警衛員以及秘書全部招來了北京。據徐的身邊工作人員說，這個主意是徐的老婆出的，是想借來客的嘴，給徐到各地「報平安」。

徐還特意吩咐工作人員，把這些來客全帶到故宮和八達嶺轉轉。老炊事員王漢平是徐才厚瓦房店的老鄉，當年一直跟著徐才厚天南地北轉場，後來兒子還通過徐才厚的關係轉業到濟南社保局機關上班，老王轉業的時候，就留在了山東，因為兒子現在已經是濟南市一家事業單位的一把手。老王和徐才厚臨別的時候說：「首長有啥盡管吩咐，我們東北人齊心，不怕奸人陷害。」據目擊者說，徐才厚破例把王老伯

46

送到大門口，囑咐工作人員把幾瓶東北產的「富裕老窖」捎帶上。

這個節日，徐才厚一直是在喜氣洋洋中度過的。春節一過的二月五日，徐便和妻子女兒一起去海南三亞過冬，一家人還在天涯海角拍了不少照片。解放軍海軍駐三亞部隊的幾個軍頭因為當年受到了徐才厚的拔擢，就請徐才厚全家到井岡山艦做不公開視察。徐一口答應下來。艦長劉忠鵠上校面對老首長的再次出現，看上去據說有點忐忑不安。不過，他也是奉命令接待。

井岡山艦是中共海軍排水量最大的兩棲登陸艦，搜救能力比較齊全，可搭載直升機、沖鋒舟、醫療救護人員、陸戰隊員、潛水員等，並可進行空中、水面、水下立體式拉網搜索。徐才厚身著便裝，攀舷梯、下艙室、上甲板、進艦載直升機機艙，像模像樣地了解武器裝備性能，還詢問官兵訓練生活情況，並接受了艦長贈送的艦帽、艦徽，並在航泊日誌上簽了名，其接待規格和習近平幾乎相同。

有接近徐才厚的消息來源說，在三亞期間，除了派親戚去香港處理經濟上的問題，徐不斷地和軍中將領聯系，雖說是春節互道祝福，但報平安的性質非常突出。駐紮在湛江的

徐才厚之死

徐才厚在海南登上「井岡山」號軍艦

南海艦隊現任司令員蔣偉烈中將和政治委員黃嘉祥中將都是在徐才厚手下授的銜，海軍南海艦隊的前身是中國人民解放軍中南軍區海軍，成立於一九四九年十一月，是中共的三大海軍艦隊之一。兩位老部下提議要來探望老首長，徐才厚為避嫌婉言謝絕了。

廣州軍區的前司令員徐粉林等幾個軍頭也想過來和徐才厚聚聚，徐才厚也沒有答應。據徐的身邊工作人員說，徐才厚在三亞期間一直把自己關在房間裏，只是吃飯的時候才出來。不過，他看上去精神面貌不錯，而且還常和工作人員開開玩笑。只是在二月下旬的一天晚上，因為突然血壓升高，

被救護車緊急拉走，到了下半夜才回來。後來才得知，原來去香港處理賬戶的親友被抓事件曝光了，一著急，血壓驟然飆升。

情況突變接回京通知

在三亞悠哉悠哉的一個多月，成了這一年來徐才厚難得的輕松時光。他還叫秘書給他買來了柳公權的書法字帖，像模像樣地臨摹起來，嘴裏還念念有詞。徐說，七十歲的人就應該換個活法。徐年輕的時候寫得一手好的鋼筆字，寫書法有些底子。他臨摹了毛澤東詩詞：沁園春-雪。徐說，毛的詩歌意境他能夠感覺到，所以他一直是毛澤東軍事思想的忠實粉絲。

徐才厚本來的回京日期定在二〇一四年三月十八日，醫生要他去三〇一醫院做膀胱癌的復檢是三月十九日下午。可哪知道三月三日，中央軍委突然通知徐返京參加紀念雷鋒的活動，他頓時似乎有點鬧不明白怎麼回事，於是就叫秘書打探一下情況。秘書了解後告訴他，並無任何新的情況變化，都是例行的活動。

徐才厚之死

徐忐忑不安地在三月二日搭上了回北京的國航頭等艙，過去一般都是軍用專機護送的。徐壓根沒想到，剛到北京的第二天，他的警衛班長就被換掉了。這個警衛班長小沈在一九九四年他任總政副主任的時候就跟了他了，小夥子是陝西人，在全國摔跤比賽中獲得過第九名。說換就換，連個招呼也不打，徐一肚子不高興。所幸，貼身警衛小王繼續留在了身邊。

不過，思來想去徐還是咽不下這口氣，他立即叫秘書和軍委辦公廳聯絡。對方回復說，是統一換崗，並無特別意義。徐熬了整整一天，覺得事情有點不妙，便親自聯系軍委副主席許其亮。但是許的秘書支支吾吾，欲言又止，而過去不是這樣。徐又致電郭伯雄，郭的電話也始終無法聯系上。

據來自徐才厚身邊工作人員的訊息，換來的貼身警衛班長是個湖南人，雖然臉上笑容滿面，但是一問三不知。徐才厚知道事情起了變化，更懷疑這個警衛班長可能是來監督自己的。於是，徐才厚立馬叫家人火速找到軍委副主席范長龍，要求立即去醫院住院看病，先借著病躲一躲。這個申請很快獲得批準，於是，當天晚上徐才厚便又住進了三〇一醫院。按照平時的慣例，他一旦進醫院，總後的領導以及三〇一醫院的政委和院長都會立即前來，但這一次也連個人

50

影也見不到。

到了三月十五日早晨，形勢急轉直下，醫生前來作過例行檢查之後，樓道裏出現了七八個個便衣。徐才厚迅速用手機和家人聯系，但電話始終占線。據目擊者說，徐心一慌把一只手拿著的茶杯摔在了地上。

王牌師突襲三零一醫院

二〇一四年三月十五日是個星期六，早晨不到七點半，北京地鐵一號線五棵松站一直沿著復興路到西翠路口，忽然全線實行交通管制。因為是休息日，出行上班的人流明顯減少，但還是遭來不少市民的議論。

令路人感到詫異的是四輛軍用吉普和兩輛軍用卡車飛快地疾駛，車輛都轉入了位於復興路二十八日號的解放軍三〇一醫院。

據目擊者回憶，當天從卡車上跳下來了差不多有七十幾個士兵，他們按照要求，分別在醫院的各個路口、大門、樓道把守。其中一路人馬大約七、八個，一路小跑往三〇一醫院北樓跑去，北樓屬於高幹病區，能夠進入這座樓治療的都需

徐才厚之死

要大校以上級別的軍隊官員，而且一般還需要現役。如果不是現役，則需要相當於正軍級以上級別的離退休將領。

看那麼大陣仗，原本醫院的一些值班醫護人員還以為送來了一位患病的軍隊高級將領，可後來越看越糊塗。因為再大的官員送來醫院也不需要將醫院門口的道路封掉。而且，軍車的數量也出奇地多，那些軍人看來不像是搞警戒的，好像是執行什麼特殊任務的。

據北京衛戍區一名退役少將透露，那天就是駐紮在平谷的北京衛戍區一師，執行了收押徐才厚的任務。

北京衛戍區警衛局有三個師，分別是一師、二師和三師，後來警衛二師變成了警衛內務部隊，現在只有兩個師。兩師有不同的分工，警衛一師主要擔負一些主要首長的駐地安全，還有特殊部門、特殊會議的安全任務，一師師部在公主墳部隊駐地散在北京城區內各地方。警衛一師承擔著保衛首都北京中共頭頭的任務，北戴河暑期臨時的警衛，也由一師特務連擔負。特種作戰大隊和幹部大隊都是衛戍區直屬機構，承擔著主要首長的外出的安全任務。警衛三師為摩托化步兵師，正式組建於一九四一年四月一日，主要擔負首都機動防衛作戰、參加首都防空作戰、反恐維穩和平時各類

機動任務，也是王牌師。

　　八點十分左右，北樓傳來訊息，行動順利結束。這時候原先封住的各個路卡全部開放。軍人訓練有素地在空地集合，然後一路小跑紛紛爬上卡車。另有一些軍人鑽進了吉普車。隨著一陣又一陣的警笛，車隊飛快駛出了三〇一醫院。

　　據目擊者說，整個行動大約前後用了一個多小時，醫院很快恢復了平靜。只是，各種傳言和耳語開始流行，人們搞不明白，早晨的一幕究竟是為了什麼。

潘良時司令親自督陣

　　據來自中央軍紀委的消息，這次抓捕徐才厚的行動其實是在二〇一四年二月底就確定了，遲遲沒有行動是因為當時還有一位前任政治局常委有不同意見，因為這個大佬春節前中風，不能說話，所以習近平就提議緩一下。有消息說，這個大佬指的就是前政治局常委宋平。宋平和徐才厚有近二十年交情，兩人私交密切，宋也向中央軍委推薦了不少人，徐對宋一直畢恭畢敬。習近平對宋平也是尊崇有加。

　　春節後，宋平的病情並無好轉，考慮到軍委的整個部

徐才厚之死

北京衛戍區司令潘良時

署，就決定不再個別征求宋的意見了。宋的家屬也完全同意，並且出具了書面的意見。

本來，徐才厚自海南返回之後就要立即軟禁，但因為那時候對郭伯雄的調查也快有結果了，習近平的意見還是先抓徐才厚，再抓郭伯雄。於是，就在三月十五日行動了。

在擬定抓捕方案的時候，一種意見認為，拘押後押往指定地點。另一種意見認為徐有重病，還是就地看管較好。後來習近平指示，給徐挪個窩，先暫押三〇四醫院。

新任北京衛戍區司令潘良時堅持要親自執行此次抓捕行動。潘是習的愛將，一九五七年出生，二〇〇八年升任

中共陸軍第三十九集團軍軍長，步入正軍級將領行列。他在二〇一二年十一月中共十八大上當選為中央候補委員。二〇一三年底，被習近平提拔為北京衛戍區司令。

潘良時曾多次參加過軍事演習並擔任重要角色，曾在二〇一三年中俄「和平使命」聯合反恐軍事演習中，擔任中方戰役指揮一職。

有軍事評論員指，潘良時執意參加此次行動只是想在習面前加點分，雖然任務沒有難度，但確是對他個人很有收獲的一件事。

衛兵抗命，持槍反抗

徐才厚住進三〇一醫院後百無聊賴，看上去周圍情況並無改變。但據軍中的消息來源說，其實徐才厚一直通過五個渠道了解中央軍委對他問題的處理意見，但是秘書傳來的消息令他十分惱火，幾乎都是含糊其辭。

據三〇一醫院高幹病房區一名姓王的主治醫生透露，徐每天早上餐前一般會和衛兵一起去樓下的院子裏轉上幾圈，這個早鍛煉的習慣據說他已經堅持了三十多年。

徐才厚之死

但事發那天的早晨，值班的王醫師一早被告知暫時不要離開工作崗位，聽候通知。接著有值班醫生和護士一前一後去了徐才厚的房間，通報徐和他的衛兵以及一個姓徐的家屬請的護工，大樓的電梯出了故障，可能要到十點才能修好。在這期間不要外出。徐說那從樓梯下去，醫生立即說二樓也在施工。徐當時搖了搖頭，顯得無可奈何。反而是徐的衛兵王曉民顯得有點不耐煩，說他去看看，但也被樓道裏的一個陌生男子勸阻。

據熟悉徐才厚家情況的一名徐的工作人員透露，王曉明是老兵，屬於武警部隊編制，他來自遼寧省撫順下屬的撫順縣，自徐才厚到北京後就一直跟著徐，和徐家關係密切。王家比較窮，母親得了癆病父親過去做窯工傷了腰，家裏兩個弟妹務農，自王來到徐首長身邊後，家裏的境遇發生了很大的變化，母親看病基本不再花錢，父親二〇〇三年去世的時候，連縣委書記都參加了送葬。

王曉明的弟弟妹妹早就不在村裏幹農活。弟弟和人合夥在撫順鄰近的望花區開了家物流公司，生意還算紅火。妹妹和妹夫也到了北京，本來在三〇四醫院腫瘤病區幹護工。後來，幹起了坐落在平谷縣的一家軍工企業的工業廢品回收生意。兩人早就在北京五環外購了房。王曉明的老婆更是靠

徐家得了不少好處，不但很快隨軍來了北京，而且幾乎不費吹灰之力就在總政下屬的中國劇院幹起了清潔工。別看清潔工看上去不算好活，但因為是正式工，平時只要指揮臨時工去幹，一般重活髒活很少親自動手。

此時，王的頂頭上司公安部警衛局現場警衛處一名姓劉的副處長打電話叫他上午八點在三〇一醫院院部會議室開會，後又催促兩次，王表面答應，但到七點五十分依舊沒有前往。

有目擊者說，王知道今天一定要出點事情，或許他準備不顧後果挺身護主了。

據北京衛戍區的消息來源，上午八點鐘一過，直接上六樓病房執行抓捕徐才厚任務的衛戍區一師共六名戰士，他們一路來到了徐才厚位於六樓的病房外。此時，正在病房門內和徐才厚竊竊私語的貼身衛兵王曉明，聽到外面有異常，立即衝了出去，和迎面過來的幾個全副武裝的衛戍區戰士差點撞了個滿懷。王曉明一看陣勢不好，立即後退幾步一個閃身，進了徐才厚病房的門內，貼著外房門，斜著眼睛朝外察看，而那六個戰士也站好隊形，一副要以武力將王擒獲的架勢。

徐才厚之死

此時，樓道內一片寂靜，除了偶爾傳來其他房內病人的咳嗽聲。坐在徐才厚身邊姓徐的護工阿姨已經嚇得說不出話。反倒是房中的徐才厚一聲不吭，一臉木然地站在那，他朝樓下方向張望著，想探出個究竟。

據一位現場目擊者爆料，幾乎在同時，走道裏就傳出聲音：「衛兵請放下武器，我們是衛戍區一師，奉中央軍委命令前來執行公務，請你配合。來人開始說話。王持槍不語。現場氣氛極度緊張。

這時候王的手機開始響起來，他也顧不上接聽。過了大約兩分鐘，王才用不低不高的聲音沖著樓道說了一句：我也是奉命保護首長安全。

這個時候，樓道裏出現了一個人，此人正是中央軍委辦公廳副主任鐘紹軍，他厲聲對王曉明說道：立即繳械，否則後果自負。說完，鐘紹軍領著六個軍人幾乎是大搖大擺地走進了徐的病房，他們可能也知道，衛兵的槍裏早就不配發子彈了。

王曉明在徐才厚的眼皮底下被陸續前來的衛戍區軍人押走，整個過程不到五分鐘。

七十歲老人兩度絕食

徐才厚在三〇一醫院被抓後，表現得還算平靜。為了保衛工作安全無誤，守衛人員並不固定，每個星期都要輪換。

據軍方的消息來源，徐在最初的一個星期中，基本不發一語，對身邊的看護人員也很和善，每次送飯的看守把飯食放在桌上後，他還會禮貌地說聲謝謝。有時候，他還會和警衛人員隨便聊上幾句，不過，看護人員都只是笑笑，很少回話。

軍紀委的人每兩天來一次，他們身著便裝，稱徐才厚為徐將軍，過去一般稱之為首長。據軍方消息來源稱，徐才厚對軍紀委的人員從來耍態度。他對他們說，你們也是工作，我不為難你們，但是很多事情很復雜，並不是到這裏就是終點。

四月初，徐才厚把他寫的給許其亮的一封信，要軍紀委的人的轉送，但遭到拒絕。於是，徐才厚和緩地對他們說：那好，我就自己來解決把吧。

從第二天起，徐才厚就推說沒有胃口，開始減少飲食。

徐才厚之死

兩天以後,「病情」加重,只喝些湯汁和飲料,不吃任何食物。看管人員立即把徐「絕食」的訊息報告軍委辦公廳。

這不是徐才厚第一次絕食,早在二○一三年十月中旬,中央軍紀委找他了解情況後,因為他堅持要見習近平被拒絕,他也在監視居住地鬧過一次絕食,嚇得看守把情況報告一直反映到了習近平那裏。徐絕食了兩天後,張萬年親自登門,徐就立即進食了。

有來自中央軍委辦公廳的消息說,這次,中央軍委辦公廳副主任鐘紹軍據說特意去看了徐,兩人閉門談了兩個小時,沒人知道談了什麼,只知道後來,裏面響起了拍桌子的聲音,衛兵立即進去,看到拍桌子的是徐才厚。徐看起來非常生氣,不過,當他見到衛兵破門而入時候,才有所收斂。

據來自軍委辦公廳的消息,據說鐘被徐臭罵了一頓,指他只是當權者身邊的一個小醜,根本不配做軍人。鐘被罵得灰頭土臉,後來向習近平做了報告。根據軍方內部的消息,習指示軍紀委,註意徐的個人安全,同時也不懼怕耍無賴。

有消息說,鐘副主任走得時候特別強調,要求徐三天內主動進食,否則將采取強制行動。

可能是覺得自己發怒有點過頭,也為了自己有個臺階可

下，徐在鐘走後的第二天就恢復了進食，據說還指名希望看守叫廚房做他最愛吃的大骨頭燉酸菜。不過，沒有成功。

中南海保鏢北京衛戍區揭秘

中國人民解放軍北京衛戍區，是中國人民解放軍的一個省級軍區，管轄範圍為北京市，隸屬北京軍區。其以維護中華人民共和國首都北京穩定為中心。其司令部坐落在北京天安門東側的正義路上。

北京衛戍區下轄警衛一師、三師、預備役高炮師以及直屬警衛團，一師下面有四個團。師部就在北京復興路二十三號。三師下面有六個團，駐紮在通州。在懷柔的高炮師下面也有五個團，總兵力約三萬人。現任司令員是新上任的潘良時少將、政治委員是高東璐中將、副政委是王子彥少將和郭志剛少將。

北京衛戍其實只是個正軍級單位，北京衛戍區司令員後面一般都會加個括弧，註明其享受副大軍區職待遇，這用官式的方法叫「高配」。這有點類似於中共省級黨委常委兼任省會城市市委書記（副省級省會外的省會城市都是地級市）

的職務配備模式。

一九八五年六月由兵團級改為正軍級後，北京衛戍區的主官「高配」副大軍區職將領已經屬於常態。事實上，這一「高配」模式在一九八五年至二〇〇六年的歷史上留有一些印記，這可從閻同茂（一九八五年到一九九〇年）、董學林（一九九〇年到一九九二年）、張志堅（一九九二年到一九九三年）、何道泉（一九九三年到一九九四年）、劉逢君（一九九四年到二〇〇五年）、邱金凱（二〇〇五年到二〇〇六年）等連續六任北京衛戍區司令員在任職時還同時兼任北京軍區副司令員一職中可以看出。

自二〇〇六年十二月李少軍開始，雖然北京衛戍區司令員不再兼任北京軍區副司令員，但一直維持著主官「高配」模式。李少軍之後是二〇〇九年十二月任職的鄭傳福，以及二〇一三年十二月履新的潘良時。潘在二〇一四年一月七日晚的北京衛視《北京新聞》視頻中已佩戴副大軍區職級別資歷章亮相。

與其他省軍區只是名稱不同的北京衛戍區，在中共解放軍序列中也是《現役軍官法》上所稱的「作戰部隊以外單位」。所不同的是，一般的省軍區很少下轄現役野戰部隊，

但北京衛戍區部隊卻至少下轄了兩個警衛師，二○一三年十二月調任山西省軍區司令員的冷傑松就曾擔任過其中之一的警衛三師師長。

二○○九年七月，時任警衛三師師長的冷傑松對中新社介紹說：「該師為摩托化步兵師，正式組建於一九四一年四月一日，主要擔負首都機動防衛作戰、參加首都防空作戰、反恐維穩和平時各類機動任務。所有裝備都是中國自行研制和生產的。」從這種官方的新聞報道中，大家可以大致了解衛戍部隊的職責。

另外，大陸《南方人物周刊》在二○一二年十二月就曾這樣描述：「北京衛戍區部隊並不隸屬於北京軍區司令部，而是直接歸中央調遣的部隊……衛戍區部隊基本不承擔任何近身保護領導人的工作，其定位為平日拱衛首都安全，戰時掩護中央機關轉移或者撤離。其駐地主要卡住進出北京的交通要道，在防禦外敵的同時，還有首都地區反恐、反暴亂等職責。除了負責京畿的安全以外，北戴河等國家領導人度假的區域防務也由衛戍區官兵負責。」

北京的軍事觀察家指出，北京衛戍區部隊與解放軍負責保護黨和國家領導人的中央警衛團（曾以八三四一部隊的

番號在中國歷史上聞名,二〇〇〇年改稱六一八八九部隊)沒有從屬關係。大陸《黨史縱橫》雜志在二〇〇五年的文章中也提及:八三四一部隊是雙重領導體制。從軍隊序列上說,該部隊歸總參謀部直屬,後勤供應、武器裝備歸軍方;而黨務方面歸中央辦公廳,是中央辦公廳下面的一個直屬單位。

習近平招術:先露臉後抓捕

在中共十八大後落馬的高官中,幾乎都出現過這樣一個「定律」,未落馬前都曾多次傳出正被調查、甚至被雙規的消息,但他們都會「及時」在某個場合公開露面,以此來「辟謠」,證明自己沒事。徐才厚也是其中一位,但絕不是最後一個。

官員一般「失蹤」一段時間之後,各種猜測就開始產生,此時,一般中共官方都會安排當事人「頻頻露面」,這在周永康案和徐才厚案上看得更加分明。

有政治觀察家強調,露面的「假象」是根本不可靠的。當初國資委主任劉鐵男被實名舉報時,正陪同王岐山出訪

莫斯科；徐才厚也是一樣，在傳出被審查的消息後，還在二○一三年十一的慶祝活動中高調露臉。而周永康在被抓之前的頭兩個月，還跑回母校石油大學高調亮相。

周永康的前秘書、前海南省副省長冀文林二○一三年十二月失蹤了一段時間，不過，在被抓前，他又重新露面，還出席了兩個省內的重要會議，

據接近中紀委的消息來源，這些高官被抓之前的露面，其主要原因是當時調查手續還沒有完成，但有時候是調查部門實施的「欲擒故縱」之計，故意迷惑被調查者，讓他們感覺到自己沒事了，其目的就是讓一些證人或涉案者都能被監控和抓獲。比如說，當初的四川首富劉漢以及周永康的兒子周濱，還有較早前薄熙來的「錢袋子」徐明，他們都曾跑到國外躲避風頭，後來發現沒有什麼大事了，就返回了中國，但回國後就都落網了。

這一點從周濱的嶽母詹敏利在海外接受媒體采訪所言便可看出。當時詹敏利和老公黃渝生都在中國，但詹由於要返回美國看牙醫才離開中國，隨後她的老公和女兒都跟周濱一起被抓了起來。如果詹敏利不回美國看牙醫，她也會是同樣下場的。不過，中國官方對詹返回美國未加幹預，也被認

為是一種不事先「打草驚蛇」的戰略。

　　二〇一四年四月十七日，中央紀委監察部網刊出署名文章《從「零容忍」看當前「打虎」之新氣象》，文章稱，當前反腐倡廉呈現出了「中央高度重視」、「百姓高度關註」、「貪官高度緊張」之「三高」態勢。熟悉中紀委運作的人士指出，習近平的反腐招法確實和過去中共的手法有些不同，貪官被抓前的征兆不是十分明顯，因為官場上幾乎都沒幹淨的人，但什麼時候那把懸在頭頂上的劍掉下來，還真不好說。

第三章

徐才厚被抓，王牌師驚傳兵變

徐才厚之死

三十九軍一一五師流產兵變

據來自沈陽軍區的確鑿消息,在徐才厚被抓之後不到十天的三月二十六日清晨八點四十五分,三十九軍一一五師的八百名官兵占領了團部大樓,在樓頂豎起一面八一軍旗。此次總指揮是一位叫王旭東的副團長,他是徐才厚瓦房店的同鄉,據說他的這次行動得到了師部一位蔣姓大校的支持,蔣也是徐的一名愛將。

據目擊者說,三月二十六日早晨早餐時間剛過,三十九軍一一五師裝甲團和三四三團部分官兵在三四三團團部大樓聚集,人數最多時候有八百多人,大家在三四三團副團長王旭東的指揮下,只花了幾分鐘就在團部五層高的樓頂上豎起了一面寫有「還我徐將軍」八一軍旗,不到十分鐘,裝甲團的士兵前來支援,他們開來了兩輛裝甲車,橫擋在團部大樓門前。早晨前往團部上班的一些工作人員還以為是臨時訓練,當他們被告知無法進入辦公地點時候,這才發現出了大事。有人立即用手機和沈陽軍區以及師部聯系。半小時後,

三十九軍政委張書國

十輛軍區和師部滿載持械武裝軍人的卡車開來。由於團部營房的大門被路障擋住，一時間，雙方處於僵持狀態。

據目擊者說，領著十輛全副武裝車隊前來的正是前一一五師政委、現三十九軍政委張書國，張在第一輛軍車的架勢室頂棚用近似啥沙啞的聲音喊話：我是張書國，現在命令你們全部放下武器，炮口向上。

王旭東也不示弱，他站在一輛裝甲車上喊道：請張政委轉告中央軍委，我們三十九軍是個有光榮傳統的部隊，我們一一五師是一支鐵軍，我們不能容忍有人借著軍中反腐，給我們的老首長以及我們這支部隊抹黑……

徐才厚之死

據目擊者說，張書國沒有回應王的要求，只是重復了要他們放下武器的命令。

大約僵持了十五分鐘，人們發現王旭東的臉部有點變形，他放下手裏的電喇叭，一個人伏在裝甲車上嚎啕大哭，這時候，出現了戲劇性的場面，站在王兩旁的五六個戰士忽然一擁而上，將王旭東按在車上，此時，團部大門打開，十輛汽車以最快速度開了進來。

王書國帶領隊伍將兵變部隊全部圍住，有四五個三四三團的士兵想奪路逃跑，被幾個軍人全部押解起來。

人們看到王旭東被十幾名荷槍實彈的軍人押走，兵變的軍人全部被武裝押往團部禮堂，進行甄別。

有目擊者說整個流產兵變的時間只有不到三個小時，但消息傳到中央，引起習近平震怒。因為一一五師有著不尋常的歷史，這支部隊居然會出現小規模兵變，令中央軍委感到徐才厚勢力的盤根錯節，不可小覷。

三十九軍的一一五師駐紮在營口市下屬的蓋州縣。一一五師號稱王牌師，翻開中共歷史那些熟悉的名字、熟悉的戰役，一直被一些軍人感到自豪。這個師一九三七年八月由紅軍第一軍團十五軍團及七十四師合編而成，首任師長

是林彪，最著名的戰役是，一九三九年九月根據作戰計劃一一五師開赴山西省東北部平型關附近，九月二日日軍第五師團第二十一旅團一部由靈丘向平型關進犯並占領東跑池地區，二十三日一一五師決心利用平型關東北的有利地形以伏擊手段殲敵。二十四日深夜一一五師進入陣地提前做好戰鬥準備，二十五日早七點日軍進入了一一五師的包圍圈，戰鬥隨即打響。經過激烈的戰鬥，全殲被圍日軍大獲全勝，號稱是抗戰開始以來中共軍隊的第一個大勝利，這就是被中共反復宣傳的中國近代史上著名的平型關大捷。平型關大捷之後一一五師師長林彪因為一九三八年三月意外受傷，只得去蘇聯養傷，由陳光接任師長一職，之後一一五師又經歷了廣陽戰役、陸房突圍、梁山戰役、溫塘戰役等著名的戰鬥。

據軍中消息人士透露，兵變發生後，剛剛上任的沈陽軍區侯繼振中將差點被免職。直到二○一四年四月底，參與兵變的人員的甄別工作還未完成，其中已經有十五人被軍事法庭逮捕，一百五十人可能要被退伍，另有人員繼續調查。主要參與者王旭東副團長以及一一五師一名大校副師長已經被正式逮捕。從王旭東的家裏，還搜出了一份尚未起草完畢的《告三十九軍將士書》，其內容不得而知。

徐才厚之死

沈陽軍區大換血

沈陽軍區作為徐才厚的老巢，在徐「雙規」傳言不斷的情況下，一直備受壓力的該軍區中下級軍官多次表達過不滿。據來自中國軍方的消息，曾有一名軍區聯勤部副部長實名致函中央軍委，要求「嚴肅、客觀、全面」對待濟南軍區出現的問題，不要將軍隊反腐變成整肅的工具。

十八屆三中全會後，習近平發起新一輪軍隊人事調整，導致徐才厚的老據點沈陽軍區高層大換血曝光。一大批被徐提拔的親信都調整了崗位，有的甚至被撤銷了職務，也有多達十三位中校和大校以上的指揮官被強迫轉業和退休。

二〇一四年一月二十六日《遼寧日報》披露了沈陽軍區涉及副司令員、副政委、參謀長、政治部主任等副大軍區崗位將領職務調整的消息。報道稱，一月二十五日下午，遼寧省在沈陽市舉行迎新春軍政座談會，沈陽軍區司令員王教成、政委褚益民以及部隊領導鐘志明、侯繼振、王西欣、丁來杭、高建國、侯賀華、趙以良、徐經年、楊成熙、李文剛、高潮裝等出席。

有軍事觀察家分析，從現有沈陽軍區領導排名順序：副司令員、副政委、參謀長、政治部主任、聯勤部長、裝備部長等判斷，中央軍委在二〇一三年年底大幅調整了沈陽軍區包括副司令員、副政委、參謀長、政治部主任等崗位將領的職務，這些崗位幾乎全部換了人，特別是聯勤部和裝備部換帥更加引人關註，這些部門一直被認為是徐才厚的重點「據點」。

沈陽軍區這次具體調整情況為：原軍區參謀長侯繼振中將轉任沈陽軍區副司令員，其軍區參謀長遺缺由濟南軍區下轄的陸軍第二十集團軍軍長徐經年少將接任。軍區政治部主任高建國中將轉任沈陽軍區副政委，其軍區政治部主任遺缺由雲南「戎裝常委」楊成熙少將接任。

徐經年是安徽廬江人，一九五七年出生，軍事學博士學位，少將軍銜；此人過去一直在陸軍第二十集團軍任職，因為和徐才厚不和，一直未能得到提拔，後被胡錦濤看中，一度調到總參任總參謀部作戰部副部長、國家人防辦副主任，並晉升為少將。二〇〇九年五月任陸軍第二十集團軍軍長。徐被認為是胡錦濤安插在徐才厚勢力圈內的一個「內線」。因此，這次被提拔並不讓人意外。

徐才厚之死

徐才厚上次去沈陽軍區是在二〇一二年的三月，表面上是為了認真貫徹胡的重要指示和中央部署要求，深入開展學雷鋒活動，實際上是進行是在薄熙來案發生後去「固椿」。

軍隊表忠心內幕

二〇一四年四月二日，《解放軍報》組織刊登了《深入學習貫徹習主席關於國防和軍隊建設重要論述　在新的起點上推進強軍興軍偉大實踐》專版，包括七大軍區正職司令員在內的十八名高級將官集體發文，表態擁護習近平。這些作者陣容強大，除軍委委員馬曉天以及七大軍區司令外，還包括總參謀部、總政治部、總後勤部和總裝備部等四總部以及武警、海軍、第二炮兵、國防大學、軍事科學院、國防科學技術大學的負責人。

雖然外界無法了解沈陽軍區的突發兵變情況，但解放軍高層集體表態支持，恰好在習近平外訪之際，又逢軍隊反腐關鍵之時，尤其是幾日前谷俊山被起訴、徐才厚被監控，面對這種情況，有分析將其解讀為如同鄧小平南巡之時解放軍「為改革保駕護航」之舉，表現出習近平在最短時間內

對軍隊已經完全掌控，有評論指他已經成為繼毛鄧之後中共權力最大的領導人。至於在徐才厚、谷俊山之後，軍方是否還會再有高級軍官落馬，也是輿論一直在關注的事情。果不料，之後便傳出郭伯雄被抓的消息，那是後話。

在這十八將官中領銜的是空軍上將馬曉天，他的文章標題為《努力提高空軍部隊能打仗打勝仗能力》，文章提出，牢固樹立敢打必勝的信心決心，「確保習主席和中央軍委一聲令下，能夠有效履行使命任務」。成都軍區司令員李作成也表態說，「只要黨中央、中央軍委和習主席一聲令下，隨時都能堅決完成黨和人民賦予的各項任務」。

武警部隊司令員王建平上將的文章則說，要著力破除陳舊思維和利益固化藩籬。抓住聽黨指揮這個靈魂，把思想政治建設作為根本性建設來抓，確保」絕對忠誠、絕對純潔、絕對可靠。

中共軍報的文章稱，崇尚法治是建設正規化軍隊的重要前提，夯實強軍之基必須首先強化法律至上的理念。解放軍的發展壯大，一個重要原因就是得益於治軍嚴明。要引導官兵充分認識到，法規是神聖的，任何單位和個人只有依法辦事的義務，沒有高於法規之上的權力；法規是科學的，尊

徐才厚之死

重法規就是尊重科學,按法規辦事就是按科學辦事;法規是管用的,依法辦事工作效率就高,矛盾問題就容易解決;法規是嚴肅的,無論是誰都必須嚴格遵守法規制度,誰違反了都要嚴肅懲處。

對此,有評論指,雖然這些軍隊高層的表態都很泛泛,但是這種姿態,從習近平方面來說,表明他對軍隊的掌控之深,從軍隊方面來說,也如同鄧小平南巡之時解放軍「為改革保駕護航」之舉,保證中共改革和反腐之路暢通。

更有分析認為,雖然不應對習近平有太過於封建式「崇拜明君」思維,但是也要看出,習近平的「紅二代」身份以及個人性格,為他能在最短時間掌控軍隊提供了幫助。

不過,也有分析指出,習近平開始加強集權的事實,即使在黨媒的報道中,也已經不再含蓄。軍事上高級將領集體「效忠」,組織上成立多個「超級小組」擔任一把手,黨務上反腐倡廉收拾民心,理論上「中國夢」已經開始逐漸成為中共全黨的政治理念。對於一般的中國民眾來說,看的最為真切的是,在宣傳上,中國龐大的宣傳機器已經將習近平擡到了無以復加的程度,從外交到內政,從崇毛到崇鄧,從公共形象到私人生活,從微服私訪吃包子到一代國母彭麗媛,對

於習近平的宣傳，無論從量級到幅度上，都遠遠超過了他的兩個前任——江澤民和鄧小平。其中的原因當然很大程度源於新時代媒體發展的自我選擇和官方宣傳意識的增強，但是這還是勾起了一些經歷過「泛政治化」年代老人的記憶。

北京的中國問題專家強調，直至今天，如果與一些中國百姓討論毛澤東，他們都會認為毛是中國最後一個皇帝。他耗盡前半生建立起一個以追求人民「共同富裕」為目標的新中國，卻在自己的晚年親手點燃了「文化大革命」烈火幾乎焚毀了他。

兵變引發將領三度效忠

繼四月初十八位解放軍高級將領在軍報發文力挺中共中央總書記、中央軍委主席習近平後，另外十七位副職將領四月十八日也集體發表署名文章，從多個角度闡述中國夢、強軍夢，表達支持習近平指示和領導的決心。之前的已有三十六位高級將領分別於三月七日和四月二日發表過類似的文章。密集表態「效忠」被認為極為不尋常。有軍事評論員

認為，如此大規模的高級將領表態效忠中央軍委主席，是自二十世紀七十年代末中國改革開放以來的第一次。

據香港《南華早報》報道，分析人士稱，這種行動表明習近平面臨國內外的諸多嚴峻挑戰，對他而言，提升軍隊的忠誠度是必須的。

從十八日在《解放軍報》上撰文十七位高級將領軍級可知，他們都是以各軍區副司令、總政主任助理、總參謀長助理等副職將領為主，都有少將或以上的軍銜。

有觀察家註意到，與先前的正職集體署名文章不同，十八日撰文的十七位高級將領是以各軍區副司令、總政主任助理、總參謀長助理等副職將領為主，包括北京軍區副政治委員兼政治部主任程童一、沈陽軍區副司令員王西欣、濟南軍區副司令員王軍、蘭州軍區副政治委員苗華、總政治部主任助理岑旭、總參謀長助理陳勇、空軍副司令員張建平、海軍東海艦隊司令員蘇支前等。

軍事觀察家認為，這些高級將領從不同角度解讀習近平對軍隊建設提出的一系列要求，重點表達解放軍擁護習近平指示和領導的決心，並誓言要按照習近平的要求推進軍隊改革和法治進程，把解放軍建設成「能打仗、打勝仗」

的現代化軍隊。

北京軍區副政治委員兼政治部主任程童一在文章中寫道：習主席關於中國夢強軍夢重要論述，作為當代中國發展進步的精神旗幟，彰顯了強大的凝聚力、感召力和推動力，是引領官兵精神生長的思想行動指南和動力源泉。

北京軍區副政治委員兼政治部主任陳勇則指出，習近平對深化國防和軍隊改革做了一系列重要論述，給我們的行動指明的方向。

海外有中國問題專家指出，中國軍方連續表忠心是一種「統一模式、統一規格、統一表忠心」的思路，是為大動作鋪墊，預示軍隊內部的矛盾和分歧進入白熱化。

也有中國問題分析家尖銳指出，中共靠兩桿子起家，其中槍桿子比筆桿子更重要。理論上是黨指揮槍，實際上當軍頭擁兵自重形成利益集團時，黨就會被綁架，形成槍指揮黨。胡錦濤當了八年軍委主席，可惜只是名義上的三軍統帥，他兩次要求軍方調查軍中巨貪谷俊山卻受阻，就是明證。

胡錦濤曾經面對的問題，正是習近平現在的困境。軍頭們大規模表態效忠的背後，只能反映一個尷尬現實，那就是習近平無論是推動軍事改革還是軍隊反腐敗，皆遇到

徐才厚之死

阻力重重。君不見，習近平上臺一年多，被查的省部級高官已有二十多個，仿佛菜刀切瓜一般順利，但軍中反腐敗成效不彰，目前僅谷俊山一人倒臺，而且這還是胡錦濤任內作出的決定，習近平迄今在軍中未打倒一只老虎，不能不說是挫折。

軍方腐敗其實比地方政府尤甚，單是賣地自肥及出售軍帽兩項，已是駭人聽聞的黑洞。軍隊擁有大量土地，近年與發展商合作發展，回扣是天文數字；軍隊職務晉升也非唯才是舉，而是看錢分上，谷俊山被揭以三千萬元出售少將職務，他本人的中將軍銜當然也是行賄得來。有消息說，前軍委副主席徐才厚患上絕癥後萬念俱灰，頓悟生不帶來、死不帶走的道理，下令清理辦公室，將別人請託辦事送上的一千多張銀行卡全部交公，換取從輕發落。與軍中大老虎相比，谷俊山只能算是一只蒼蠅。

收拾完刀把子再收拾槍桿子

撇開兵變的因素，這次七大軍區和各軍兵種司令公開發文擁習，已經被關註中國問題的專家認為，其實是習的一個

老招，習僅在二〇一四年就用了兩回。

　　各路軍頭們這次在《解放軍報》罕見集體發文擁習，和二〇一四年一月七日「中央政法工作會議」後，公安部長郭聲琨率副部長們逐個向習近平表態如出一轍，傳遞的幾乎是同樣的政治信息。此舉意味著習近平在掌握了政法委這個「刀把子」後，又實現了對「槍桿子」解放軍的絕對控制。也就是說，習近平已經徹底征服軍警各部，強力部門都認了這個新主。

　　政治觀察家指出，值得註意的是，在二〇一四一月七日的中央政法工作會議召開之前，中央剛在高層內部通報了周永康因嚴重違紀接受紀委調查的消息，公安部副部長李東生因為涉入周永康案也剛剛被抓，公安部內部高層當時人人自危。藉由中央政法工作會議召開，公安部進行內部整頓學習，在部長副部長們向習近平集體剖白忠心「過關」之後，高層在公安部的整肅才算暫時停止，公安的工作重點開始向維護政權安全，及社會穩定和法治化方向轉移。

　　這次軍頭們在《解放軍報》發文擁習，也有著基本類似的軌跡可循。在該組挺習文章發布前，谷俊山案在解放軍檢察院被提起公訴；而谷俊山的靠山和後臺徐才厚，盡管據傳

徐才厚之死

在醫院病房內要比周有更多自由，但是也享受著和周永康差不多的待遇。人們由此可以判斷，這次軍頭們集體發文擁習，實際上也是一次集體「過關」後的內部安撫之舉。因為習近平已徹底征服軍隊，從此之後，軍隊雖會繼續反腐拍蒼蠅抓猴子，但是對老虎的圍剿整肅的速度科恩能夠放緩，軍隊以後的工作重心，會更多的向推進深化改革傾斜轉移。

徐才厚與三十九軍

據悉，徐才厚主管軍中人事升遷多年，其心腹主要來自瀋陽軍區第三十九集團軍和第十六集團軍，人脈遍布四總部及各大軍區要樞部門，是目前中共軍隊中人脈最深厚的將領之一。徐才厚和三十九軍淵源極深，一九六八年到一九七〇年徐就去陸軍三十九軍勞動鍛煉，後來從瀋陽軍區守備師炮兵團連副指導員、吉林省軍區幹部處幹事、副處長一路升上來，到了一九八二年擔任了吉林省軍區政治部幹部處處長、省軍區政治部副主任，之後又升任瀋陽軍區政治部群眾工作部部長。

中國人民解放軍第三十九集團軍隸屬瀋陽軍區，

一九八四年由中國人民解放軍第三十九軍改編而成，原代號為八一〇四三部隊，現為六五五二一部隊，軍部駐地為遼寧遼陽。第三十九集團軍的歷史可追溯到中國工農紅軍時期的紅十五軍團。在抗日戰爭期間為新四軍第三師，後改編為東北民主聯軍第二縱隊；在解放戰爭時期為東北野戰軍、第四野戰軍的主力，參加遼沈戰役和平津戰役，一九五〇年參加朝鮮戰爭。三十九集團軍現在裝備先進，為全機械化部隊。

一九八四年，陸軍第三十九軍正式改編為陸軍機械化第三十九集團軍，步兵第一一五師，第一一七師、步兵第一一六師改編為機械化步兵師，並編入坦克第三師、炮兵旅和高炮旅，並繼第三十八集團軍之後於一九八八年三月第二個組建陸軍集團軍直升機大隊。一九九六年，原屬第三十九集團軍的步兵第一一七師改為直屬武警總部的機動師。一九九八年後，坦克第六師與高炮旅分別改編為裝甲師和防空旅，直升機大隊擴編為陸航團。原屬第六十四集團軍的步兵第一九〇師改屬第三十九集團軍建制。二〇〇九年，一九〇師改編為機步第一九〇旅。

現陸軍第三十九集團軍下轄：軍直部隊有五個團，分別為軍直通信團、軍直工兵團、軍直防化團、陸軍航空兵第九團、特種作戰團。機械化步兵第一一六師（駐遼寧大石橋）

有五個團，分別是三四六團、三四七團、裝甲團、炮兵團、高炮團。摩托化步兵第一一五師（駐遼寧蓋州）也有五個團，分別是三四三團、三四五團、裝甲團、炮兵團和高炮團。另外，還有駐紮在本溪的機械化步兵第一九○旅以及機械化步兵第二○二旅、裝甲第三旅、炮兵旅和在遼寧撫順的防空旅等。

徐才厚在任期間據傳在三十九軍提拔的副營級以上幹部就有一百三十多人，其中一些人還被調往瀋陽軍區以及四總部。其中，一一五師是徐的老據點，很多人來自徐的家鄉。

胡錦濤撐場子：十天五露面

胡錦濤自二○一二年下半年退出中國政治舞臺後，基本恪守不幹政的承諾，他的個人的活動更是在大陸媒體上幾乎絕跡。但是二○一四年四月九日以來，胡頻頻露面，竟然達到十天五次，令各界大為驚奇。胡露面再加上中共高級紛紛出來挺習，被認為習的權威受到胡的保駕護航，其政治含義特別深厚。

四月九日上午，胡錦濤在湖南省省委書記徐守盛和省長

胡錦濤在岳麓書院露面

杜家毫等的陪同下，高調參觀了湖南大學岳麓書院。隨後，
胡錦濤再四次高點露面。分別是：四月十一日，參觀胡耀邦
故居；四月十四日，遊覽張家界；四月十六日，到湖南鳳凰參
觀遊覽；四月十七日，胡錦濤現身貴州銅仁，和民眾閑聊並
觀看跳舞。

　　北京的政治觀察家註意到，在胡高調露臉的前幾周，江
澤民乘習近平出訪歐洲之際，高調訪問了深圳後又去了老家
揚州，並在央視「露面」五十六秒，力挺給習近平不斷制造麻

徐才厚之死

煩的香港特首梁振英。江澤民還特意表演了自己不用工作人員攙扶自己獨自站立的技能，給外界一種身體越來越健康的感覺。

據熟悉江澤民狀況的人士透露，江患有老年癡呆癥，又稱柏金森癥，後導致身體平衡力嚴重下降。專家指出，通常帕金森病患者的記憶力及智力均不會受到影響，但病情會隨著時間的推移會越來越嚴重。也就是說沒有可能向好的方向發展。但江在二〇一四年春節後，身體平衡度恢復明顯，於是，醫生進行了一次會診。其結果是，一般柏金遜癥患者一開始只有身體某一邊（左側或右側）受到影響，不久後，身體兩側都會出現癥狀，病情越來越嚴重會導致偏癱，並不可能逆轉。而江是面部肌肉不明原因的嚴重塌陷，把眼和嘴都拉扯到一邊去了，腿腳沒有進行一步嚴重趨勢。因此，排除了帕金森癥。不過，江的醫療組專家認為，江的病情依舊不樂觀，但能夠站立還是件好事。

江身邊的工作人員說，白二〇一四年春節過後，江一直要去各地走走，每到一地，就開始表演獨自從椅子上站起，每一次都獲得陣陣掌聲。

有中國問題專家分析，江恢復站立功能是一回事，出來

晃悠所表達的深意是另外一回事。退休的兩任中共一把手，突然先後露面，給外界產生了不少疑惑。加上周永康案遲遲沒有公開，人們普遍認為，這背後充斥著新一輪的權力爭鬥，而胡錦濤顯然是為了支持習近平才打破慣例，公開高調進行活動的。

　　二〇一四年四月九日上午，胡錦濤到訪湖南大學，並參觀了千年學府岳麓書院。當天全程陪同胡錦濤並負責講解的湖南大學岳麓書院院長朱漢民說，胡錦濤此次岳麓書院之行的路線安排並沒有什麼特別之處，基本上是按照岳麓書院旅遊、考察的常規線路。選擇的都是最有代表性的古建、文物、碑刻、對聯等東西參觀，按照從岳麓書院的赫曦臺大門到講堂，然後參觀禦書樓，到園林看三絕碑，最後到文廟、大成殿，再參觀歷史館、人才館。

　　朱漢民稱，自己特別介紹了岳麓書院在歷史上的成就。在大門的時候，就講了「惟楚有材，於斯為盛」這幅經典對聯。胡錦濤聽到後，說，「岳麓書院也好，湖南也好，是完全擔得起的。」

　　朱漢民特別提到，胡錦濤對岳麓書院講堂上的「實事求是」這塊匾非常感興趣。他把這四個字的歷史演變過程做了

徐才厚之死

重要講解。

胡錦濤在湖南強調「實事求是」顯然是在暗挺習近平，要習按照「實事求是」的作風，頂住壓力把反腐引向深入。

胡錦濤出面力挺，其背後還有胡啟立、萬里、喬石、宋平、田紀雲、吳官正、尉健行、李瑞環等大佬撐腰。北京政論界人士認為，在扳倒軍中打老虎後，習的壓力加大了許多。

進入二〇一四年四月，圍繞周永康案和谷俊山案，中南海當局內部惡鬥加劇：周永康家族借外媒叫板習近平，軍科院大校公方彬公開谷俊山案部份詳細內情報道被刪，顯示中南海內部分歧加大，鬥爭變得激烈。胡錦濤在湖南大學岳麓書院露面，並由中共黨媒新華社正式作出報道，幾乎就是打破了胡中共十八大做出的「不幹政協議」，說明中南海面臨問題的緊迫性。

習近平雖然也文也武，但畢竟上臺不到一年半，從他最近頻頻把曾與他在上海共事的下屬調到中央關鍵部門可以看到，這位太子黨領袖在中央的根基還很虛弱，其次對手都是李鵬、曾慶紅等太子黨大佬。所以，在習的要求下，胡錦濤顯然有關鍵時刻、挺身相救的味道。

習近平一周三提國家安全

自二〇一四年四月九日起，習近平在北京視察、調研軍警部隊，整整一周時間內三次重點強調「國家安全」。

四月九日上午九時三十分許，習近平來到位於北京市郊的武警特種警察學院。他觀看了反恐課目訓練演示，詳細詢問了特戰隊員教學訓練和生活情況，並且為「獵鷹突擊隊」授旗。

一九八二年武警特種警察學院籌建，當時為公安部警字第七二二特種部隊，也稱反劫機特種警察部隊，主要任務是對抗如慕尼黑奧運會恐怖襲擊之類的事件。組建之初，隊員是從全軍中抽調精英，主要幹部軍官來自總部直屬的空降十五軍；同時吸收西方國家比較先進的特種反恐作戰理論，與德國GSG9反恐特種部隊、美國三角州特種部隊同等級別，「獵鷹突擊隊」是遠比著名的中共反恐特戰隊「雪豹突擊隊」級別更高的唯一國字頭反恐精英部隊，由武警總部直接領導和指揮，為副軍級單位。

從央視的電視畫面上顯示，習近平身穿只有在與軍方

徐才厚之死

的重要會面場合才會穿著戎裝。報道稱:「習近平來到訓練中心大樓二層,觀看反恐課目訓練演示。訓練場上,女子特戰隊員依次采用微型沖鋒槍、手槍對人形靶實施快速精準射擊,發發命中目標。男子特戰隊員演示的特戰狙擊,展示了貼近實戰、一擊必殺的高超本領。特戰小組搜剿行動演示中,快速反應、密切協同,超越射擊、水力破門、合圍攻擊、乘車追擊,發起一個個凌厲攻勢。在訓練中心大樓二層搏擊館和三層搏擊專修館,習近平觀看了特戰隊員匕首格鬥術、摔擒制敵術、極限搏擊和散打實戰對抗訓練。反恐戰鬥試驗館一層,正在進行緊張激烈的反劫機艙門開啟訓練。特戰隊員打開艙門,突入機艙,動作幹淨利落」。

央視的報道說,習近平強調,武警部隊作為國家反恐維穩的重要力量,要堅決有力打擊各種暴力恐怖犯罪活動,維護國家安全和社會穩定,保障人民安居樂業。習近平勉勵特戰隊員,要保持高度戒備,真正成為特戰精英、反恐尖兵,努力成為國際一流水平的反恐特戰勁旅。

五天以後,四月十四日上午九時十五分許,習近平專程到空軍機關,就空軍建設和軍事鬥爭準備進行調研。他來到空軍機關指揮樓,了解部隊戰備值班情況,同指揮所值班官兵親切握手,向他們詢問值班工作情況,並觀摩空情處置

課目指揮演練。在接見空軍機關副師級以上幹部時，習近平說，空軍在國家安全和軍事戰略全局中具有舉足輕重的地位和作用，為維護國家主權、安全、發展利益作出了重要貢獻。他要求空軍保持常備不懈的戰備狀態，確保遇有情況能夠快速有效處置。

這一周的視察調研中，習近平始終強調軍警部隊要保持高度戒備，始終強調要「忠誠」，特戰隊員要「永遠做黨和人民的忠誠衛士」，部隊要確保「在任何時候、任何情況下都堅決聽從黨中央、中央軍委指揮」。

有分析指，習一個星期連提三次「國家安全」絕非尋常，而且在反復告誡軍警人員要恪守「忠誠」，從中可以看出目前習面臨的實際險境。

香港親大陸的《大公報》刊文指出，習近平原本將國安委由多位政治局常委領銜就具有先見之明。總理李克強在擔任深改組副組長的同時，又出任國安委副主席，顯示了他在新一屆領導集體中的重要地位；假如將來要頒布緊急狀態令的話，也需要總理頒布。身兼中央港澳事務小組組長的全國人大常委會委員長張德江也擔任國安委副主席。全國人大是最高國家權力機關，許多涉及國家安全的重大事項

徐才厚之死

如宣布緊急狀態、戰爭狀態、總動員等，都需要人大決定。張德江的參與，更有助於提升國安委的權威。有了「三駕馬車」，即便軍內有人真的想要搗亂也翻不了天了。

浙江二百救兵北上護習

據來自中組部的消息，習近平二〇一四年四月下令，突擊提拔他曾擔任省委書記的二百名浙江省高官赴中央擔任要職，有權威分析人士稱，由於反腐涉及到軍界，各種勢力正在聚合，來自既得利益集團的反對聲浪正在聚集，習近平希望大量啟用自己得心應手的人。

習近平於二〇〇二年十月初從福建調任浙江，一開始擔任浙江省委副書記、代省長，同年很快就被提升為浙江省委書記。習近平在浙江經歷了五年的官場歷練，曾與多位官員有著政治淵源。

目前，已經有多名習近平信任的人在中央位居要職。據香港《東方日報》透露，習近平在中共中央辦公廳除了有年輕時代「戰友」栗戰書、上海舊部丁薛祥，還有中共中央組織部有大學同學陳希、中共中央宣傳部有浙江舊部黃坤明、

中共中紀委則有上海舊部楊曉渡。

英國路透社的報道還特別提到了以浙江宣傳部門掌門人身份陪伴習近平度過執政浙江五年的貴州省委副書記陳敏爾、浙江省委書記夏寶龍以及習近平貼身大秘、同為清華大學校友的鐘紹軍都將得到提拔。

現任中共貴州省委副書記的陳敏爾被外界認為是習近平的「鐵桿」。生於一九六〇年的陳敏爾是中共政壇上的第八個成為「六〇後」正省部級的官員。陳敏爾二〇〇〇年一月曾任《浙江日報》社社長、黨委書記二〇〇二年，在習近平自閩入浙的同一年，陳敏爾進入浙江省委常委，是被公認的習近平老下屬。

二〇一二年一月，陳敏爾異地調任貴州省委專職副書記。值得關註的是，陳二〇一二年七月當選為十八屆中央委員時，省級黨政主官（省部級正職）占絕大多數，而「六〇後」的陳敏爾罕見地以省部級副職身份「入圍」。其仕途被外界看好，下一步被習招攬進中央已經沒有懸念。

現任浙江省委書記夏寶龍是在十八大之後被新近提拔為浙江省一把手的習家軍一員。他的前任，同樣是習家軍的重要成員的趙洪祝，已經從浙江省委書記的位置上升任中

徐才厚之死

央書記處書記、中央紀律檢查委員會副書記。因此,當時被提拔的夏寶龍仕途亦被普遍看好。夏一般被認為取代張春賢擔任新疆一把手。

路透社引述消息人士的說法稱,鑒於改革阻力重重,中共領導人習近平希望在嚴厲打擊貪腐後提拔自己的親信力量以實現破局。另一名接近習近平智囊的消息人士稱,來自既得利益集團的反對聲浪,使得習面臨很多困境。習希望大量啟用自己得心應手的人也是沒有辦法的急辦法。

香港《東方日報》二〇一四年四月的一篇評論指出,習近平未來十年要領導中國,若無自己的人馬,一切都是空談。因此,習近平必須在這一兩年迅速組建自己的班底,將信任的下屬提拔到重要崗位。近可以阻擊對手反撲,遠可為中共「十九大」人事更換埋下伏筆。

第四章

徐才厚的生死局

徐才厚之死

薄熙來壯志未酬身先「死」

薄熙來案發後，周永康一再竭力降低對薄熙來的刑事指控並設法保護王立軍，但終究敵不過倒薄勢力的強大進攻。如果王立軍事件發生後，周永康能夠力勸薄熙來辭職，薄熙來估計還能弄個全身而退。恰恰是周永康力挺薄熙來，造成了薄熙來不斷示強，意圖通過輿論綁架胡溫，同時也給自己的人馬打氣，讓黃奇帆等繼續為他效力。甚至在二〇一二年「兩會」期間，周永康公開到重慶團為薄熙來站臺。周儼然成了當時政治局常委中堅決支持薄熙來的唯一一個人。

據接近薄熙來專案組的人爆料，薄熙來被雙規後，在調查過程中咒罵周永康撕毀承諾、出賣他。他要求見胡錦濤和溫家寶，否則不會透露任何進一步情況。據悉，薄熙來在接受調查的過程中拒絕承擔全部責任。他告訴調查人員，自己做的每件事，要麼是周永康授意的，要麼是周永康認可的，周永康才是幕後真正的「老板」。

　　薄熙來被「雙停」後，周永康曾向中共高層和幾位元老遞交了書面檢查，承認在薄熙來問題上他有不可推卸的責任，因為沒有認識到薄熙來夫婦犯有如此嚴重的刑事罪行。不過，他也聲稱，他並未參與薄熙來夫婦陰謀，他與薄之間的關係並未超出正常的工作關係。

　　據接近薄熙來專案組的消息來源證實，周永康和薄熙來在二〇一一年一年中，在北京、重慶和成都五度會面，詳細商討薄熙來接掌政法委並在兩年內迫使習近平下臺的計劃，包括媒體鼓動、甚至在必要的時候動用安全力量對習下手。周永康支持薄熙來和王立軍從德國購買最先進的竊聽裝備，監聽常委很多交談。他還同意薄熙來收集習近平、溫家寶、汪洋和賀國強的黑材料，準備進行輿論抹黑和攻擊的準備。薄和王定期和周永康分享竊聽來的關於常委及其秘書和家人的信息。

　　據公安部一名副部級高官的秘書透露，中共高層已經掌握了周永康與薄熙來夫婦特殊關係的證據，包括在王立軍出逃美領館之後，他立即私下通知薄熙來，要薄立即不惜代價將王撈出來的口頭指令。之後，周又將中共高層對薄熙來的處理分歧，密報薄。

周永康和薄熙來配合失誤？

這位秘書說，周永康雖然在書面檢查中承認，他向薄透露了王立軍出逃美領館情況，要求薄立即將王弄出來，不過卻說自己這樣做，是出於維護國家形象與安全，而不是為了幫助薄熙來掩蓋真相。

在二〇一二年七月十八大前的一次政治局會議上，周永

康做檢討時甚至還流下眼淚，當時他仍試圖為薄熙來所涉嫌的經濟犯罪、篡權、玩忽職守等罪名開脫，同時，還試圖以「有立功表現」來為王立軍求情。不過，到了二〇一三年一月之後，隨著周和薄之間私下交易的進一步公開，周基本上已經沒有招架之力了。

據熟悉薄熙來個性的人士分析，中共最怕薄熙來當庭亂「咬」，因為薄熙來的性格中有三個特點：第一是得理不饒人，他覺得自己的行為有正當性，於是就不會輕易認罪。第二是他急於自保，這必然會以拉更多人下水的方式來共同承擔罪責；第三是報仇心切，對他嫉恨的人一個也不會放過，比如對周永康一定會死咬不放，就像他自己被王立軍死死咬住一樣。

王立軍曝光薄周徐二零一四陰謀

二〇一二年二月王立軍逃亡美國成都領事館，導致薄熙來垮臺、周永康落馬。而王立軍向美國領事館提供的一份薄熙來、周永康、徐才厚參與的二〇一四政變計劃，令中南海倒抽了一口冷氣。

徐才厚之死

二〇一三年二月十五日《華盛頓時報》發表的資深媒體人戈茨(Bill Gertz)的報道,該篇文章援引美國官員的話說,王立軍向美國方面提供了中共高層腐敗的材料,其中包括薄熙來的材料。材料還涉及政治局常委周永康、軍委副主席徐才厚,詳細講述薄熙來這些強硬派如何想整垮習近平,不讓他順利接班的計劃。

這份政變計劃包括動用小股精英部隊在北京,或在其他適當地域,突然發動攻擊,逮捕溫家寶、胡錦濤和習近平等人。而政變一旦失敗,政變領導團隊可退往兩廣,並控制兩廣地區,甚至控制長江以南地區,此後,中國將進入南北戰爭時代。

中紀委一位司局級官員透露,徐才厚是軍中掌握此計劃的最高將領,而梁光烈只是徐的一個馬仔。具體答應參與的是成都軍區副司令阮志柏。

二〇一二年年四月十日中共宣布免去薄熙來政治局委員職務並立案調查後,海外有媒體披露,中央派出五個調查小組赴成都軍區,調查軍方是否卷入薄事件。最後查實了成都軍區多名將領與薄的密切關係,包括阮志柏。二〇一二年三月九日薄在京參加兩會期間,曾偷空搭乘徐明的私人飛機

返重慶，就是阮志柏到機場接應的，他們隨後密謀「一旦出事」的應急預案。

　　據了解內情的中共軍方人士稱，這份計劃書其實就是薄與周和徐擬定的一個完整的攻擊習近平的計劃。大致的意圖是在二〇一二年春節後實施，計劃通過海外媒體釋放出對習近平的各種指責和批判的不利訊息，包括腐敗傳聞，削弱習近平的權力，然後幫助薄熙來接任政法委書記。待薄熙來掌握武警、公安系統後，時機許可時，強迫習近平交權，時間基本定在二〇一四年。

　　香港《臉譜》雜誌二〇一四年三月號消息稱，中南海已經掌握了周薄聯手政變的證據，其中包括一份最高規格的組閣名單。報道稱，中共當局是在二〇一三年十二月初軟禁周永康時掌握政變的關鍵證據。據悉，周永康夫婦被軟禁後，住處被查抄，調查周永康案的專案組眾多的文書材料中，從周永康的私人物品中發現一份名單，上面是周薄篡權成功後可以利用的黨政軍人選及相關職位，也就是政變成功後的組閣意向名單。這份名單成為周永康案政治定性的關鍵證據。

　　名單中不僅有薄熙來出任中共總書記、國家主席和中央

徐才厚之死

軍委主席的內容,還有:原國資委主任蔣潔敏出任國務院副總理,現任江蘇省委書記羅志軍出任公安部長,現任河北省委書記周本順出任最高法院院長等。據稱軍方名單中包含了與薄熙來相熟的幾名人員。從這份名單可以看出,周薄政權結合了周永康在政法、中石油系統的實力派

王立軍提供的給美國的那份材料,後來中方沒有能夠拿到,王立軍自己也沒有留底,王立軍在獄中憑借回憶,又向中紀委條調查組補寫了一份。本想借此能夠立場,哪知道因為「罪行」嚴重,後來因此又被加刑五年。

中共軍方的消息來源指,薄熙來返回重慶時,曾把周永康的政變計劃向阮志柏和盤托出,得到阮的權力支持。沒想到薄兩會期間秘密返回重慶的行蹤被黃奇帆密報中央。胡溫習提前動手,兩會落幕的三月十四日即對薄采取行動,避免一場可能的兵變。接著阮志柏被中央軍委調回北京,同年五月十三日在北京去世,終年六十二歲,當局訃告稱他「因病醫治無效」病逝,但未透露何病。

阮志柏死訊曾轟動軍中,隨後傳他是「自殺」,但也有軍方的消息來源說,是被徐才厚派人「毒死」的。

秘藏「政變」資金二十億

根據王立軍的交代，薄熙來曾以利益輸送等手段，將二十億資金交給徐才厚做活動經費，徐甚至羅列了政變後的軍委以及公安部的主要成員名單，梁光烈以及現任江蘇書記羅志軍都在其冊。

薄熙來和徐才厚交情已經有近二十年，前重慶市委副秘書長兼辦公室主任吳文康是薄熙來的左右手、心腹大秘，也是薄和徐聯系的關鍵成員。薄任大連市長時，吳是薄的秘書，薄調任遼寧省長，吳又跟到沈陽出任省政府辦公廳副主任。早在一九九八年，薄熙來就讓吳文康利用大連金生企業集團搞房地產開發，通過大連保險公司總經理陳某，挪用社保基金八億元炒地皮和樓盤，吳文康通過一起做生意、關係密切的王強，拉攏與王強是老鄉的軍頭於永波和徐才厚，因為兩位軍頭原籍都是瓦房店。九〇年代後期，他們還鄉的隆重禮遇儀式，就是由吳文康和王強合力打造的。

據知情者透露，在薄熙來任大連市長及市委書記時，給予徐才厚的家人很多經商便利，薄徐兩家建立了深厚關係。

103

徐才厚之死

薄熙來和梁光烈一起參加軍事演習

而徐在升任軍隊要職後，更是與時任遼寧省長後任商務部部長的薄繼續密切合作，不顧民怨大肆斂財，更不顧當地老百姓的反對，也未經中共國務院批準，強行用一百八十六億巨資改造老家長興島。

二〇一一年十一月十日，成都軍區國動委第六次全會實兵演練在渝舉行。觀摩者有薄熙來、國防部長梁光烈，成都軍區司令員李世明等多個軍方巨頭。而此時正是胡錦濤到夏威夷開APEC會議，不在中國的時候。有消息指，徐才厚人雖沒到現場，但整個演習計劃他都參與。

據王立軍的舉報材料，政變計劃擬定後，薄曾一次性給徐指定的賬戶撥款十三億元，這筆錢是用來應付政變過程中

可能出現的開支。薄被抓後，這筆資金的安全問題顯得越來越緊迫，所以徐迫不及待從二〇一三年二月起派親戚去香港設法「洗錢」，哪知道翻了船。

徐派趙丹娜香港洗錢

二〇一四年二月二十日，香港《明報》曾報道，一位大陸「九〇後」年輕女子，在港利用八個戶口洗錢達百億港幣，拘押半年後獲準交三千萬港幣保證金獲釋，但這名女子目前已經棄保潛逃。

大陸媒體「財新網」披露，該神秘女子名叫趙丹娜，時年二十二歲。趙透過中國銀行香港戶口清洗八百萬港元黑錢。而案件在香港荃灣裁判法院再提訊時，控方進一步披露，被告以八個戶口洗錢一百億港元。不過，被告沒有任何在港資產被凍結。據警方指，趙丹娜是利用空殼公司在香港銀行開戶從事洗錢的行為。

一個自稱無業的遊民，居然可以掌控這麼多錢財，讓不少人感到十分好奇。更好奇的是，東窗事發之後，趙丹娜居然可以棄保潛逃，從此渺無音訊。這位趙姓女子的背景引發

外界各種猜測。

香港法庭控方指出，被告趙丹娜二〇一三年六月起被關押，二〇一三年十二月以三千萬港元現金，以及兩名擔保人各提出一百萬港元現金及四百萬港元人事擔保而獲得保釋，但被告須遵守不準離港及每天到警署報到等條件。二〇一四年一月七日起，趙丹娜棄保潛逃，其三千萬港元保釋金已被充公。

據來自中紀委的第一手消息，委派趙丹娜到香港洗黑錢的，是徐才厚的妻子，趙丹娜是她的一個遠親。幫助趙姓女子偷渡回大陸的是徐才厚女兒通過總政聯絡部廣州局以及廣州軍區情報部、駐港部隊的某些徐的鐵桿幫忙，他們趁著夜幕用「黃牛」快艇，利用香港海警無力監管的漏洞，將徐的親戚趙丹娜偷渡回大陸雪藏起來。

特區政府扣錢罰款

特區政府顯然得到了習近平方面的指令，他們在司法允許的範圍內積極運作對趙案的處理。除了洗錢款項全部扣留之外，對巨額保證金的收繳也是一分不少。這三千萬港

元的保釋金也屬於罕見。保釋金額除了反映控罪的嚴重性之外，也反映法庭擔心涉案被告棄保潛逃的風險以及其財政狀況。以往香港法庭定出的大額保釋金，最高是伍千伍佰萬港元現金保釋。

事後，香港警方查問兩名擔保人，無法得知趙丹娜去向。裁判官此後下令兩名擔保人須於二〇一四年三月十九日到庭，其中一名提供五百萬港元擔保的男子叫趙端成，趙為趙丹娜的叔叔，從事體育用品生意，在廣東省設有廠房。另一名擔保人為曾任博愛醫院的主席的蕭炎坤。蕭炎坤聲稱他與趙丹娜的「老公」張永安熟識，因此認識趙丹娜。同時他與趙端成也是好友。

蕭炎坤介紹，張永安現年約二十六歲，居於深圳，做貿易生意，趙丹娜只是家庭主婦。他說：趙丹娜當時被扣押，被指涉及洗錢，他老公也感到詫異，大呼冤枉。所以才請我幫忙擔保。蕭炎坤在庭後對前往采訪的媒體記者說：「這個年輕女孩不知是不是被人操控？」

有報道披露，趙丹娜實際早於二〇一〇年就在香港註冊有公司，名為丹飛國際（香港）有限公司，另一家則為寶藝有限公司，不過一家已經宣告解散，另一家幾近停業。警方指

徐才厚之死

為謝丹娜提供擔保的蕭炎坤

趙丹娜是利用殼公司在香港銀行開戶從事洗錢。

　　二〇一四年三月十九日，法庭傳召兩位擔保人，因被充公五百萬保釋金，蕭於庭外大呼無奈，但不後悔答應任擔保人，更指自己樂善好施，以往所捐出的善款不下數千萬。對於被告是否非自願消失的說法，蕭表示為免被告家人遭牽連，不願多作透露。

　　另一名擔保人趙端誠透過律師求情指，他已經做了能力所及的事，希望法庭可考慮其女兒即將到英國升學而只充公部分保釋金。惟控方指趙違反承諾，沒有確保被告居住在其住址內，更引用數案例指，除非情況特殊，不然應全數充

公保釋金。

　　裁判官在考慮過兩人陳詞及供詞後，認為兩人均沒有盡到作為擔保人的責任，而且蕭更不是一位誠實可靠的證人，指他既不清楚被告的日常舉動，更要從警方口中才得知被告失蹤消息，因而下令充公兩人所有保釋金。

軍中「侃山」俱樂部，謀害王岐山

　　據中央軍委辦公廳的消息來源，二〇一三年四月下旬人民大會堂內曾經發生了一起針對王岐山的「香煙投毒案」、二〇一三年六月十二日的八大處連環車禍以及二〇一三年九月六日天津南市食品城汽車爆炸案。根據目前掌握到的證據，徐才厚至少和其中兩個刺殺案有重大牽連，其中八大處的連環車禍更是參與提供了車輛。另外，徐才厚在他的老根據地總政下屬的歌舞團搞所謂「侃大山俱樂部」，後來竟變成軍中「砍山俱樂部」，這個「山」就是王岐山。

　　據一位曾多次參加這個「俱樂部」活動的軍中將領爆料，北京市海澱區西三環北路十六號是中國人民解放軍總政治部歌舞團所在地，這個團的排練場的背後有個小洋樓，

徐才厚之死

民國的時候是德國政府一家機構駐北京的商務代表處,後來一直當做歌舞團頭兒們的辦公地。一直到二○一一年歌舞團造了新的辦公樓之後,這裏才裝修了一下,成了總政老幹部一個活動中心的分部。正式啟用還是到了二○一二年十一月之後。有一次,軍委副主席徐才厚來視察工作,大家和徐將軍開玩笑,說以後歡迎將軍來這裏練習「健身操」。徐笑著說:「健身操就不用了,就來侃侃大山吧。」

據知情者說,徐才厚倒是說一不二,很有軍人作風,一句笑話還當了真,後來他派秘書給歌舞團團長張千一打電話,叫他重新裝修,以後會把住在附近的老將軍都招呼來聚聚。張千一對老首長的吩咐喜出望外,不到兩個月就把小洋樓裝修一新。

張千一是朝鮮族,一九五九年九月生於沈陽,一九七六年畢業於沈陽音樂學院管弦系。一九七七年開始從事作曲工作。目前是文職將軍的待遇,享受國務院政府特殊津貼。徐才厚在總政期間,張千一獲得了徐的賞識,當年在提拔他當歌舞團一把手的時候,很多人不同意,因為張的朝鮮族背景,加上多位親戚在韓國。徐才厚力排眾議,將張的位置扶正。

二○一三年一月十日,「將軍俱樂部」開張,對外叫做總

原總政歌舞團團長張千一

政歌舞團軍史部，雖然「開張」的時候只到了二十來個人，但場面熱鬧。徐才厚當時尚未卸任中共軍委副主席，來的都是現任總政官員，反而離退休的並不都多，只有軍事科學院原政委楊永斌中將代表離休將軍前來道賀。不過，二〇一三年二月之後，這裏開始熱鬧起來，幾乎每兩周一次，歌舞團的院子裏就會停滿了各種軍車，穿著軍裝的保衛和後勤人員也是川流不息。

據歌舞團的一名安保人員透露，經常看到徐將軍和他的太太一起來。有的時候他的女兒也會陪著一起來。

徐才厚之死

另外據一位負責接待的歌舞團工作人員爆料,經常來參加「侃大山」活動的有:原裝甲兵工程學院政委馮少武、國防大學原校長邢世忠上將、總政軍事檢察院原副檢察長邊文懷少將、國防大學原教研室主任朱梅生少將、後勤指揮學院原院長江傑生少將、總參某部副部長楊蘇海少將、北京軍區裝備部原副部長陳光龍少將以及軍事科學院政治部前副主任方大愚、總裝備部某基地原司令員申解民等。有一次還看到原解放軍副總參謀長張黎上將也來了。這位工作人員說,只要徐將軍參加,一般人就會多一些。

據說這位工作人員透露,老將軍們在一起主要就是下下棋、聊聊天,有的時候,也會幾個人紮堆在一起關門聊聊天。經常聽到他們為某個問題爭得面紅耳赤,然後分手的時候又嘻嘻哈哈。

不過,隨著軍中反腐的日益深入,來的老將軍變得少了一些。到了二〇一三年下半年,一度「將軍侃山俱樂部」被人戲稱為「將軍砍山俱樂部」。「砍山」似乎有「砍掉王岐山」的諧音在裏面,開這個玩笑的據說是谷俊山的一個老部下,這位現役將軍還提議大家能夠設法「解救」他們的老首長。他說,希望砍掉這座「山」(王岐山),解放那座「山」(谷俊山)。因為,事涉敏感,徐才厚據說專門指示,所有現役將領

最好不要參加俱樂部的活動，免得別人說閑話。

不過，總政歌舞團的一位工作人員說，徐才厚在這個「俱樂部」多次和軍中討論過軍中反腐的事情，後來形勢吃緊，這個「將軍俱樂部」從二〇一三年十月份起就不再活動了。一些老將軍為此還非常不滿，有人專門給現任軍委副主席許其亮打電話，要求重新開放，許其亮勸打電話的將領：不要再添亂了。

有消息指，在二〇一三年十一月，徐才厚一段時間沒有公開露面的檔口，歌舞團團長張千一承受了巨大的壓力。當徐才厚二〇一四年三月被正式拘押後，張團長一度還向總政提出過辭呈，被現任總政治部主任張陽退了回去。

知情不報周永康「暗殺」計劃

媒體有報道，周永康團夥曾針對習近平和王岐山有好幾次「暗殺」未遂行動，包括槍擊、毒針等，其中至少有一件針對王岐山的「謀殺」計劃，徐才厚事先知情。這是被抓的前公安部副部長李東生交代的。

根據辦案人員對李東生所用電腦刪除記錄的復原，

徐才厚之死

裏面有一份針對王岐山的刺殺計劃被還原，代號叫「正月十五」。因為計劃擬定的日期是二○一三年二月二十四日，這一天恰好是農曆正月十五。參加方案擬定的人員是李東生和周的秘書幫心腹冀文林、梁克、余剛等七人。

後來，辦案人員通過提審李東生和冀文林，他們表示那天大家因為一起在老首長（周永康）家聚合慶祝正月十五，多喝了幾杯以後，余剛說，老首長叫大家想想辦法，怎麼替老首長解套。

李東生說文的不行就來武的。於是，就由余剛記錄了一份大家當時的一些想法。其中，李東生認為，應該請軍方參與，由他們知道一些事故，或者趁王岐山出行的時候製造一些沖突，趁機下手。冀文林說，現在被以貪腐名義打壓的高級幹部那麼多，請他們想想辦法，比如投毒或者製造車禍，也可以破壞橋梁等。余剛說，郵包炸彈其實最好，但是不容易接近目標。梁克在一旁沒有發言。

根據李東生的交代，大家你一言我一語，一直聊到次日凌晨兩點，這時候酒也已經醒了。余剛筆頭挺快，就起草了一個計劃。大家一看，面面相覷，不覺被悲從中來。李東生說，這次恐怕老首長是躲不了這一劫了，咱們盡量往好的地

方想，假若實在形勢緊迫，只能下一步險棋了，不然就是坐以待斃。好在老首長也有不少關係，咱們雙管齊下。

余剛整理的談話要點大致歸納的針對王岐山的計劃有八個：一是車禍、二是狙擊手、三是投毒、四是毒針、五是郵包炸彈、六是炸橋、七是定時炸彈、八是致命有害氣體。

據李東生交代，相關計劃由余剛和周永康做了匯報，也在一起專門和徐才厚通了氣，李將文件存在加密的電腦裏，後來因為風聲緊，就立即刪除了。

冀文林也認為，這些計劃確實研究過，但不是十分正式，以後在對王岐山的行動中，也並沒有拘泥於這個行動計劃。不過，「正月十五」的名稱確實是冀文林起的。

而習近平從九月一日底至九月十四日，突然從公眾視線中消失。一時間，京城氣氛緊張，有關習近平運動受傷、遇車禍、生病、遭暗殺等傳言四起，網路還傳出解放軍三〇一醫院因為習近平住院，增派軍警加強戒備。

周永康殺機從何處升起？

在二〇一三年八月五日開始的北戴河會議上，新上任不

久的習近平宣布，這次會議的主題有兩個，一個是改革，一個是反腐敗。參加會議的一些人私下嘀咕：改革說白了就是要調整利益格局，重建利益分配規則；反腐敗無非就是要整人，跟習近平一直嚷嚷著要整黨一個意思。作為一國之新君，習近平有這個想法並不奇怪。

有參加了這次會議的工作人員透露，就在這次會議上，習近平發了大火，並且拍了桌子，襯衣上的扣子都崩掉了好幾顆。他說，鐵路、石油、銀行都成了某些人的私人小金庫，軍隊、武警成了某些人看家護院的家丁，這還是人民共和國嗎？才三十年，毛主席領導我們父輩打下的江山，就成了有些人的私有財產，真是豈有此理！

就在那次會議上，習近平主導作出了兩項決定：一項是經濟方面，按照李克強的建議在上海建立自由貿易區；另外一項就是加大反腐力度，這一塊自然是由新任中紀委書記王岐山操刀。

按照王岐山原來的想法，他其實更想先對金融系統開刀，因為那畢竟是他更熟悉的領域，不過，令計劃事件暴露出來的蔣潔敏等人的貪腐內幕，讓他感到優先收拾石油幫恐怕是更好的選擇。不過，收拾石油幫有個重大的障礙，那

就是前常委周永康，他是石油幫的最大的黑後臺，收拾石油幫勢必要牽扯出他來。他會不會出手幹預，江澤民曾慶紅等黨內大佬會不會站在他的那一邊，他沒有把握。由此他必須跟習近平通氣，搞清楚習近平的態度和決心。

在開十八屆紀委全會之前，王岐山給習近平匯報了打老虎的兩個選項，一個是一個省委，大概有三百多個處級以上官員都涉嫌貪腐，時間長達十年之上，形成盤根錯節的窩案，動任何一個人都牽涉一大片人，只有連窩端掉才能查清楚一個具體人的貪腐內幕。但是，要搞掉三百多名處級幹部，這個省的工作基本上也就癱瘓了。因為這三百多個幹部從省委、省政府、省人大、省政協一直到各個廳局，甚至包括公檢法司，無一遺漏。要動真格的只能實行軍管。第二個選項是一個部委系統，從部委的第一把手到司局處級，大概百分之三十的幹部涉案。其中貪腐超過千萬的超過二百多個處級幹部。王岐山說，這個省是四川，這個部委系統是中石油。這兩個系統不管動哪個，都涉及到一個前常委，這個人可曾經是手握重權的大人物。

習近平知道王岐山是讓自己在對動手幹掉周永康痛下決心，他考慮了三天，讓王岐山寫報告，準備先動中石油系統。因為這個系統震動小一點，用不著軍管，但是民憤卻是

全國性的。胡溫收拾了鐵老大，自己收拾油老二，說起來也是順理成章，江澤民等大佬大概也不會幹預得太過分。

但是對石油幫下手之後，調查出來的情況發現，不動周永康已經完全不可能了。因為這個團夥在十幾年的時間裏，利用石油部改組成中石油集團公司走向市場化的機會，把石油系統搞成了幾個家族控制的私人獨立王國，它們利用一切可以利用的空間和機會，瘋狂漲價，讓國人買油比國際市場的價格貴上十幾倍。國際石油價格是起起伏伏，但是中石油中海油的成品油價格只升不降，成了吸食全國人民財富的巨大黑洞。

另外，它們還全面壟斷了國內的國營油田和民營油田，並在海外拓展經營，成本由國家支付，利潤卻都進了自己的腰包。中紀委短短幾個月查明的數額，光是中石油向周永康家族輸送的利益，就已經達到了上千億，這還只是冰山一角。有人甚至認為，中石油中海油如果進行審計，國家占有的淨資產總額連周永康、蔣潔敏、李華林、王永春等幾個家族占有的零頭都不到。也就是說，整個石油系統，實際上成了石油幫的私人財產。

這還不是最嚴重的，更嚴重的是，因為現代社會對成品

油的依賴，中石油中海油設在全國各地的加油站和油庫，成了這幾個家族持續不斷對國家和人民敲骨吸髓的工具。如果不端掉這個腐敗集團，整個國家和民族都要被他們盤剝到不知何年何月。

習近平終於下了決心。但是，他與王岐山制定的策略是「先外圍，後核心」，也就是說，先盡可能不觸動周永康這個核心，只是「打掃」石油幫外圍。因為周永康畢竟是退休常委，級別之高是以前任何一位因腐敗倒臺的高幹所不能相比的。因此，如果真的要動周永康，就必須要由政治局作出決定，同時還要獲得多數元老的贊成。

就是這次北戴河會議，就是這項要掃除石油幫的決定，讓周永康預感到末日將臨。盡管他仍然自信地認為，自己有前政治局常委這塊「免死金牌」，暫時不會被「拿下」，但自己的全部黨羽一旦被翦除，自己這個總頭目肯定百分之百會被供出來。走上審判臺是遲早的事。

因此，他決定先下手為強，除掉習近平！

作為掌管公安政法系統多年的「政法王」，他自信有把習近平從地球上抹去的能力！

徐才厚之死

兩次「暗殺」也「賴」上徐

其實，早在二〇一二年三月二十一日，百度就有周永康、薄熙來、徐才厚聯手政變的信息。那信息主要是基於美國媒體的一篇報道。二〇一二年二月，中共國家副主席習近平訪美期間，美國媒體《華盛頓自由燈塔》曾選擇曝光王立軍移交美領館材料中，有關薄熙來、周永康連手圖謀發動政變、最終廢掉習近平的計劃。

美國資深媒體人比爾‧戈茨（Bill Gertz）二〇一二年二月在美國《華盛頓自由燈塔》發表長篇文章，援引美國官員的話說，王立軍向美國方面提供了中共高層腐敗的材料，其中包括有關重慶市委書記薄熙來的材料，涉及政治局常委周永康，還有薄熙來這些強硬派如何想整垮習近平，不讓他順利接班的計劃。該報導說，周永康和薄熙來在北京、重慶和成都先後進行了五次會面，策劃薄熙來晉升政法委書記，並在上位兩年內強迫習近平下臺。為此，周永康協助薄熙來和王立軍從德國購買最先進的竊聽設備，對九常委和秘書、家人的機密信息及很多談話進行監聽。

　　二〇一二年三月中共兩會期間，周永康曾公開到重慶代表團為薄熙來站臺。早前據北京一位消息人士說，周永康是政治局常委中堅決護薄熙來的唯一一個人。據海外媒體報導，薄熙來被雙規後，在調查過程中咒罵周永康撕毀承諾、出賣他。他要求見胡錦濤和溫家寶，否則不會透露任何進一步情況。據悉，薄熙來在接受調查的過程中拒絕承擔全部責任。他告訴調查人員，自己做的每件事，要麼是周永康授意的，要麼是周永康認可的，周永康才是幕後真正的「老板」。較早前報導，谷開來已經供認，她是薄熙來與周永康之間關於他們策劃密謀的信息傳遞人。她做的一切，周永康都知情，包括她要求那個英國人海伍德為周永康和薄熙來所幹的事。

　　這篇報道裏所涉及的，還只是周薄二人的密謀，而不是刺殺或正式的政變行動。

　　然而在周永康被軟禁後，多家海外媒體齊說周永康至少兩次試圖暗殺習近平：一次是在會議室置放定時炸彈，另外一次是趁習近平在三〇一醫院做體檢時打毒針，並且說薄熙來事發被捕後，周永康為自保，竭力爭權，擺脫習近平。在北戴河會議上，江澤民支持處理周永康，並對周強烈抨擊。周永康認為末日來臨，於是孤註一擲，策劃暗殺。還有

報道說，這些暗殺由他的助理和警衛譚紅實施。

經過反復調查求證才發現，所謂「兩次暗殺」其實也只是個初步的想法，連正式的計劃都沒有形成，更沒有付諸於行動。

事實是，在二〇一二北戴河會議期間，周永康的命運已經沒有懸念。事實上，自從薄熙來事發，周永康、薄熙來陰謀政變的計劃已經被曝光，周永康自從二〇一二年三月，權力基本就已經被架空。薄熙來被捕後，周永康惶惶不可終日，便同死黨商討對策。在幾次小範圍的商討中，曾經有人提出要設計把習近平「搞殘」，讓他接不了班。

周永康當時只是把這話作為玩笑，沒有認真理會，倒是秘書譚紅在旁邊接過話題，半真半假地問起「如何才能搞殘」習近平。那人也沒有說出什麼真正的方案，隨口說了一句「寄個郵包炸彈」。譚紅接了一句「那還不如打一針搞癱瘓了」。

悲催的是，同樣的笑話李東生也和徐才厚聊天的時候說了，徐才厚是跳進黃河也洗不清了。

第五章

泥腿子將軍仕途處處有貴人

徐才厚之死

我是一個兵，來自老百姓

徐才厚，一九四三年六月生於在遼寧瓦房店一個普通農民家庭。大學畢業後長期在瀋陽軍區服役。一九九二年為了填補楊家將事件後的軍方高層真空，被晉升為總政治部主任助理，很快晉升為總政治部副主任。一九九六年下放濟南軍區任政委。一九九九年被晉升為總政治部第一副主任並確定為未來中央軍委主要負責人，二〇〇二年進入中共中央書記處，二〇〇四年成為中共中央軍委副主席，第十七屆中共中央政治局委員，成為中共軍方黨務的最高負責人。

在人們的印象中，只有像江西、湖北、四川、湖南等一些中共老區才出很多將軍。然而，在大連的一個縣級市——瓦房店也以盛產將軍而聞名遐邇。據不完全統計，到目前為止，從瓦房店走出的將軍已近三十位，這在東北地區是絕無僅有的。其中就有曾任中央軍委副主席徐才厚上將。

到二〇一四年已經整整七十一歲的徐才厚，一九六八畢

業於哈爾濱軍事工程學院電子工程系畢業，擁有正規大學學歷。按照中共官方的說法，他是受過系統的訓練，履歷完整，既有基層經驗，也有高層磨練。他曾長期在東北地方部隊中擔任政工崗位的副職。一九九〇年年擔任駐守吉林省的解放軍第十六集團軍政委，一九九三年調任解放軍總政治部主任助理兼解放軍報社社長。一九九六年十一月，任濟南軍區政委。

據《世紀洪水》一書記載，徐才厚在任濟南軍區政委期間，面對一九九八年特大洪災，解放軍奉命到災區抗洪救災，徐才厚也親率部隊到抗洪第一線。期間，他率部完成任務正在回濟南的途中，在火車上接到軍區作戰部副部長的電話，傳達江澤民和中央軍委領導指示。要求「濟南軍區，立即傳達江主席命令，長江中下遊抗洪部隊的行動，聽從廣州軍區、南京軍區統一調度指揮。部隊全部上堤後，要立即向軍委報告。」徐才厚當即決定：返回湖北抗洪前線。

濟南軍區在全軍的戰略地位從來都是最不起眼的，兵力最弱不說，將領也不大受重視。在全軍序列排名中只是排在七大軍區的最後一名，其職責也只是全軍的「戰略預備隊」。按說，當時徐才厚已經率隊完成了支持廣州軍區抗洪的任務，本來可以返回駐地休整一段，軍區可以再派其他部

徐才厚之死

徐才厚在部隊

隊執行中央軍委的新命令。但是精明的徐才厚把握了這個
表現自己的時機，迅速帶隊掉頭折回抗洪前線。此舉後來受
到中央軍委高度讚揚，被稱讚是「講政治」的範例。據說，就
在這次行動後，江澤民十分賞識這位十分聽話的政工幹部，
下令中央軍委把他列入提拔名單。

　　結果，一九九九年九月後，徐才厚「二進」總政，擔任中
央軍委委員，解放軍總政治部常務副主任、總政治部黨委副
書記。中共十六大後，徐才厚任解放軍總政治部主任，中央
軍委委員、中央書記處書記，在黨中央和中央軍委之間發揮

「橋梁和紐帶」作用。進入中央軍委後，他獲得軍委主席江澤民的「召見」，從此正式成為江澤民的「鐵桿兒」，並終於在二〇〇四年，與另外一位江澤民的「軍中鐵桿兒」郭伯雄一道，被提拔為中央軍委副主席，成為「江家軍」的兩大掌門之一。

十六軍是個大熔爐

　　一九六三年，剛滿二十歲的徐才厚考入哈爾濱軍事工程學院電子工程系；一九六八年畢業後，先是在陸軍第三十九軍農場勞動鍛煉兩年；隨後到第十六集團軍下屬的一個炮兵團作技術員。後來部隊改制，這個炮兵團劃給了瀋陽軍區守備師。徐才厚雖然來自農民家庭，但是頭腦靈活，嘴上更能見什麼人說什麼話，而且有大學文憑，特別是能寫當時很時髦的學習心得，很討領導喜歡，多次被評為「積極分子」、「學習標兵」。他從一名普通軍隊技師，改任連副指導員，後來又一級一級提拔到吉林省軍區幹部處任幹事、副處長；一九八二年任吉林省軍區政治部幹部處處長、省軍區政治部副主任；一九八四年任瀋陽軍區政治部群眾工作部部長。

徐才厚之死

　　一九八五年，徐才厚在仕途上邁出了最為重要的一步，他被調到瀋陽軍區第一主力軍弟十六集團，擔任政治部主任。這十六集團軍本是徐才厚最初當兵的地方，他可以說是又重返自己的老部隊。五年以後的一九九〇年，徐才厚晉升為第十六集團軍政委。此時，他的軍銜是少將。

　　這第十六集團軍從中共軍隊的淵源上說，應該是屬於劉伯承、鄧小平的「二野」，也就是中原野戰軍系統。換句話說，它是屬於鄧小平的嫡系部隊。因此在鄧小平掌軍的年代非常吃得開，也很受重視。據說，徐才厚在接掌十六軍政委之後，曾經按照部隊的傳統慣例，前往北京看望「老首長」鄧小平，以表達效忠之意。當年他是否曾經面見鄧小平，目前已經無案可查。但是，鄧小平當年的辦公室主任王瑞林對徐才厚卻是印象頗深，認為他機靈，辦事可靠。

　　根據中共軍史記載，第十六集團軍的歷史最早可以追溯到南昌起義、平江起義及湘南暴動和閩西暴動等時期中國共產黨所建立的武裝力量。在中國抗日戰爭時期，這些武裝力量逐漸發展成為共產黨的冀魯豫軍區部隊。第二次國共內戰爆發後，冀魯豫軍區部隊於一九四五年十月重組為中國人民解放軍晉冀魯豫軍區第一縱隊，轄有三個旅。因當時縱隊司令員為楊得志，政治委員為蘇振華，故該縱隊亦被稱作

「楊蘇縱隊」。縱隊成立後即參與了平漢戰役，然後被劃歸冀熱遼軍區，隨即轉戰熱河省。一九四六年十二月，重被劃歸晉冀魯豫軍區。一九四七年三月，與同一軍區第七縱隊合編為新的第一縱隊，轄有四個旅，司令員改為楊勇。

在參與豫北戰役和魯西南戰役後，於一九四七年八月隨本軍區的中國人民解放軍晉冀魯豫野戰軍（亦稱劉鄧大軍）「千里躍進大別山」，後又參與了宛西、確山、豫東、鄭州等戰役，更在淮海戰役與中國國民黨一方的中國國民革命軍第十二兵團（亦稱黃維兵團）激戰。一九四九年二月十九日，晉冀魯豫軍區第一縱隊在河南省沈邱地區被改編為了中國人民解放軍第十六軍，劃歸中國人民解放軍第二野戰軍第五兵團。尹先炳被任命為軍長，政治委員為王輝球。所轄第一、第二旅被擴編為第四十六和第四十七師；所轄第二十旅被編入中國人民解放軍第十八軍，擴編為第五十二師（今中國人民解放軍第十三軍第一四九師），並編入由豫皖蘇軍區部隊組成的第四十七師，於當年四月參與渡江戰役。

一九四九年八月，以第五兵團先鋒向中國西南進軍，並於十一月占領貴陽。後又進軍四川，參與成都戰役。在第五兵團主要突擊方向上突破長江天塹，至五月六日，攻占衢州、江山，截斷浙贛線。八月中旬，受領進軍大西南任務。十一

徐才厚之死

月初，突破敵黔東防線，十四日解放貴陽；二十八日至十二月二十七日，參加成都戰役，在沙坪（今峨邊）俘敵川湘鄂綏靖公署中將主任宋希濂。先後奪占東山、峨眉、夾江、洪雅等縣城，徹底截斷了胡宗南集團逃往西康、雲南的退路。後在成都西南地區協同友鄰全殲了胡宗南集團。

一九五〇年一月，除第四十八師調歸川南軍區留守瀘州，其余部隊回師貴州，參加剿匪和新區政權建設。軍部兼遵義軍分區，第四十六師兼銅仁軍分區，第四十七師兼畢節軍分區。

一九五一年二月第十六軍離黔北上，準備入朝作戰。七月七日，抽調九十個個建制排共三千六百多人，組成兩個團，參加中國人民志願軍入朝作戰。九月，第六十二軍一八六師歸第十六軍建制。第四十七師入朝作戰，於一九五二年三月歸建。十一月，第一八六師改為國土防空部隊。同時，第十一軍第三十二師調歸第十六軍建制。一九五三年十一月，第十六軍入朝作戰，至一九五八年四月撤軍回國。

十六軍從朝鮮回國後，隸屬瀋陽軍區。一九六九年重排番號時所轄第三十二師被改稱為第四十八師。一九七六年唐山大地震後，其步兵第四十六師曾參與相關的抗震救

災工作。一九八四年，鄧小平宣布中國人民解放軍「百萬大裁軍」後，第十六軍於一九八五年被改編中國人民解放軍第十六集團軍。二〇〇三年，原二十三軍撤編，原屬二十三集團軍的六十九師、六十八旅並入第十六集團軍。

生命中的貴人

在徐才厚一路晉升的仕途道路上，有一位重要人物是必須要提到的。這個人物就是被戲稱為「六星上將」的前解放軍總後勤部部長、前全國政協副主席洪學智。

洪學智一九一三年二月二日生，二〇〇六年十一月二十日去世，安徽省金寨縣（原屬河南省商城縣）人。曾任中國人民解放軍總後勤部部長、全國政協副主席。他於一九五五年九月和一九八八年九月先後兩次被授予上將軍銜，是解放軍中也是世界上唯一一位兩次被授予上將軍銜的將軍，故有人稱其為「六星上將」。

這洪學智由於屬於林彪的舊部，在林彪倒臺之後，一直不被重視。但是由於沾了與彭德懷一道倒黴的「光」，在鄧小平掌軍時，還算是得到了「照顧」。雖然說職位並不重要，

徐才厚之死

但也算是軍方高層之一，而且資格很老，說話仍然有一定份量。

一九九二年，江澤民在獲得鄧小平的默許之下，一舉拿下「楊家將」之後，對曾經給與他支持的洪學智十分感謝。江澤民請洪學智推薦一些「可靠」年輕軍人到軍委總部任職，填補清洗「楊家將」人馬造成的空缺。洪學智在提交給江澤民的名單中便推薦了時任第十六集團軍政委的徐才厚。當年十一月，徐才厚被調入北京，出任解放軍總政治部主任助理兼《解放軍報》社長；兩年以後，他又晉升總政治部副主任。從此，仕途一帆風順，一直到中央軍委副主席。

從洪學智的年齡和從軍經歷看，似乎找不到任何與「年輕後生」徐才厚有交叉之處。但是仔細仔細研究發現，在徐才厚的簡歷中寫著，他於一九七二年至一九八二年間，任職於吉林省軍區政治部幹部處幹事、副處長、處長。而這段時間，洪學智曾經任職於吉林省重工業廳廳長。兩人的任職地點都是在吉林省的省會長春市。兩人應該是在這期間開始相識的。

據當年曾經在吉林省軍區總部任職的人士回憶，洪學智因為是軍界元老，在吉林省地方任職作廳長本身就是很「委

屈」。所以，當地地方領導不敢拿他怎麼樣，當地駐軍對他
更是畢恭畢敬。據說，洪為人豪爽，樂於為人幫忙。誰求到他
辦事，他都會一口答應。這其中也許多是軍人在軍內謀職、
以及送子女參軍的事。身為軍區幹部處副處長的徐才厚往往
是奉命具體為洪學智「辦事」的人。一向乖巧的徐才厚自然
不會放過每一個結交巴結洪學智的機會。據說，每次把洪學
智托付的事辦好之後，徐才厚都會親自上門向洪學智匯報。
很討洪學智的歡心，兩人因此結下了忘年交。

　　因此，當洪學智調到北京去之後，也仍然沒有忘記當年
那個年輕的小處長。最終向江澤民推薦了徐才厚。也就是
說，徐才厚從一進入軍委總部那天起，便已經成為江系人
馬。徐才厚也因此順利地在一九九三年十二月晉升中將軍
銜，一九九九年九月晉升上將軍銜。他在一九九四年八月升
任解放軍總政治部副主任之後，一九九六年「外放」擔任濟
南軍區政委；一九九九年九月任中央軍委委員，總政治部常務
副主任；二〇〇〇年十二月任中央軍委委員，總政治部常務
副主任、中央軍委紀委書記；二〇〇二年十一月任中共中央
書記處書記、中央軍委委員、總政治部主任。二〇〇四年九月
任中共中央書記處書記、中央軍委副主席；二〇〇七年十月
任中共中央政治局委員，中央軍委副主席。

徐才厚之死

長袖善舞一仆二主

具有中共官方背景的香港《大公報》二〇〇七年十月二十三日發出題為「徐才厚——胡錦濤在解放軍的『臂膀』」的報道，披露了本屬於江澤民陣營的徐才厚又見風使舵，投在了時任中共中央總書記、中央軍委主席的胡錦濤門下。

報道說，徐才厚二十歲時告別家鄉，考入同處東三省地區、位於哈爾濱的軍事工程學院。這所簡稱「哈軍工」的學院，是建國後成立的第一所多學科、多軍兵種綜合性高等軍事技術學府，由陳賡大將出任首任院長。

統觀徐才厚的簡歷，可以發現他自解放軍基層啟步，先後在農場、省軍區獨立師、炮兵團基層及機關政治部工作，而後擔任上了省軍區政治部副主任、陸軍集團軍政治部主任、集團軍政委、總政主任助理兼軍報社長、大軍區政委等要職，直至最後進入中央軍委決策層，成為軍委委員執掌總政治部，隨後成為軍委三位軍方副主席之一，成為中央書記處成員。從連、營、團，再到師、軍、大軍區，徐才厚依次晉升、步履堅實。

　　總政治部是中共中央、中央軍委的政治工作機關，負責管理軍隊中黨的工作和政治工作。長期在軍隊政工戰線工作的徐才厚，曾執掌總政，並隨即晉升為軍委副主席和中央書記處成員，在軍委領導中協助胡錦濤主席分管至關重要的思想政治、幹部人事、宣傳教育諸項工作，成為胡總在軍方的「左膀右臂」。

　　報道提到，上屆中央軍委兩位副主席——張萬年和遲浩田，前者身兼中央軍委副主席、書記處書記，實為軍委主席之下的軍方「一哥」，後者身兼軍委副主席和國防部部長，側重於政府系統和外事工作。新一屆中央軍委主要領導領軍後，高瞻遠矚，逐步將原屬二人的工作拆分，分交郭伯雄、曹剛川及徐才厚三位副主席，徐才厚又成為中央書記處成員，側重負責思想政治及組織人事工作。由此可見，為確保「黨指揮槍」，確保中國軍方履行新時期的歷史使命，軍委主要領導的用心良苦。

　　有報道特別提到，徐才厚二〇〇二年即已成為書記處成員，作為中央書記處中僅有的一名軍方書記。當年十二月，十六大結束後不久，徐才厚跟隨新任中共中央總書記胡錦濤奔赴河北西柏坡，重溫「兩個務必」。此後，二〇〇四年底，在胡錦濤就任中央軍委主席的十六屆四中全會上，徐才

徐才厚之死

厚又「再上層樓」，晉升為中央軍委副主席，顯示出主要領導對他的高度信任。

徐才厚和媒體交過手

步入仕途之後，外界對徐才厚同樣毀譽參半。在反對聲音中，最為激烈的要算是指責他是「秦始皇式的軍閥」。

互聯網上，曾有署名「葛眾禾」的文章說：「秦始皇作為中國歷史上第一個中央集權的封建君主，在他執政期間裏瘋狂地對勞動人民進行剝削壓迫，從修築『萬里長城』到修建『馳道』，從建造『阿房宮』到『焚書坑儒』，秦始皇的種種暴政使他成為中國歷史上公認的專制暴君。跨越時間的隧道，今天，徐才厚這個站在中共塔尖上的軍閥以絕對軍權控制著中共的政權，他以一個特權享受者的身份和秦始皇瘋狂地攀比著。」

文章寫道，當時光流轉到公元一九八九年，中共的軍隊在鎮壓了學生的「六四」愛國運動之後，雙手沾滿「六四」鮮血的于永波當上了解放軍總政治部主任，鎮壓學生有功的徐才厚被于永波調到身邊工作，從此成了于的指定接班人。

鎮壓學生運動儈子手于永波

在跟隨于永波的日子裏，徐才厚的屁股上象綁了火箭筒一般從解放軍總政治部副主任（兼解放軍報社社長）高升到解放軍總政治部主任，又從解放軍總政治部主任飛升到中央軍委副主席，成了中共軍史上升官最快的記錄創造者。徐才厚用竊取到的職權控制了軍權，成為中共國家機器的最高統治者。當了大官的徐才厚沒有改掉嗜錢如命的腐敗本性，反而在其家鄉人民的面前作威作福，這個和秦始皇有著相同靈魂的軍閥竟敢用手中掌控的權力大鳴大放地在其家鄉瓦房

徐才厚之死

店市長興島修起了比「阿房宮」還「阿房宮」的「長興島軍閥樂園」。

二〇〇五年十一月二十六日，長興島臨港工業區正式掛牌成立，徐才厚的家鄉長興島被劃規成為大連市的一個直轄區，徐才厚自己為自己發去了一封具有歷史意義的賀電，以此標志著他不可一世的形象工程開始了。從此，長興島成為中國的一個特區。文章說，在徐才厚瘋狂修建「長興島軍閥樂園」的過程裏，李克強、孫春蘭、夏德仁等這幫官僚與其狼狽為奸，通過掌控的媒體向民眾大放煙幕彈。從李克強的「五點一線」到孫春蘭的「西拓北進」，再到夏德仁的「一島十區」，這些振興東北老工業基地的口號沒有一個不是為徐才厚服務的。李克強、孫春蘭、夏德仁這些人在同徐才厚進行權錢交易的同時完全放棄了黨紀國法，成了徐才厚巧取豪奪的幫兇。

二〇〇六年八月七日，一瓶把徐才厚寓義為鳳凰的礦泉水在大連星海廣場出現，這瓶由徐才厚家鄉長興島制造的名為「鳳凰源」的礦泉水以每瓶一百元的標價被李克強、夏德仁流強行指定為「二〇〇六中國國際啤酒節唯一飲用水」。二〇〇六年八月二十九日，大連市發改委、財政局為了認真貫徹實施《遼寧省人民政府關於鼓勵沿海重點發展區

138

域擴大對外開放的若幹政策意見》，關於對大連長興島臨港工業區、大連花園口工業園區內的所有企業（含在建和新建）免收涉企的行政事業性收費的政策規定，就有關具體問題做出明確規定。按此規定，以下收費項目的收費額由園區或園區所在市財政承擔：頻率占用費、礦產資源補償費、企業註冊登記費、排污費、出入境商品檢驗檢疫費、海關收費。

　　文章寫道：如今，在長興島二百五十多平方公里的土地上，一處處度假村和一處處別墅群星羅棋布的分散在島內，近三百棟的賓館、酒店和「農家賓館」盡顯這個島嶼的奢華無度。正是在徐才厚的策化和支持下，長興島被修成了罪惡昭彰的「軍閥樂園」。現在，紙醉金迷的長興島處處都冒著邪氣，成了遼寧幫恣意享受的王朝樂土和徐氏家族斂財之地。同秦始皇的「萬里長城」相比，長興島上的「萬米長城」象征的是徐才厚的軍國主義精神，也是徐才厚與全民為敵的象征，它防禦的是在其暴政下人們的反抗！

　　同一作者在另外一篇文章中，還指責徐才厚以「封報坑讀」比美秦始皇的「焚書坑儒」。

　　文章說，正當徐才厚的「長興島軍閥樂園」在如火如荼

徐才厚之死

地修建時，敢於直言的《半島晨報》對瓦房店沒人管的民生問題進行了曝光，將矛頭直指徐才厚。二○○六年三月八日，大連《半島晨報》以《擔心教室塌了學生練習鑽桌子》為題，對瓦房店閻店鄉遲家中心小學的孩子們為擔心教室倒塌而每天進行鑽桌子訓練的事情進行了報導。二○○六年三月十三日，《半島晨報》又以《少女寄養敬老院莫名失身》為題的報道深入揭示了徐才厚家鄉民生問題惡劣的狀況……

《半島晨報》數篇有關徐才厚家鄉醜聞的報道在社會上引起了廣大讀者的強烈反響，但同時也招來了大連政府對他們的橫加指責和帶有黑社會性質的威脅。在被逼無奈的情況下，《半島晨報》於二○○六年三月十六日在《半島晨報》A三版上發表了一篇《我們做了「虛假報道」麼？》的文章。文章說：孩子們呆在頂棚漏了天光，牆壁裂開大縫的教室裏上課，需要練就「防空」的本事，他們能在一兩秒鐘內鑽到書桌下。《半島晨報》報道了此事，央視《馬斌讀報》摘播之後，已是「滿城風雨」。有人說，《半島晨報》報的不符合事實，並對做後續報道的記者橫加指責：「誰給你權利到學校采訪」、「是誰認定這是危房的」！？後來，教室被鎖了，原來接受采訪的教師也三緘其口；現在，還有人說，那學生鑽桌子的場面是記者安排的，《半島晨報》造假有方……

文章列舉了《半島晨報》因此遭到打壓的一系列例證，說《半島晨報》新聞的銳利從此被磨得蕩然無存，終於投降成了徐才厚的幫兇工具。當《半島晨報》以大連公宣統一口徑為政府說話的時候，他已經在人們的心中死去，徹底成了一個「胡說八道」的媒體。

徐才厚牛過楊白冰

盡管習近平對軍中的嚴重腐敗早就心知肚明，為什麼他一上任不祭出「三板斧」來懲治腐敗，來樹立自己的威信同時也重振軍心呢？習近平對軍中腐敗不敢輕易下手是有原因的。

有軍事分析家指出：「如果敢，那就意味著要觸及一大批軍中高官，就會遭到一大批既得利益者的強烈反彈；如果過早拿徐才厚一人開刀，只能暫時起到殺雞警猴的效用，卻觸及不到軍中嚴重腐敗的根源。這也是習近平上臺後首先強調穩定軍心，要牢牢緊握槍桿子的主要原因。這樣，求穩已成新一屆中央軍委的既定方針。」

北京軍方人士和軍事觀察家都談到了一個關鍵點，那就

徐才厚之死

是徐才厚腐敗案以及此案所牽連出的軍隊高層腐敗，涉及人員之多，涉及範圍之廣，都是地方腐敗案件所不能相比的。抓了一個谷俊山兩年沒辦法宣判，但連鎖效應就已全面浮現出來。可以說，這是自一九八九年以來，中國軍隊出現的第二次大動蕩。

第一次是六四過後江澤民曾慶紅收拾「楊家將」，變「楊家軍」為「江家軍」；第二次則是習近平必須面對老軍頭們的嚴重腐敗案，還有從中央軍委一直蔓延到各大軍區的全面腐敗現象。

然而，第二次動蕩要比第一次動蕩來得更厲害。在過去幾年徐才厚等老軍頭們所積攢下來的權力，要大大超過當年的楊白冰。當時，楊白冰的權力還受制於很多元老，他的上面還有其它的有權有勢的軍方大佬。然而胡溫時期，由於胡錦濤沒有能力介入軍中事務，直到他下臺的時候都沒有掌握住軍權。另外，由於軍中的老將們都不存在了，這樣軍中大權就落入兩個人手中，一個是郭伯雄，另一個就是徐才厚。雖然因為人品和才學上的瑕疵，兩人在軍中都沒有威信。但郭徐在軍中安插了很多親信，勢力不是習近平能輕易對付的。

當年楊家將的核心人物楊白冰

在軍中消息人士看來，如果拿現在的徐才厚與當年的楊白冰對比，徐才厚比楊白冰在軍中的權力和影響力更大，而楊白冰在政治上的名氣則比徐才厚更大，畢竟楊還有一個當過國家副主席的兄長楊尚昆。

相比之下，當年的楊白冰並沒有徐才厚這樣大的權力。楊白冰一九八二年十月才擔任北京軍區副政治委員，三年後才升任政治委員。一九八七年十一月調任總政治部主任，一九八八年任中央軍委委員。六四事件期間，因支持鎮壓學生運動，才於當年十一月兼任中共中央軍委秘書長。這也是楊白冰在軍中的最高職務。

徐才厚之死

　　況且，楊白冰當年當上總政治部主任，還多虧其兄長楊尚昆的一手提撥。一九八七年十一月，在中共十三屆一中全會上決定的中央軍委組成人選是：主席鄧小平、第一副主席趙紫陽、常務副主席兼秘書長楊尚昆。沒有楊大哥，就沒有楊小弟。

　　中共十三屆一中全會閉幕後，中共立刻宣布楊尚昆的胞弟楊白冰出任解放軍總政治部主任。當時，黨內曾為此專門傳達，解釋楊尚昆對安排自己胞弟出任總政主任一事「有顧慮」，鄧小平用「舉賢不避親」一錘定音。自此，「楊家將」的說法開始在黨內、軍內廣泛流傳。以至楊尚昆自己都向黨內元老們感慨「我們『楊家將』名聲不好聽啊。

第六章

徐才厚遭遇軍中「剋星」

徐才厚之死

劉源大鬧軍委擴大會

前中共國家主席劉少奇之子劉源在當上總後勤部政委之後，一上馬就開始「發威」。據報道，二○一一年十二月二十五日至二十八日曾經召開了一個軍委擴大會議。在會議上，劉源沒打招呼，突然從位置上站起來，拿起一張軍方高層豪宅的照片，解釋說這個豪宅耗資上億元，占北京黃金地帶二十余畝，三座別墅群，極度奢侈。劉源直指坐在臺上的郭伯雄、徐才厚、梁光烈：「你們三位軍委負責人，在領導崗位上已經多年，對於軍中嚴重腐敗，更有不可推卸的責任！」

另據軍中消息人士稱，這次軍委擴大會議實際上是國防大學舉行的畢業典禮，當時胡錦濤、郭伯雄、徐才厚、梁光烈等軍委負責人都悉數到場。

還有一種說法是，在二○一一年十二月二十八日下午總後黨委擴大會上，劉源發表了一番脫稿講話，先是「歌頌」胡錦濤，然後話鋒一轉開始贊揚廖錫龍。

據目擊者稱，劉源發言時候顯得有備而來：「我重回總後工作，感謝大家的支持！恰巧，碰上這夥兒人，撞上這攤兒事，不論好歹，當政委的不擔當，誰來擔當？我不出頭，誰能出頭？！」

同時劉源也明確表示，拿下時任總後勤部副部長谷俊山的行為，他和廖錫龍將共同承擔責任，他說：「前一段，廖部長沖我吼過一嗓子：老子上戰場，就沒怕過死！我一怔，當即大聲說：好！我沒上過戰場，但我死去活來多少次了。為捍衛黨，我發過誓；作為軍人，就不怕上戰場犧牲！我一定跟你廖部長綁定了！」

劉源的上述講話，等於把谷俊山腐敗案公開了。據軍方消息來源透露，由於谷有「通天」的後臺，在劉源和廖錫龍公開舉報後，軍委就有人建議將谷俊山調到另外一個單位，不再擔任總後勤部副部長；還有提議讓谷停職審查，這兩個建議其實都是想保住谷俊山，讓他不會「出事」。

二〇一二年春節剛過，就傳來了谷俊山被拿下的傳聞。據接近高層的消息人士透露，谷俊山是在正月初五之後被「雙規」的。為了避免軍紀委的不作為，並防止軍隊內部與谷俊山串通向其通風報信，「雙規」谷俊山由地方紀委主導，

軍紀委予以協助。隨後，受「谷俊山案」牽連，部分軍隊高官被要求主動交代問題，有的也已被「雙規」。

隨後，又有內部消息稱，劉源敢於向軍隊高層的腐敗「宣戰」是得到了胡錦濤和習近平的強力支持。同時還有消息指出，劉源大張旗鼓的反腐，並沒有在軍隊高層中得到完全贊同。有軍隊內部傳言說，軍隊高層的部分首長不太同意反腐直接指向中將這樣級別的將領，因為這會牽扯太多人，不利於軍隊的穩定。

對劉源此番舉動，軍內也有議論，一是認為其反腐步伐走得過急，會影響軍隊穩定；二是越級直接向中央最高層「求助」，不合規矩，犯了大忌；三是雖然軍中不少幹部對這樣的反腐行動拍手叫好，但同時也對相當多的部門和官員造成沖擊。如果不能把軍隊的某些風氣逆轉過來，由劉源掀起的這股反腐風暴將難以為繼，甚至會對他個人帶來不利。

看得見的較量

劉源在軍委會上「放炮」之後，奉胡錦濤、習近平的直接命令，主持了對谷俊山腐敗案的調查。而這項調查其實此前

一直在進行中,但是由於谷俊山的後臺徐才厚利用軍委副主席的職權一再為調查設置障礙,因此調查嚴重受阻,始終無法深入。就在許多問題沒有確切核實的情況下,徐才厚指示軍委紀委督促迅速結案。而且軍委紀委奉命不再允許劉源領導的總後勤部調查人員介入調查,而是取走了調查檔案,以圖草草結案。

軍委會議之後,根據胡錦濤、習近平的指示,劉源的總後勤部調查人員成為谷俊山項目組的主體,軍委紀委則只是輔助。這樣一來,劉源便可以放開手腳,一查到底了。到了十八大召開後的十一月初,調查取得了突破性進展。涉及案件的幾位高官相繼曝光,劉源下令調查組嚴格保守秘密,不得對外透露半個字。同時,他執筆起草了初步調查報告,以絕密文件的加密級別,直接由秘書親自送交已經接任中央軍委主席的習近平辦公室。

調查報告確實觸目驚心,據說在谷俊山家中抄出大量現金和一萬多瓶茅臺後,習近平獲知後「大怒」,稱「戰備需要這些物資嗎?」總後勤部是軍中管錢、管物、負責采購的部門,一直是軍內實權單位和油水最豐厚的部門,權力相當大。而谷俊山家中的天量茅臺酒幾乎全是趁總後勤部向貴州茅臺酒廠采購時私自侵吞侵占,然後用這些茅臺酒結交

徐才厚之死

權貴、巴結上級，為自己牟取更大私利鋪路。

報告顯示，二〇〇五年總後勤部向貴州茅臺酒廠訂制了一批「戰備茅臺」，用深綠色的行軍壺盛裝，壺身正面印有「戰備茅臺」、「一公斤」及「二〇〇五總後勤部生產管理局監制」字樣。壺蓋上還裝有「指北針」。而這批特制茅臺酒竟然被谷俊山自己就就私自扣下一萬多瓶。谷俊山更觸犯軍內的大忌，用茅臺等物資籠絡總後勤部與中共七大軍區之間的關係。二〇一一年初，軍方七大軍區：沈陽、北京、蘭州、濟南、南京、廣州、成都軍區均派出代表赴茅臺集團，結成軍企友好共建單位，這段時間恰好是谷俊山任職總後勤部期間。就是這批贓物茅臺引發習近平下達了「軍中禁酒令」。二〇一二年十二月下旬，中央軍委下發《中央軍委加強自身作風建設十項規定》，要求在接待工作中不安排宴請、不喝酒等。如今人們才知道，這項「禁酒令」的出臺實際上與谷俊山案有直接的關係。

至於劉源報告中徐才厚涉案究竟到什麼程度、到底收受了谷俊山多少賄賂至今仍然無人知曉。不過知情者說，谷俊山升任總後勤部副部長一職，完全是用錢向徐才厚買來的，所花的金額堪稱是天文數字。難怪接近劉源的人士透露，劉源在查過谷俊山的案子後曾經幾次在不同場合暗示，

自己捉到了「軍中首貪」。一般外界不知情的人士，還因為他所說的「軍中首貪」指的是谷俊山。但是北京圈內人士都知道，劉源所指的是「大老虎」徐才厚。

軍中太子黨是徐才厚對頭

　　二○一三年四月，一張京城太子黨早年聚會的照片在網上公布。這是這是「左王」胡喬木的兒子胡石英在網上曬了一張習近平二○○六年從浙江回到北京，在浙江大廈請客的照片。照片可謂陣容強大：最前排右起：馬曉梅（馬文瑞之女）、馬曉力（馬曉梅的姐姐），楊李（楊尚昆之女）、姚明珊（姚依林之女、王岐山之妻）、陳元、宋彬彬（宋任窮之女），彭麗媛、王某、胡木英（胡喬木之女，胡石英的姐姐）；二排右起：劉曉江（胡耀邦女婿）、王岐山、習近平（專題）、胡石英、張木生、傅楊；第三排右起：劉源、薄熙成、某某（已死）、秦曉、孔丹。

　　知情者稱，照片中的男的都是北京四中畢業的。當年在這個學校上學的很多權貴子弟，都是經歷過文革的紅小兵和紅衛兵，當年天不怕地不怕，混勁十足，現在也是鋒芒畢

徐才厚之死

2006年03月13日 于北京浙江大厦合影留念

胡石英曝光習近平王岐山和太子黨的合影

露。某位響當當的人物成年後在酒桌上和秦曉大打出手,斥罵秦曉講普世價值。

發出照片的海外「明鏡網」同時配發的新聞稿說,有政治觀察家認為胡石英曬這張照片的目的是為了讓習近平對薄熙來手下留情。而知名獨立記者高瑜就質疑,胡石英發這張舊照,是不是要喚起「髮小」們「遍插茱萸少一人」的兄弟之情?

報道說,盡管從學習小組時「毛主席」的政治含義就已經開始退色,一批「太子黨」至今仍在努力讓毛澤東在中國政治中有一席之地。當然政治觀察們也懷疑,是否所有紅

二代都對毛澤東有同樣的感情，特別是那些掌權的、如今身居高位的紅二代會有同感。習近平對毛澤東有何真感情先撇開不說，但他對熱捧毛澤東的胡石英曬自己照片的舉動非常不滿。

知情者說，在《炎黃春秋》雜志社二〇一三年春節聯誼會上，一位「太子黨」對胡石英在網上曬習近平宴請舊照進行譴責並翻出當年胡石英詐騙被抓的舊賬，稱胡石英至今惡習不改，專門拉大旗做虎皮，僅頭銜腦袋上就頂了二十多個。「習近平也對他曬照片的舉動十分惱怒，」這位「太子黨」說。

究竟胡石英公布這張照片目的何在並不是本書索要討論的內容。但是照片卻證實了北京圈內一位接近劉源的消息人士的爆料。爆料說，軍中太子黨成員同平民出身的「江家軍」將領徐才厚關係一直不睦。確切地說，太子黨對江澤民一直不滿，認為這個「上海癟三」憑運氣坐了本應屬於太子黨「紅二代」的江山，但是卻處處與太子黨作對。

爆料說，就是在照片所指的這次太子黨聚會上，多喝了幾杯的劉源就曾經破口大罵軍中的幾位「江家軍」大佬是「小人得志」、「不知天高地厚」。據說，劉源特別點了徐才厚

徐才厚之死

的名，說這個頂著一腦袋高粱花子的東北土老帽二最招人討厭，滿嘴仁義道德，其實一肚子男盜女娼。劉源說，越是沒本事的人，越怕讓人瞧不起，徐才厚就是這樣一個小人。按照爆料人的說法，當時作為當晚聚會東道主的習近平聞聽劉源的酒後狂言，連忙大聲指責劉源喝多了，還特地讓太太彭麗媛過去勸劉源少喝些。

但是，劉源其實是酒後吐真言，道出了軍中太子黨在「江家軍」把持時期的壓抑狀態。而劉源本人則一直被太子黨視為是自己這個階層在軍中的希望，他的態度往往代表了軍中太子黨的態度。根據接近劉源的消息來源透露，張海陽、張又俠等軍中太子黨高級將領都是劉源的死黨，盡管他們在年齡上都略大於劉源，例如張海陽比劉源大兩歲，張又俠比劉源大一歲，但他們卻甘願聽從劉源的指揮。因為這些太子黨有一個心結，那就是根據自己老子當初的職務排位。如此一來，劉源的老爸劉少奇作為當年的國家主席、毛澤東的接班人職務最高，劉源也因此成為了軍中太子黨的大哥大。

軍中太子黨對「江家軍」幾大掌門人普遍表示不滿，但是對郭伯雄的看法略好一些，因為郭伯雄似乎有意同太子黨們搞好關係，對他們一直比較尊重，客客氣氣。軍中太子

黨最為忌恨的則是徐才厚。忌恨的原因除了不滿徐才厚溜須拍馬的奴才相之外，還不滿他一副窮酸相，對太子黨擺架子，有時甚至是故意刁難軍中太子黨成員。而且動不動就用以「不要總是拿你們老子說事」來指責太子黨。軍中太子黨成員因此背地裏把徐才厚稱為是「一條看家的狗」。

劉源、廖錫龍成「死磕」專業戶

谷俊山涉及貪腐並非一日之寒，他在軍隊後勤部門的經營可謂時間頗久，關係網絡密集。而作為軍中管錢、管物、負責采購等的部門，腐敗的滋生正如劉源多次給中央的舉報材料中所說的「非常嚴重」、「隨處可見」、「觸手可及」。有消息稱，軍紀檢部門在收到總後谷俊山涉貪證據後，曾派遣專人調查該案，但三天後就就宣告調查結束，認定谷俊山「沒事」。主管軍紀委的正是軍委副主席徐才厚。

此前就有消息稱，谷俊山一直得到了軍委某位大佬的支持。在軍委調查「不給力」情況下，兩年來，劉源和廖錫龍曾越級直接把谷俊山的罪證上報給軍委主席胡錦濤以及後來上任的習近平。二〇一三年二月，隨著谷案審查的艱難，劉源

徐才厚之死

和廖錫龍又把矛頭直接指向徐才厚和郭伯雄。

在舉報無果的情況下，劉源和廖錫龍拒絕參加任何由徐才厚和郭伯雄參加的公開軍內外活動，這個舉動簡直可以說是「對抗中央」。在原總後部長廖錫龍退役後，換成原南京部隊司令員趙克石，而沒讓政委劉源轉任部長，這是不是「抗命」引起的後果不得而知。不過有軍內消息來源說，劉源因與薄家親近始終受到排擠和警告，一路明升暗降，從未讓其帶兵，手頭沒有軍權。

在二〇一三年的國慶慶祝活動以及二〇一四年一月二十日中央軍委舉辦的「慰問駐京部隊老幹部迎新春文藝演出」中，獨獨都不見劉源、廖錫龍。為避免引起各方猜測，新華社在報道國慶招待會的新聞中，在出席政要介紹時只用了這樣的措辭：「中央軍委委員、曾擔任中央軍委委員的同志出席了招待會」草草帶過。電視鏡頭也是匆匆掃過出席人員，觀眾只知道徐才厚露臉了事。

假定一些節慶文藝活動劉源不參加也就算了，有些明明一定要出席的活動，居然劉也不參加。二〇一三年十一月十八日，全軍軍事鬥爭後勤準備工作會議在北京召開，據大陸軍報的消息，會議的主要任務是：深入學習貫徹黨的十八大和

原總後勤部部長廖錫龍

十八屆三中全會精神，學習貫徹習主席關於國防和軍隊建設重要論述，圍繞實現全面建設現代後勤總體目標和建設保障打贏現代化戰爭的後勤、服務部隊現代化建設的後勤、向信息化轉型的後勤，開展重大理論與現實問題研究。按照「能打仗、打勝仗」的要求，研究部署拓展深化軍事鬥爭後勤準備工作任務。中共中央政治局委員、中央軍委副主席范長龍，中共中央政治局委員、中央軍委副主席許其亮，中央軍委委員常萬全、房峰輝、張陽、趙克石、張又俠、吳勝利、馬曉天、魏鳳和等參加接見。總後的政委劉源居然可以缺席

自己舉辦的會議。有消息說,原本劉源了解到,徐才厚等老軍頭都會前來,非常氣憤,他致函習近平表達不滿,但沒有回復,於是稱病沒有到場。

有目擊者說,那天下午三點,習近平來到京西賓館,與代表們握手並和大家合影留念。有消息說,習在隔天晚上做出了老軍頭不出席會議的決定,但沒有知會劉源,故意讓他繼續使性子。

十八大前炫耀實力遭實名舉報

中共十八大之前,軍方高級將領開始調整,習近平開始加強解放軍總部與各大軍區、各軍兵種高級將領的交流任職,一批被認為政治可靠、在執行急難險重任務中有突出表現的將領獲得重用。

就在十八大舉行前的十月前的二〇一二年十月二十日,據中央電視臺《軍事報道》報道,徐才厚率各路軍頭在京觀看了由解放軍南京政治學院和總政話劇團聯合創作的話劇《生命宣言》。

該劇是徐才厚的「樣板戲」,反映「模範理論工作者」

嚴高鴻的故事。嚴高鴻是南京政治學院馬克思主義哲學教員，從事政治理論教學研究三十一年，勞其一生從事國防教育事業和馬克思主義理論教育研究。二○一○年十二月十八日，他在參加學院博士研究生學位論文開題報告會時，因突發心臟病以身殉職。中共的報道稱，話劇《生命宣言》綜合運用多種舞臺形式，充分演繹了嚴高鴻信仰真理、傳播真理、捍衛真理，用生命詮釋黨的創新理論的執著追求，生動展示了他模範踐行當代革命軍人核心價值觀，「寧可透支生命，決不虧欠使命」的崇高精神。

演出結束後，徐才厚稱贊這臺話劇主題思想深刻，人物塑造鮮活，編排創作富有新意，令人深受教育和鼓舞，對於更好地學習宣傳嚴高鴻事跡，促進理論武裝工作，營造喜迎黨的十八大的良好氛圍，具有重要意義。

新華社的報道並未提及觀看演出的其他領導，據央視《軍事報道》的畫面顯示，演出結束後，時任廣州軍區政委張陽上將緊隨徐才厚，與演出人員握手；張陽還與總政治部副主任賈廷安上將、杜金才上將、吳昌德中將，第二炮兵原政治部主任殷方龍中將，總政治部主任助理年福純中將等出席了隨後舉行的座談。

徐才厚之死

　　而中央軍委委員、總政治部主任李繼耐上將，總政治部
副主任童世平上將、總政治部主任助理魏亮中將並未出現
在該報道畫面中。

　　據來自中共軍方的消息，李繼耐故意不給老首長面子，
而且還和童世平一起告了徐才厚一狀，指責徐在軍中拉幫結
夥，意在向中央軍委新領導「現實實力」。

　　李繼耐在二〇一二年已經年屆七十，二〇〇二年十六屆
一次全會上任中央軍委委員，二〇〇四年任總政治部主任，
是十四屆中央候補委員，十五、十六、十七屆中央委員。比李
年輕稍輕的童世平，出生於一九四七年七月，已到正大軍區
級將領退役年齡，他是十七屆中央委員，二〇〇九年十二月
由國防大學政委改任總政治部副主任，二〇一〇年七月晉升
上將。時年不到五十歲的魏亮，自二〇〇九年七月任武警部
隊政治部主任，從而成為副大軍區級將領；二〇一〇年七月
再轉任總政治部主任助。童世平被傳一直和徐才厚不和，童
二〇〇四年在南海艦隊政委任上被授予中將，在升任上將
的過程中，徐一直認為他中將年限過短從中設卡，童堅持不
給徐才厚送禮，兩個人交惡屬於公開秘密，而資格比徐才厚
老的李繼耐也一直對徐這個前任總政一把手的所做所為不
滿，兩人聯手「倒徐」，軍內高層並不奇怪。

聯手郭伯雄十二次抗命

　　谷案已歷經兩年仍未結案，直到二〇一四年三月三十一日，谷俊山才以涉嫌貪污、受賄、挪用公款、濫用職權犯罪案，被軍事檢察院向軍事法院提起公訴。緣何拖了這麼長時間，有軍方消息來源證實，關鍵是徐才厚與郭伯雄抵制不辦，甚至連續十二次對抗習近平對谷案指示，

　　就在谷俊山被正式提起公訴之前三天，三月二十八日，北京《新京報》一篇題為《國防部回應「軍方近期會公布個別貪官情況」》的文章報道，二〇一二年，谷俊山案被揭發，由劉源主導。劉源曾在軍方內部講話裏警告，總後腐敗非常嚴重，「我寧可丟烏紗帽，也要與腐敗作你死我活的鬥爭」。

　　可是之後兩年多，一個非常怪異的現象就是，有關「谷俊山案」的相關信息，一直沒有一個是由軍隊權威部門發布，也非中紀委發布，全部都是由媒體披露。其間雖有谷俊山包養多名「情婦」；谷俊山在老家的「將軍府」被炒；谷俊山涉案金額兩百多億；谷俊山擁有數百箱軍用專供茅臺，還有寓意「一帆風順」的大金船，寓意「金玉滿盆」的金臉盆，

徐才厚之死

以及純金毛澤東像等傳說，但權威部門從未辟謠，也從未肯定過，以至於有關谷俊山的謠言可以說「滿天飛」，這種辦案不「透明」導致的社會猜測，令中共軍隊形象大損。

據來自中共軍方的消息，谷案敗露於二○一二年初，當時谷案由總後勤部部長廖錫龍和政委劉源率領總後勤部紀委負責查處。不到三個月就查清谷俊山涉案金額高達幾百億元，其中谷個人貪污占六億多，是中共軍隊有史以來最大的貪腐案件。廖錫龍和劉源先向時任軍委第一副主席習近平報告，征得同意後，徑直向軍委主席胡錦濤匯報案情。徐才厚和郭伯雄頂不住胡的一再指示和敦促，勉強同意查辦谷俊山。

之後，案件均在徐和郭兩人手下進行調查，所有情況和進展均對總後勤部封鎖。徐、郭還以幹部管轄權限為由，將谷案交給完全為他們把持和操控的總政治部和軍委紀律檢查委員會辦理。從此，在徐、郭的具體操縱指揮下，童世平、杜金才兩任總政治部副主任兼軍紀委書記，輪流走向前臺，假查真保，開始了針對總後黨委和紀委的舉世罕見的「谷案馬拉松」。有證據顯示，軍紀委有人甚至執法犯法，內外串通，上下齊手，為谷俊山通風報信，銷贓滅跡。比如，原經總後查實的有個房地產商，名叫陳子君，在北京西郊機場拿了

一百多畝地,在上海江灣機場也拿了不少地,谷俊山一次就向他索要了七千五百多萬,還有一次送給谷兩個多億。廖錫龍和劉源於是不斷向習近平反映這一不正常情況。

按常理來說,谷俊山原任總後勤部副部長,軍紀委查處谷案應和總後黨委密切聯系,溝通協同。但事實恰恰相反,一直為徐、郭操控的總政和軍紀委接手谷案後,所有情況和進展均對總後「保密」。

習近平對谷案一直主張加速辦理,先後指示和批示達十二次之多,但是軍委始終沒有動靜,勉強發了三次通報,三次的說法都不一樣,而且是把谷的事放在與其他人的事夾在一起說,故意輕描淡寫不單獨突出,充分顯示了郭和徐的立場。

據接近習近平的消息來源,習確實也有難言之隱。谷俊山巨大貪腐案的基本案情,初始都是由總後查實的。這些鐵證在徐才厚、郭伯雄的竭力遮掩下一直未能公布於眾,初來乍到的習近平主席面對盤根錯節沉屙纏身的軍委班子也頗有孤掌難鳴之感。加上江澤民在後面,暗中給徐才厚和郭伯雄兩個愛將撐腰,習只能眼巴巴看著一籌莫展。

徐才厚之死

《解放軍報》再爆貪腐大案

《解放軍報》一直是徐才厚的大本營。據可靠消息來源，在徐才厚掌管的總政治部直管的《解放軍報社》，二〇一二年底曾暴出一起貪腐大案，徐才厚的嫡系、《解放軍報社》社長、全國政協委員黃國柱等人涉嫌詐騙、貪污、挪用六億元人民幣。徐還授意總政不予上報，瞞著習近平主席。徐的意見是讓黃國柱的「馬仔」報社廣告部的丁某出來頂包。總政並將已劫拿歸案的丁某涉案金額由六億元降為五、六千萬元，妄圖大事化小，避免案情再次指向黃國柱背後的徐才厚，讓徐雪上加霜。

黃國柱一九五二年出生，江蘇泰興人，一九七二年十二月入伍，一九七五年三月入黨，一九八二年畢業於吉林大學漢語言文學系。黃歷任某步兵團戰士、文書，瀋陽軍區文化部幹事、宣傳部幹事，《解放軍報社》文化處編輯、政工科科長、政治部編輯。二〇〇六年五月任解放軍電視宣傳中心主任兼總編。同年七月，被授予少將軍銜，二〇〇九年經過徐才厚推薦，擔任了《解放軍報社》總編輯，三年後任社長。

　　黃還是個軍旅作家，一九七五年起就開始發表作品，一九八八年加入中國作家協會。著有評論集《困惑與選擇》、《北國的輝煌》、《蒼涼的歷史》、《聖土並不遙遠》，散文報告文學集《苦海的帆》，文學評論《接近周濤》等。《蒼涼的歷史》還獲全國第三屆當代文學優秀研究成果表彰獎，《聖土並不遙遠》獲解放軍第三屆文藝獎。

　　黃和徐認識三十年，早在徐在沈陽軍區供職時兩人就打過交道，只是當時黃還是個文化幹事。《解放軍報》的六億貪腐案件，涉及該報廣告部在黃的默許下，將廣告主打給報社的廣告費轉到了其他公司賬戶，而且連續了將近五年。其中，黃送給徐才厚的百萬元錢財大部分都是從這個賬目上列支的。黃通過給中央軍委領導送禮，才被授予了少將，以及在三年中由總編輯升任社長。

　　黃案在兩年前就遭舉報，但一直被徐壓著。而黃也一直對習軍中反腐心懷不滿。常常用利用軍報發表和習不合拍的聲音。二〇一四年一月二十六日，《解放軍報》發表了題為《學會同「看不見的敵人」過招》的文章稱，網上存在一些「雜音」。個別一般性涉軍事故案件被政治化、復雜化，引來諸多網民「圍觀」、「吐槽」。這背後不乏西方敵對勢力參與或支持的網路水軍、網路推手、網路大V。就在《解放軍

徐才厚之死

報》發表此文前不久,親習近平陣營的《財新網》連發五篇
重磅文章,揭露原總後勤部副部長谷俊山驚人貪腐案情。

有觀察家指出,中共軍報所說的「雜音」,不光只是指境
外媒體,可能還有指大陸媒體的意思。

有時事評論員分析,軍報借所謂影響軍隊的形象,暗
示案件被「政治化、復雜化」,表達的是對習近平陣營曝光
軍中弊案的舉不滿。盡管軍報頗有「技巧」地將西方敵對
勢力引入,但明眼人一看就明白,其所要反擊的對象究竟是
誰。這反而給習提供了一個機會,可以找準機會開始對徐才
厚下手了。

「五將進京」抗徐、郭

習近平在全面接掌軍權之前,把五大軍區的負責人調
入北京,此舉不但鞏固習近平的軍中地位,也被視為「習家
軍」已初步成形,這讓郭伯雄、徐才厚、梁光烈等老軍頭們
大為吃驚,預感到自己的處境岌岌可危了。

二○一二年北戴河會議後,習近平「失蹤」兩周,據北京
消息來源透露,習近平在「失蹤」期間,主導並確定了「五人

進京」。這五人指的是時任濟南軍區司令員范長龍、時任北京軍區司令員房峰輝、時任廣州軍區政委張陽、時任南京軍區司令員趙克石和時任瀋陽軍區司令員張又俠進入十八屆中央軍委，擔任更高職務。

據北京軍方消息來源和軍事觀察家指出，「習家軍」的成形，尤其是五人進京這個殺手鐧，不但打亂了郭伯雄、徐才厚、梁光烈等老軍頭們籌劃多時的人事布局，習近平利用「神隱」期間不動聲色地打出一套「快拳」，出手之快讓他們大吃一驚，更讓他們預感到自己的處境岌岌可危了。

北京軍方消息人士分析說，「習近平當時的這些做法，曾被解讀為與胡錦濤聯手，鞏固自己的軍權，但其真實目的應該是對付郭伯雄和徐才厚在軍中的人事布局。」

有北京政治觀察家分析說，對於軍中將領來說，誰提撥了我，我就是誰的人。習近平還沒上臺就提撥了這麼多軍中將領，也被視為「習家軍」已初步成形了。

在中共權力的遊戲規則裏面，「槍桿子裏面出政權」與「黨指揮槍」是兩大並行不悖的原則。習近平出任中共總書記後，能否掌控軍中各大勢力，遠比他何時接任中央軍委主席重要。

徐才厚之死

人們註意到，十八大後不久，習就為二炮司令員魏鳳和舉行隆重的晉升上將軍銜儀式的舉動，令軍中眾多將領也感到意外和震撼。當是有分析指出，嚴格意義上來說，習近平這次授銜屬於違法。因為習近平雖已當選中共中央軍委主席，但是，國家中央軍委主席，還是由胡錦濤擔任，那麼，是什麼原因令習近平提前「行動」呢？

有軍事分析家指出：中共希望讓習近平出馬授予上將，來進一步樹立習在軍中的權威，這有利於習維護中共整體的穩定；同時，此舉被認為體現了胡錦濤維護了中共「黨指揮槍」的最高原則。至於，是否符合相關規定，在中共的遊戲規則裏，這本身並不重要，反正「法律」就是擋箭牌，事情緊急的時候，也顧不上那麼多了。

第七章

「東北虎」走了，「百雞王」咋辦？

徐才厚之死

如何避免「政治失血」

周永康自二〇一三年十二月一日被當局帶走軟禁以來，至今已有逾五千人被查、數百人被捕。《紐約時報》二〇一四年四月底引述身處美國南加州的周的親家、周濱嶽母詹敏利的話說，周的全部近親都已經被當局拘禁，僅有一名年僅五歲的孫女獨善其身，可是她的父母都已被捕，她暫時由北京一間幼稚園代為照顧。

周永康案有個奇怪的現象，遲遲不揭蓋子，但黨內清洗仍在半公開地進行，甚至特別張揚，不管是四川幫、石油幫的整體倒臺，還是秘書幫、政法系統周家幫的覆滅，似乎都是走的高調路線。從二〇一二年十二月四川省委副書記李春城落馬到二〇一三年六月二十三日，被稱為周永康「心腹大秘」的四川省文聯副主席郭永祥被調查。之後周的人馬紛紛倒下：八月二十六日、二十七日，中石油窩案事發，四高管被查，其中包括中石油副總經理李華林；九月二日，周永康在石油系統的利益聯盟，原國資委主任、原中石油董事長蔣潔敏

因涉嫌貪腐遭調查；十二月二十日，周一手提攜的中國公安部副部長李東生被指涉違法違紀；十二月二十九四川省政協主席李崇禧涉嫌嚴重違法違紀，正接受組織調查……

有一種意見認為，先把周案的蓋子揭了，再去拿那些爪牙、秘書、死黨、金主，有何不可？擒賊擒王，名正言順。為什麼非要擰著來？剪除裙邊，最後擒主，雖也是一種策略，但不如先把「匪首」抓住來得有威懾力量。

第一：黨現在打虎的動機還不能說是根除腐敗，只算是遏制腐敗；不在順民心聚民氣、制度轉型、民族復興，而在主要是在堅持黨的領導，以一個相對有說服力的共產黨來治理社會。這也是必然讓民眾失望的先天不足。面對貪腐橫流、經濟和環境生態危機隨時爆發、民智已開和外敵擠壓，有的時候我們只能跟著感覺走。

第二：「刑不上常委」的規矩破在誰的手裏，都將會是一個很大的政治風險。一旦這個規則打破了，包括打虎者在內的所有人都不會有安全感，當然，那些已經退休的前任常委的壓力就會大。因為畢竟大量的高官都面臨貪腐問題，都有不當的家族利益，都有足以控制整個部門地區和搞成「獨立王國」的勢力，都有你死我活的敵意和決心，懲處到哪一

級不是法律說了算，也不是事實說了算，而是規矩說了算。

第三：周案與薄案不同，周沒有「唱紅打黑」，沒有挑動文革情結，都屬於權力暗箱操作。他既沒有薄的人氣，也無需用公審、用貪腐的方式把他搞臭。事實上把權力的暗箱操作公之於眾，是黨所忌諱的。別的不說，如果中紀委也像查薄案那樣，用「人海戰」，歷時一年半，去查周永康，那將揭出多少黑幕？那會最終牽連到哪一級？那黨的「合法性」在哪裏？掀起屁股給老百姓看，薄熙來案已經有了一回，周永康案子也已經丟臉丟大了，要繼續往深裏挖的活，風險越來越大。最後只會搞得人心喪盡、後患無窮。

周案有可能處於一種「灰色地帶」，暫時不會有正式的文件傳達和官方公告及報道，更不會有公開的起訴和審判。周本人將被秘密囚禁，直至「病」死。但與周案有牽連的人都要小張旗鼓地以貪腐的罪名拿下，既剪草除根，也給「打虎」之說一個交代。這個模式，基本套用的王菊模式。因為現在政局的焦點是高層維穩，一如諸葛亮六出祁山失敗，有秩序地收兵。

有中國問題分析家指出，徐才厚比之周永康，人們的關註度其實並未減弱，因為整治軍中腐敗一直是個禁區，徐案

涉及眾多軍中內部腐敗，所牽連的人員更是巨大，習近平和王岐山感到棘手的是，如何將這些巨大的貪腐數額以及龐雜的貪污群體一一用司法的形式面對大眾，現在似乎有點騎虎難下。

不過，也有北京的政治觀察家不同意這個觀點，他們認為，一旦中共內部達成某種政治平衡，周案和徐案，哪怕還有其他涉及高官的案子，中共都會快刀斬亂麻，以避免繼續「政治失血」。

來自北京的消息靈通人士稱，即便周案在五月份揭底，但案件涉及的金額將大幅縮水。中共會考慮龐大金額對中共自身的殺傷力。

大陸媒體耐不住性子了

按照原先各界的估計，原本二〇一四年四月是周案正式塵埃落定的時間，但中南海遲遲未見動靜。四月中旬起，大陸媒體也按捺不住，接連再曝有關周案更多細節。

四月十四日，北京的《新京報》刊發《陝北煤田違規私有化套利百億、周姓商人被指牽線》一文，稱陝西某煤田

徐才厚之死

七百平方公里的煤海，被「北京事通恒運公司」、「北京聯眾博通科技中心」、「陝西億華礦業」等三家民營公司，獲取其中伍佰八十平方公里的煤炭探礦權。在過程中，他們突破了種種的政策限制，包括國家發改委的總體規劃限制、中石油的油氣避讓限制以及國土部的暫停審批探礦權限制。三家公司繳納了不足十億元的協議出讓價款後，便於第二年轉讓公司股權，其中兩家公司獲利上百億元。而幫助民營公司突破限制的，就是一位周姓商人。如今，公司相關負責人、國土部相關官員等已被帶走調查。

媒體就是想告訴大家，有如此政治能量的「周姓商人」，實際上就是已經成為眾矢之的的周永康之子周濱。另外，《財新網》也發布專題，甚至直接以一篇《周家的四川生意》為題，梳理了周濱與其家族在周永康治下的四川所進行的官商勾結、從中牟利的情況。其中提及，二〇〇四年，當地富商劉漢從周濱夫婦手上高價購入的四川茂縣的一個旅遊項目，周濱轉手就獲利上千萬元人民幣。

圍繞周永康案，公眾和媒體看到的只是很小的一個面。對習近平來說，這一「打虎」結局關乎其政治生命，關係到他能否真正在中國民眾和官員中樹立權威。再加上對周永康的處理已經打破了「刑不上常委」的規則，來自元老們的

174

無形壓力更是不可想象的。所以，這一棋局一著不慎，便可能滿盤皆輸。就目前形勢而言，向來避諱縱論高層秘聞的中共，能讓媒體大篇幅報道周家醜聞，被認為已經是難得的進步。

不過，很多民眾也在疑惑，習近平的「外圍戰還要打多久」？對於周永康案，官方究竟何時才可以公布？一年多的時間已經不算短，尤其在其黨羽陸續落馬的情況下，為何相關案情依然需要媒體的「擦邊球」？如果要追求時機，那究竟什麼時候才是合適的時機？一句「你懂的」無法滿足民眾對此案的好奇心和關註度。作為習近平反腐的「標桿性案件」，雖然海外已經對此案心知肚明，陸媒也在旁敲側擊，但是對於那些並不能翻牆的普通中國民眾來說，他們所獲取的反腐信息都來自於中國大陸媒體的報道，「你懂的」、「周姓商人」這些詞匯並不能讓他們聯想到那個在兩年前還是常委的周永康。他們平時所知、所看的反腐案件僅僅是蔣潔敏、李春城之流，從而也就無法體會新決策層不同往屆的反腐決心。如果真的如傳聞所言，習近平在中央反腐遇到一定阻撓，不妨在周案證據確鑿的情況下，將此案及時公布於眾，昭示天下，以此獲得民眾的支持。

周永康案公布三度喊停

人們普遍指望總理李克強在二〇一四年三月中旬結束的全國人大會議的記者會上,能和他的前任溫家寶談及薄熙來案一樣也來披露周永康案,但李克強在記者會上只是籠統地說「中國反腐會不會是一陣風」。李表示,中國對於腐敗分子和腐敗行實行零容忍政策,他補充說:「不論是誰,不論職務高低,法律面前人人平等,只要觸犯黨紀國法,就要依法依紀,嚴肅查處。」

盡管李克強談到反腐問題時語氣堅定,但與媒體所廣泛預計的仍有落差。輿論認為,記者會在反腐問題上從提問到回答,全程中規中矩,沒有涉及中外輿論一致關註的周永康案。

周永康涉嫌貪腐的傳聞已經有一年了,但在高層政治運作方面一向行事隱秘的中共官方一直不予確認。原來海外輿論都有這樣的預期,那就是在李克強依慣例舉行的記者會上,重演二〇一二年溫家寶在記者會上的做法。當時事先是有一個默契的,由一名美國媒體記者提問,直接問到了重

慶的問題。溫家寶雖然沒有點名，但已經指出重慶市委的問題，從而以這種方式，揭開了薄熙來的問題。

北京的政治觀察家指出，顯然，中共內部還無法就周永康的問題達成一致。有知情者說，為了周永康事件的披露，黨內已經經歷了四個回合的「搏殺」。

二○一三年九月下旬，中央專案組有一千一百多人中的七百人開始對周永康案「一鍋端」。問題因為涉及曾慶紅、羅幹、李嵐清和劉淇等，當時，王岐山的意見是九月底公布，習近平的意見是因為涉及到曾慶紅等要評估後再公布，於是事情先擱置了起來。習近平還特別強調，很多前領導人長期擔任警察、武警、國安部、外聯部等等黨、政、軍系統的領導，對外公布時候必須考慮這個情況。另外，至於是否涉及政變、兇殺和黑社會勢力，也要考慮公布後黨內外的承受力。

受到黨內外巨大壓力，中央曾計劃在二○一三年十二月中旬，也就是周被拘押之後的兩個星期內公布，孰料，十二月八日，朝鮮勞動黨宣布對國防委員會副委員長、金正恩姑父張成澤拘捕、判處死刑的消息，引發全世界震撼。習近平旋即決定暫緩對周永康一案的通報，避免民眾議論乃至國際輿論將周永康案類比「張成澤事件」，並與之掛鉤，也被

視為黨內權力鬥爭。

到了二〇一四年一月，有消息指中央會在一月十三日晚上二十三點左右由新華社通過中央人民廣播電臺對外公布，其內容除了貪腐外還有「涉黑「。大致內容和大陸財新網之前提前公布的幾乎一樣，宣布對周永康進行審查。但到了晚上七點，突然接到中宣部緊急通知，將新華社稿件立即撤除。一月二十九日，有媒體傳「周永康被雙規已傳達到黨內廳級」，但後來被證實是烏龍事件。

據來自中央辦公廳的內部訊息，江澤民、羅幹、李嵐清、張萬年在馬年元旦後聯合致信習近平，對周永康事件的規模和影響「必須有一個全面的認識，不能做親痛仇快的事情，要考慮到國內外的復雜形勢。

「老虎」難出場，看客等斷腸

「老虎」什麼時候出場，這是一個全世界都在猜的謎。在謎底沒有解開之前，周的旁系親屬也被抓捕。周永康的堂侄、遼寧省盤錦市委常委、中石油遼河油田黨委書記周灝據悉已於二〇一四年三月上旬，被中共中紀委帶走調查。

周灝一九六三年十月生於江蘇無錫。一九八三年於南京大學計算機科學系畢業，一九九二年進入中石油系統，當時不滿三十歲，就進入該系統中高層後備幹部儲備庫，在共青團系統任職，歷任中國石油天然氣總公司直屬機關團委書記，集團公司思想政治工作部青年工作部部長、直屬機關團委書記。一九九九年九月起任中國石油勘探開發研究院黨委副書記、紀委書記、工會主席，之後又兼任副院長、安全總監，集五職於一身。二○○八年九月起任中國石油勘探開發研究院黨委書記、副院長、紀委書記。二○一○年九月起任中共盤錦市委常委、遼河油田黨委書記、遼河油田副總經理。

據盤錦市委的消息人士透露，雖然不是遼河油田的行政一把手，但是周灝權勢卻直達中石油高層。不僅在遼河油田黨務行政一手遮天，還兼任遼寧省盤錦市委常委，與遼寧省委省政府主要領導關係非同一般，更有傳聞他與遼寧省委常委、瀋陽市委書記曾維有密切的利益關聯，涉及遼河油田許多重要商業領域貪污腐敗，且涉案金額巨大。

周灝最後一次出現在三月二十六日，據三月二十七日的《盤錦日報》報道：遼河油田召開幹部大會，宣布中石油集團公司關於遼河油田主要領導任免決定，謝文彥不再擔任遼

徐才厚之死

周永康的侄子周灝

河油田公司總經理職務，任命張志東擔任遼河油田公司總經理。會議由市委常委、遼河油田公司黨委書記周灝主持。

之前，周家的直系親屬已經基本一個不剩，都落網了。早在二〇一四年大陸「兩會」召開前夕，大陸《財新網》首次證實，周永康之子周濱已於二〇一三年十二月初從自己在首都機場附近的別墅中被警察帶走。同時被帶走的還包括他四十三歲的妻子、持美國護照的黃婉。周濱的嶽父黃渝生也同期失去聯系，周濱的三叔周元青、三嬸周玲英和堂弟周峰也在二〇一三年十二月被帶往北京。

而在周永康鐵桿親信方面，隨著棒打「周老虎」的不斷延伸，周永康的「秘書幫」以及「馬仔」逐一落網，包括原四

川省委副書記李春城、曾任四川副省長的原四川文聯主席郭永祥、曾任中石油總經理的原國資委主任蔣潔敏、海南省副省長的冀文林，以及公安部副部長的李東生、原湖北政法委書記吳永文等。

而今，隨著周永康家族涉腐案情不斷被曝光，尤其是周案外圍四川黑老大劉漢等一眾的受審，以及周旁系親屬的被揪出，人們一般相信，距離周永康被「點名」的日子已越來越近。三月份「兩會」期間，港媒就透露，中共最早應在一個月後的四月份正式對外公布周永康案消息。甚至有消息人士表示，在周案公布之前，還會有重量級高官落馬，其中包括傳言已久的，也有隱藏很深的「黑馬」。但即便在郭伯雄落馬的消息傳出後，周案依舊沒有任何訊息。

其實，習近平在二〇一四年一月的中央經濟工作會議上向與會黨政高級官員進行了小範圍通報，一般預料，盡管周永康案已經收尾，但牽連的外圍人員數量仍很龐大，「消化」需要時間。

不過分析家指出，周案公布時間時間拖得愈久，對習近平的「打虎」行動和反腐決心愈不利，有人會認為「打虎」遇到非常大的阻力，根本打不動，也有人會懷疑上層本來就沒

181

想「打虎」。中共黨內評估，如果這些論調長時間充斥輿論，對習近平的反腐和改革會形成極大殺傷力。

扛不住：周案或內定「軟著陸」

二〇一四年四月十二日，大陸《南都周刊》發文，題目是「十七屆政治局常委：退休五百多天了，他們忙些啥？」。文中提到了胡錦濤、溫家寶、吳邦國、李長春、賀國強、賈慶林，這等於向外界做了個「安民告示」，上一屆常委班子的人馬中，除了周永康，其他都安好無恙。

耐人尋味的是，一天之前的四月十二日，和習近平關係密切的大陸《財新網》發文講劉漢案件，又提到周永康兒子周濱。其中寫到「周濱父親曾經禁止他在自己任職四川期間到蜀『折騰』」。

海外的中國問題專家認為，這等於為周永康開脫罪責，暗示周永康的問題不會移交司法，不會公開審判。

前《北京之春》主編胡平提及，在要不要整肅周永康的問題上，中共高層是有共識的；但是，在如何整肅以及整肅到什麼程度的問題上，高層有嚴重分歧。分歧之點是，周永

康的問題要不要公開點名？要不要移交司法，追究刑事責任？習近平一派主張打破「刑不上常委」的潛規則，公開審判周永康。以江澤民為首的另一派則認為周永康的問題內部處理就可以了，不宜公開審判。因為公開審判周永康對黨國的形象損害太大。這派人的邏輯是，周永康的情況和薄熙來不一樣。公開審判薄熙來已經給黨國的形象造成巨大損害，但那也是迫不得已。

有消息說，本來中共高層是給薄熙來臺下的，王立軍投奔美領館後，如果那時候薄熙來自己宣布引咎辭職，中共自然樂得順水推舟，這樣，薄就可以軟著陸，中共的形象也不至於受到那麼巨大的損害。可是薄熙來偏偏不肯自己下臺，於是當局只好把他趕下臺。然而，要把薄熙來這樣一個風頭十足的政壇明星趕下臺，對外界不能沒有個交代，所以當局不得不對薄熙來公開審判。以薄熙來的顯赫背景和影響力，對薄熙來的審判不能不搞得比較公平比較開放，於是就有了庭審的現場微博直播，並且給予薄熙來及其律師比較充分的答辯機會。殊不料薄熙來在一審時當庭翻供，在二審時更是咆哮公堂，這就搞得中共既尷尬又被動，到頭來當局和薄熙來兩敗俱傷。

北京的中國問題專家指出，周永康的情況不一樣。周永

徐才厚之死

康本來在十八大上就該退休,再加上周永康在政壇上本來就不象薄熙來那樣出風頭,因此,讓周永康在十八大後從政壇上消失,看上去就很自然。這就是說,對周永康的問題完全可以內部處理,不必對外界公開。

如果把周永康移交司法,那麼,有薄熙來的先例在,當局不能不搞公開審判,不能不有現場微博直播,不能不給周永康充分答辯的機會。周永康在位時間那麼長,主管過那麼多機要部門,當局要做切割給他定下合適的罪名很難,因此,審判周永康難免會變成審判共產黨,其結果必定是對共產黨的形象造成空前巨大的損害。再說,也不知道周永康會不會采取配合的態度,如果周永康拒絕配合,死不認罪怎麼辦?萬一周永康不惜魚死網破,反咬一口,那就更不堪設想了。

前《北京之春》主編胡平分析,反對公審周永康的這一派人,主要是擔心「刑不上常委」的潛規則一旦打破,他們自己也會受到威脅。按說,周永康垮臺本來是政治問題。如果習近平用政治罪名收拾周永康,比如說給周永康安上「篡黨奪權」一類罪名,那就不會對其他在位的或退休的常委們形成威脅。可是在今天,象「篡黨奪權」之類的政治罪名又實在拿不上臺面,所以習近平不能不祭出」反腐敗「之類經濟罪名。再說,習近平之所以在周永康問題上大做文章,本來

184

也是為了強化自己的權威,威懾其他的異己。這就必然威脅到其他黨國大員。因此必然招致其他黨國大員的聯合抵制。

進入二〇一四年五月,周永康身上的迷霧逐漸明朗,從目前的情況看,中共黨內似乎達成了暫時的妥協。周的案子可能要先放一放。但是,北京的政治觀察家也擔心,因為習近平早就擺明了公審周永康的架勢,開弓沒有回頭箭,現在再收手,其權威必定會一落千丈,打虎不成很可能反被虎咬。所以他們一定還會尋找機會繼續打下去。另外那一派也不會因眼下的妥協而放心,他們一定想趁勢削弱習近平的權力,起碼是要清君側,打壓王岐山為首的中紀委。如此說來,這場宮廷惡鬥還沒有落幕,好戲還有的看。

五大因素決定周永康命運

人們普遍認為,周永康深度涉入薄熙來事件,不僅從薄那裏獲得了巨額商業利益,還廣泛參與了薄反向滲透中央等行為,嚴重危害了中共領導集體以及中央包括十八大人事安排等在內的重大政治部署。如果這樣的話,周、薄熙已經構成政治盟友。如此以來,周一定難辭其咎,被調查處理就在

徐才厚之死

情理之中。屆時不僅他在政治局內的位置難保，會不會被移交中紀委立案審查，並最終接受司法審判都很難說。如果真到了這一步，那對我們黨和國家的事業、對黨和國家的形象來說，實在是一大損失。北京的觀察家指出，周案拖了這樣久，現在確實可以懷疑中共高層是不是有這樣的決心了。

有中國問題專家牛淚就指出，真要這樣處理，那取決於幾個因素。

一是王立軍掌握了周、薄之間多少內幕，以及向美國透露了多少底細。如果王立軍所掌握的內幕不多，且提供給美方的證據不夠充分，那麼周的政治命運或許還會有回旋余地。相反，如果王立軍掌握了足夠內幕，向美國提交了足夠證據，並且又向中央提交了這些證據，則周的前途就相當險惡了。

二是薄熙來交代了他和周之間的多少內幕。薄家如果要揭發周，最大可能不是谷開來，而是她的夫君薄熙來。因為一方面，周、薄之間如果有交易，相關證據一定會在薄的掌握中；另一方面，薄現在中紀委手中，由中央警衛局直接看管，周永康奈何不了他。為自保，或威脅周出手相救，薄完全可能拋出證據拉周下水。

　　三是英美兩國，尤其是美國的利益。我們現在可以肯定的判斷，美方在這件事上有著自己的利益。問題的關鍵在於王立軍提交給美方和提交給中央的證據是否一致。

　　如果美方掌握著周的大量證據，而中方沒有掌握，這樣以來，中央就面臨一個很尷尬的困境。因為一方面，美國可能利用這些證據，要挾周在中央決策中做出有利於美方的決定，或者趁機以此為籌碼，打入周所掌控的國安系統。另一方面，中共卻會因為缺乏足夠證據，不能對周進行處理，周自然也會安度危機。

　　四是中央態度以及高層內外政治交易。就這個因素，又有三種可能：其一，如果周的問題不夠嚴重，同時英美兩國又沒有掌握相關證據，那麼從維護中央團結和黨的形象考慮，我認為包括江、胡、溫、習等在內的整個中央都會讓周做到十八大交班，然後體面走人，最多做個內部檢討。

　　五是如果周的問題相當嚴重，而且英美兩國也掌握了相關證據，那要看中央的取捨。是會拿掉周？還是會和英美兩國做個交易？！

　　有政治觀察家強調，一個政治交易則可能發生在中央內部，比如高層挺周、倒周兩派的政治博弈。大家不要忘了，即

徐才厚之死

便薄熙來問題嚴重到這個程度,甚至按律就要判處死刑了,中央有些要員還在三令五申,「要講清楚薄谷問題是個人問題」,在為薄、谷二人進行切割。那麼到周這個層級,會政治勢力要求為他切割嗎?

有學者指出,要知道周是江蘇無錫人,和前中共領導人有同鄉之誼,又有姻親關係。他從遼寧開始走上從政之路,之後在石油、國土系統工作多年,做過四川省委書記,以政治局委員身份兼任過公安部部長,這是華國鋒之後泛二十五年來首位由政治局委員擔任的公安部長。此後他又擔任政治局常委,掌管政法委多年,國家公檢法系統、國安情報系統、武警系統等都有涉入,其政治根基絕對不可小覷。

所以這兩個交易的難點在於賣方開出的政治價碼,以及買方願意妥協到什麼程度。任何一方如果不願意妥協,或者如果周涉入過深,這筆買賣恐怕都很難做成,那麼周的前途就會相當兇險。

第八章

習近平從嚴打造「習家軍」

徐才厚之死

中國特色的「軍委」

在北京復興路上，有一座並不顯眼的建築，它位於西長安街中國人民軍事博物館東側，它便是中共中央軍事委員會所在地，俗稱八一大樓。工程於一九九七年三月二日破土動工，一九九七年十月三十日完成主體結構施工。一九九八年底基本完成室外裝修及部分設備安裝。一九九九年七月底完成室內裝修及系統安裝、調試及室外工程與綠化。工程總投資為近八億元，總建築面積為九萬多平方米，平均造價每平方八千七百元。不過，這只是名義上的中央軍委辦公地點，是拿來做做門面，專門用來接待外賓或者其他對外活動，中央軍委真正的辦公地點是秘密的。

中央軍委事實上是兩個機構，一個是中國共產黨中央軍事委員會，另一個是中華人民共和國中央軍事委員會。兩個機構的人員組成和職務安排完全相同，因此是被認為是「一個機構、兩塊牌子」，但事實遠比這復雜。中共向來強調「軍隊要聽黨指揮」，唯恐槍桿子旁落，這也是他們迷信槍桿子

北京復興路上的中央軍委大廈

的表現。

　　首先，中國共產黨中央軍事委員會由中國共產黨全國代表大會產生，不是選舉產生，而是由中共最高領導層集體討論決定，是由現任的中共中央政治局常委和現任中央軍委委員參加討論定的，政治局委員是沒有權力參加討論的。而中華人民共和國中央軍事委員會是國家機器的一部分，主席由全國人大選舉產生，對全國人大及其常務委員會負責；中央軍委每屆任期與全國人大每屆任期相同。

　　從法律上來講，國家軍委是法定的機構，而中共軍委並

沒有法律地位。為了防止中共被邊緣化,中共保證兩個軍委的人員組成和職務安排完全相同;保證總書記兼任國家主席和兩個軍委的主席;對武裝力量發布的命令僅使用中國共產黨中央軍事委員會名義,只有在與中華人民共和國國務院聯合發布命令時才使用中華人民共和國中央軍事委員會的名義。

事實上,以中共軍委的名義對武裝力量發布的命令是嚴重違憲行為,如二〇一二年十一月二十三日習近平對魏鳳和授予上將軍銜就是嚴重違憲行為,這其實需要國家軍委主席發布命令。

中共軍委的任期為五年,但中共全國代表大會閉幕的十月或十一月,而同是五年的國家軍委任期往往始於第二年的三月。任期的不同會造就兩個軍委主席並存四個月。中共如何解決這一沖突呢?事實上,由於國家軍委不是黨的機構,因此內部還存在一個軍委黨組。其實,中國任何一個國家機器都有兩個黨組,一個是黨組,另一個是機構黨組。設有這種構架的機構還包括國務院、人大和政協。

軍委黨組的書記按潛規則應由軍委主席擔任。但也有例外。江澤民在卸任總書記和國家主席後仍然擔任了兩年

的軍委主席,卸任了軍委主席後繼續擔任了八年的軍委黨組的書記。按照黨領導槍的潛規則,軍委黨組的書記領導國家軍委主席。這就是江澤民如何在卸任後繼續垂簾聽政、控制軍權的方法。

這個方法是曾慶紅和王滬寧共同設計出來的。江澤民在軍委內的軍委黨組書記頭銜是「軍委首長」。這個秘密被保守的很好,知道這個秘密的總共不到二十個人,沒有人願意對外說,胡錦濤據說也是過了好多年才鬧明白

新軍委派系揭秘

軍委主席習近平;中央軍委第一副主席范長龍;中央軍委第二副主席許其亮;軍令簽署人、中央軍委委員,解放軍總參謀長房峰輝;國務委員、國防部部長常萬全;中央軍委委員,解放軍總政治部主任張陽;中央軍委委員,解放軍總裝備部部長張又俠;中央軍委委員,解放軍總後勤部部長趙克石;中央軍委委員,解放軍海軍司令員吳勝利;中央軍委委員,解放軍空軍司令員馬曉天;中央軍委委員,解放軍第二炮兵部隊司令員魏鳳和。

徐才厚之死

雖說軍委外有「四總部」：總參謀部、總政治部、總後勤部、總裝備部，但軍委內部是「三總部」，因為總參謀部的地位完全不同，總參謀長是實際軍令簽署人，沒有這個人的簽名，任何軍令都是非法無效的。按規定，這個職位不得兼任任何其他的黨和政府職位，包括政治局委員和國務院的任何職位，也不得擔任軍委副主席。誰掌控了這個人，誰就是中國的太上皇。

第一軍委副主席范長龍的出線主要是徐才厚的努力，也體現了時任軍委的意見。拒絕了范長龍，胡錦濤和習近平會得罪太多的人。事實上，原任軍委除了胡錦濤，其他的全都是江澤民的人。

作為對軍方鼎立支持的回報，江澤民曾試圖讓徐才厚卸任軍委後在十八大進常委，但胡錦濤表態不妨讓中紀委先了解一下徐才厚再作決定。中紀委的調查對徐才厚很不利：在他任內，總政治部成了軍中最大的肥缺，已經腐敗到了對軍中職位和軍銜公開掛牌出售的程度。

中紀委的報導和江澤民無力保護，迫使徐才厚不得不轉向，開始親近胡錦濤。徐才厚的表現也讓軍委其他的人開始明白胡錦濤畢竟比江澤民的壽命會長很多。軍委的倒戈

中央軍委第一副主席范長龍

由此開始。當年范長龍派系背景並不明顯，但最終偏向胡錦濤。范長龍可算是半個江系，半個胡派。

就像所有的人一樣，許其亮早前也是受到江澤民的提拔，但許其亮是那種比較習慣瞻前的人，在胡錦濤出任軍委主席後比較迅速地與胡錦濤親近，因此可以算是胡派的人。

在中共十七屆四中全會上，時任北京軍區司令員的房峰輝向中央發難，反對中共中央政治局提請全會通過的人事安排。中共中央被迫讓步，在四中全會公報中沒有提到人事安排，會議草草收場。這之後，胡錦濤快速晉升房峰輝的上將軍銜，並當仁不讓將總參謀長這個實際軍權操盤手的職位讓給

徐才厚之死

總參謀長房峰輝是胡錦濤的嫡系

了房峰輝。因此在派系上,房峰輝是胡系鐵桿幹將。

常萬全屬於江系,但中國的國防部長這個職位連美國的國防部長都不如,是個虛職。更因為與政府的關係,無論是誰,只要上任就必定被其他軍委委員孤立開來,實在不是一個好差事。

多年來,張陽一直是中共培養的對象,仕途很好。但多年來,他一直有著一個競爭對手:張海陽,他還是太子黨,他的老爹叫張震。不僅如此,張海陽還得到同為太子黨的薄熙

來和習近平的鼎力支持，所以，張海陽當時的前景明顯比張陽更好。唯一暗中對張陽支持的就是胡錦濤。薄熙來出事，成全了張陽。張陽是胡系最鐵桿的將領，與習近平的關係也不錯。紅二代也並沒有因薄熙來而全軍覆沒，還留下了張又俠和馬曉天。

紅二代和劉源的新民主主義聯盟有點糾纏不清，新民主主義聯盟的張木生公開辱罵胡錦濤是弱主，浪費了中國的十年。紅二代更囂張，說胡錦濤不過是個管家，離主子還差得遠著呢。而弱主胡錦濤則利用薄熙來事件，消耗掉了兩個紅二代劉源和張海陽。

趙克石在擔任三十一集團軍參謀長時與習近平在福建有過兩年的來往，相互之間彼此了解，趙克石自然就是習派的人。

新進將領孫建國一直是接替海軍司令吳勝利的人選，但按照規則，海軍司令必將出任軍委委員一職。在最關鍵的時刻，江系人馬在軍中放風，說孫建國來自潛艇部隊，而海軍方面最認可的則是艦艇部隊，畢竟海軍是以水面艦艇部隊為主的，所以海軍方面還是希望由來自水面艦艇部隊的人來擔任司令員。最後，江系老將吳勝利按部就班接任軍委委

空軍司令馬曉天也是胡錦濤的人

員一職。

　　馬曉天一直是胡錦濤的人，但同時是薄熙來和習近平的朋友。但這次薄熙來出事，他和房峰輝一樣，一早就站隊表態，效忠胡錦濤，躲過一難。馬曉天可算是半個胡派，半個習派的人。如今當個空軍司令，也是非常恰當。

放不下心，習每周坐鎮軍委

　　中共軍方的消息稱，習近平定期去中央軍事委員會辦公廳開展工作，每周至少半天，時間遠多於之前的共產黨領導

198

人。習到軍委上班不是隨便轉轉，而是集中精力處理問題。他會在坐鎮軍委期間，和主要將領做溝通；同時，布置相關的工作。

一名曾與習近平共事的退休官員對西方一家媒體表示，習近平曾在内部講話當中批評軍隊的腐敗問題，指責軍隊中存在範圍更大的「谷俊山現象」，要求采取行動「深挖產生谷俊山的土壤」，並威脅要把「大大小小的谷俊山」拉下馬，暗示他可能還會對全世界規模最大的軍隊——中國人民解放軍當中的其他高層領導施加前所未有的懲罰。這場運動為習近平提供了一根大棒，有助於加強他對軍隊的控制。有些人稱，中國軍隊已經偏離了共產黨領導層的軌道，即便它仍然是一黨執政的保障。

北京的西方軍事觀察家說，習近平強力推行了打擊共產黨内部腐敗的大規模運動，同時通過谷俊山案件開展類似行動，對擁有兩百三十萬成員的武裝部隊進行整肅。他通過此舉發出了挑戰，目標則是那些提拔了谷俊山並試圖保護谷俊山和自己免遭調查的軍界元老。

一些知情人士表示，谷俊山已經向調查人員提供了足以指控他那些強大靠山的信息，他的主要靠山是徐才厚和郭

伯雄。不過,中共軍方始終對各方的議論表示沉默。

外交官及分析人士表示,習近平的各位前任都曾為軍隊管理問題焦頭爛額,軍內的腐敗到了觸目驚心的地步,假若再持續腐敗下去,會危及中共的統治。習認為,軍隊的強大和管理是當務之急,習還認為,蘇聯解體的部分原因是戈爾巴喬夫失去了對軍隊的控制。中共必須吸收這個教訓,不能將政權最後因為腐敗而倒臺。

習近平軍中人脈優勢

對此,有評論稱,雖然這些軍隊高層的表態都很泛泛,但是這種姿態,從習近平方面來說,表明他對軍隊的掌控之深;從軍隊方面來說,也如同鄧小平南巡之時解放軍「為改革保駕護航」之舉,保證中共改革和反腐之路暢通。

更有分析認為,雖然不應對習近平有太過於封建式「崇拜明君」思維,但是也要看出,習近平的「紅二代」身份以及個人性格,為他能在最短時間掌控軍隊提供了幫助。

習近平一九七九年清華大學畢業後,在父親習仲勳的引介下,第一份工作便是為習父軍中老戰友、曾任國務院副總

理與國防部長的耿飈擔任私人秘書。當時耿飈擔任軍委秘書長，算是軍方高層的實權職位，負責主持軍委日常工作，後來升任國防部長。年輕的習近平陪侍左右，協助起草文稿，陪同視察三軍與出國訪問，因而很早就熟悉解放軍高層運作。

　　習近平在福建各級政府歷練的十七年期間，與多名現役將領都有接觸，如時任空軍第八軍軍長、新任軍委副主席許其亮，時任福建三十一軍軍長、南京軍區司令蔡英挺等多名軍隊「紅二代」都有交情。他二○○二年以及二○○七派赴浙江省和上海市擔任領導，也曾兼任過軍區與警備區有關首長的職務。

　　相較於他的政黨派系人脈，習近平獲得的軍方支持更加凸顯，包括已經升任黨中央軍委會副主席的許其亮、空軍司令員馬曉天、海軍司令員吳勝利、總裝備部部長張又俠等四位中央軍事委員會委員，以及其他高級將領也都與習能互通聲氣，這種情勢容許習近平采取更激進的手段，處理外交與主權問題。

　　事實上，習近平完全掌握軍隊權力的信號，早在他擔任軍委主席之前就已出現。在二○一二年十月底，中共十八大召

徐才厚之死

開前夕,解放軍四總部進行重大人事調整,包括總參謀長、總政治部主任、總後勤部部長、總裝備部部長悉數易人,同時各大軍區、兵種也進行了頻繁的人員更叠,甚至延續到十八大召開以後。

在四總部的人員調整中,房峰輝上將出任中國人民解放軍總參謀長,張陽任中國人民解放軍總政治部主任,趙克石任中國人民解放軍總後勤部部長,開國上將張宗遜之子張又俠任中國人民解放軍總裝備部部長。其中,張又俠與趙克石均被認為與習近平有深厚關係。關於軍隊人事換屆,也被認為是習近平掌握軍隊權力的開始。

「西北軍」分庭抗禮「山東軍」

中共軍內「西北軍」是主要以蘭州軍區為骨幹的將領,國防部長常萬全、廣州軍區前司令徐粉林及新疆軍區前任司令彭勇,均曾擔任四十七軍軍長。現任總參謀長房峰輝則來自蘭州軍區第二十一集團軍。

一九四九年中共建政以前,習近平父親中共元老習仲勛長期在西北地區做地方武裝工作,參與創建、經營中共在西

北地區的武裝力量。習仲勛於一九四七年起任陝甘寧野戰集團軍政委，與司令員賀龍一起領導西北地區的武裝力量和後方工作。中共一野的前身是西北野戰軍，由彭德懷任司令員兼政委，習仲勛曾擔任副政委。習近平受父輩余蔭，自然對西北系情有獨鐘。

范長龍是中共十八大中央軍委新班子中最大「黑馬」，從濟南軍區躍升中央軍委副主席一職。范長龍曾執掌沈陽、濟南軍區，以及總參謀部助理等職務。他既擔任過參謀職務，也有在集團軍、大軍區的主官職務上實際領導，以及指揮大部隊的經驗。在二〇〇五年八月中俄聯合舉行的「和平使命—二〇〇五」軍事演習中，時任濟南軍區司令員的范長龍擔任聯合戰役指揮部中方司令員。

另外，在二〇〇八年汶川大地震時，范長龍指揮濟南軍區部隊深入川北地區，並親自到一線指揮，為其最終獲得胡、習信任有很大關係。

隨著目前中共主管軍委日常工作的副主席范長龍地位的鞏固，其曾任司令八年的濟南軍區勢力逐漸壯大，不斷有將領獲得晉升，加上過往出身濟南軍區的將領，軍中「山東軍」勢力逐漸成形。

徐才厚之死

在二〇一四年新一波的在中共高級將領大規模人事調動中，原濟南軍區第二十集團軍軍長徐經年將升任瀋陽軍區參謀長之職。曾任濟南軍區第五十四集團軍政委的瀋陽軍區政治部主任高建國將轉任瀋陽軍區副政委。此外，現任北京軍區司令張仕波、副大軍區級的北京軍區參謀長白建軍皆出身自濟南軍區。此前職務為濟南軍區副司令員兼北海艦隊司令員的田中，又升任「海軍副司令員」的新職。范長龍二〇一二年起成了「一人之下」的中央軍委常務副主席後，以其濟南軍區的班底，開始以在軍中另樹一支「濟南系」，並與「西北軍」分庭抗禮。

軍中打虎五手齊下

在「財新網」拋出谷俊山案後，二〇一四年一月十七日，中共軍委副主席許其亮在全軍紀律檢查工作會議上表態積極響應習近平的反腐，雖然許本人也身上不乾淨。

許其亮稱「堅定不移懲治腐敗」，確保「黨指揮槍」、「政令軍令暢通」等。同時，中共黨媒也報導了「軍委打虎五手絕招齊下」的文章。

　　據知情人透露，習近平在軍隊中的反腐力度比官場更猛且更仔細，不但清退了軍職幹部的秘書，而且清退軍職官員的多餘房產，已經到了「要官還是要房」的地步。

　　消息透露，習近平在軍中的反腐得到軍方的支持並且力度更猛，軍中下達的整改命令一道接一道。軍中上下已不只是緊張，而是真正被動了「乳酪」，面臨到底「要官還是要財」的抉擇。

　　據不完全統計，十八大以來，軍隊至少新成立了五個小組。除全軍軍事訓練監察領導小組外，還有中央軍委深化國防和軍隊改革領導小組、全軍黨的群眾路線教育實踐活動領導小組、中央軍委巡視工作領導小組、全軍基本建設項目和房地產資源普查工作領導小組。

　　二〇一三年五月二十一日，中共黨的群眾路線教育實踐活動領導小組成立。兩個多月後的「建軍節」當天，全軍黨的群眾路線教育實踐活動領導小組召開總部工作組動員會。中央軍委委員、總政治部主任張陽出任組長，總政治部副主任吳昌德以副組長身份出席會議。小組派出了十四個總部工作組，對全軍各大單位隨即召開的黨的群眾路線教育實踐活動專題民主生活會進行督導檢查。

徐才厚之死

中央軍委巡視工作領導小組,成立於中央巡視組第二輪巡視正式展開之際。二〇一三年十月三十一日晚,中共紀委監察部網站發布消息稱,中央巡視組第二輪巡視正式展開。此前一天,新華社報道稱,中央軍委巡視工作領導小組第一次會議召開,許其亮主持,張陽宣讀了《中央軍委關於開展巡視工作的決定》。

從二〇一三年十二月十日至二〇一四年三月十三日,軍委巡視組分兩個小組對北京軍區、濟南軍區黨委班子及其成員進行巡視。

此外,中共全軍基本建設項目和房地產資源普查工作領導小組於二〇一三年六月成立,小組組長為中央軍委委員、總後勤部部長趙克石。

二〇一四年一月,全軍基本建設項目和房地產資源普查電視電話會議召開。趙克石在會上指出,兩項普查自去年六月動員部署以來,總體進展順利,但各單位發展不夠均衡,力度有大有小,進度有快有慢,標準有高有低。他強調,必須充分認清開展兩項普查是習主席和中央軍委定下的決心,是全軍一項戰略性、全局性、歷史性任務。他要求按方案計劃,九月底全面完成普查任務,「任何單位都不能講客觀、談

條件」。

抓捕徐才厚前密集換將

習近平對於徐才厚基本采取的做法是「溫水煮青蛙」，鏟除徐在軍中「裙邊」的工作在十八屆三中全會後加緊進行。二〇一三年「八一」前夕，習就開展了一輪中共高級將領進行密集調整，至少二十個大軍區級履任新職。這次是不到半年中的第二次大規模換將。

港媒《東方日報》二〇一四年一月九日報導，此次調整涉及到北京軍區、成都軍區、海軍總部、國防大學，最受矚目的是三十九集團軍軍長潘良時升任北京衛戍區司令。衛戍區司令雖然位不高，但權力卻是關鍵，歷來由中央軍委主席指定，使用最信任的人。在這次調整中，原三十八集團軍軍長許林平升任蘭州軍區副司令，蘭州軍區第二十一集團軍軍長何清成升任軍區參謀長。原內蒙古軍區司令員劉志剛任北京軍區副司令員；原濟南軍區副政委王健中將任北京軍區副政委；北京軍區副政委程童一中將兼任軍區政治部主任。

據大陸軍報報道，二〇一四年一月二日，蘭州軍區舉行

徐才厚之死

晉升少將軍銜儀式，軍區司令員劉粵軍主持晉銜儀式，政委李長才宣讀中央軍委命令，軍區副司令員彭勃、許林平、張建勝，副政委王建民、苗華，參謀長何清成、聯勤部部長沙軍，裝備部部長李建印出席晉銜儀式。這是前三十八集團軍軍長許林平首次以蘭州軍區副司令員身分露面。新聞畫面顯示，許林平出席晉銜儀式時，其軍裝上的履歷表顯示其已為副大軍區副職。許曾在平定「三一九」北京政變中立下汗馬功勞的。

所謂「三一九政變」支持的是二○一二年三月十九日夜間，胡錦濤新任命的軍長許林平調遣三十八軍士兵進入北京市中心，戰鬥任務是「粉碎陰謀分子軍事政變」。目擊者稱，天安門廣場和府右街上有大批士兵和裝甲運兵車。北京居民當時用手機短訊傳遞軍隊進市中心的消息，微博上也出現很多有關消息。

有知情人稱，當時的進軍目標是北京市東城區燈市口西街十四號，即中央政法委總部。有目擊者指，那天晚上發出槍聲從白馬寺附近的中共中央政法委傳出，該處有一個排的武警特種部隊把守。許的部隊和支持周永康的武警之間爆發了槍戰，最後，許部隊大勝。

　　自二〇一二年三月份薄熙來事件發生以來，人們普遍認為，薄熙來與周永康共同謀策奪權的計劃，而這個計劃也有徐才厚的影子，外界分析，三月十九日的北京政變應該與此事有關聯。許林平軍長顯然在事件中沉穩應戰，對胡和習表了回忠心。

　　據來自中共軍方的消息，二〇一三年十一月開始的換將工作，調整範圍涵蓋了北京軍區、成都軍區、蘭州軍區、海軍總部、國防大學等近三十多名將官，其中，北京軍區、北京衛戍區司令員及多位將官的調整最引人關註。

　　根據軍方的消息來源，貴州省軍區司令員李亞洲轉任四川省軍區司令員，王盛槐提升任貴州省軍區司令員。南京軍區聯勤部副部長於天明少將被調往安徽省軍區，接替許偉少將任司令員。原北海艦隊司令、濟南軍區副司令員田中升任海軍副司令。國防大學副校長王西欣少將轉任沈陽軍區副司令。第六十五集團軍副軍長冷傑松少將接替退休的劉雲海，升任山西省軍區司令員；沙軍少將改任蘭州軍區聯勤部部長，其青海省軍區司令員交接給李松山少將。

　　北京的軍事觀察家認為，此番大規模換將證明，習近平治軍和他的前幾任的風格有所不同。在江澤民執政時期，

徐才厚之死

至少在一九九五年之前,對軍隊高級將領的職務調整,基本
都掌握在鄧小平手裏。一九九七年鄧小平去世,在當年召開
的十五大上,江澤民第一次真正做主,但即便如此,一些主
要將領的任用,還是遵從了鄧小平遺願。在胡錦濤執政的
第一任期,軍隊主要將領的調整,基本掌握在江澤民手裏。
二〇〇四年,江澤民辭去軍委主席職務,但八一大樓仍然保
留了江的辦公室。這個辦公室一直存在到胡錦濤任期結束才
隨著胡錦濤離任一並裁除,可以被看做是江在軍隊投射的
影子。在胡錦濤軍委主席任期內,在軍隊主要將領任免及重
大事務上,江澤民具有巨大影響力。而習當上軍委主席後,
就立刻晉升了上將,走訪了所有軍兵種和武警部隊,到任何
一地視察,都必深入當地駐軍,大範圍調整了軍隊人事格
局,這和江、胡期間對軍隊的慢熱掌握形成鮮明對比。

打怪拳:「國安委」隱形中心

二〇一四年四月十五日,「中央國家安全委員會」舉行的
第一次會議,大陸央視《新聞聯播》在報道中沒有公布「國
安委」的常務委員、委員和組員名單,外界無從了解「國安

委」委員和辦公室主任名單等人事方面的信息。報道只是以藍底白字展示了長篇官樣文章，並不斷重復地提及「安全」。有觀察家指出，此前，中央「深改組」和中央「網信組」在舉行第一次會議時，央視《新聞聯播》都播出了會議畫面，外界得以了解這兩大機構的基本人員架構。

二〇一三年十一月十二日下午，中共十八屆三中全會閉幕，中共官方通過會議公告向外宣布：決定設立「國家安全委員會」。自宣布設立「國安委」後，由於涉及到權力的重新分派，中共高層對其下屬職位的爭奪激烈，對各派人事的提名也爭議極大，其人事布局難以達成一致。據港媒《爭鳴》二〇一三年十二月報道，中共內部就「國安委」如何組成及「國安委」的權力、地位和中央政治局、全國人大常委會之間的隸屬關係有一番爭議，對其具體工作班子組成也爭論不休。此前，有傳聞稱中央辦公廳主任栗戰書掌管「國安委」辦公室主任這一實權職務。

直到三月七日，《南洋網》報道稱，據中共官員透露，中共「國安委」的辦公室正式由政治局委員、中辦主任栗戰書出掌。四月九日，習近平視察武警特警學院反恐訓練，並為「獵鷹突擊隊」授旗，陪同人員中包括栗戰書。有中國軍事問題專家稱，栗戰書陪同習近平視察武警，證實了此前的栗

任職國安委辦公室主任的傳言。

　　但北京的中國問題專家始終不能明白，習近平主導的「國安委」直到四月十五日正式運作，其常務委員及委員名單、組員名單和辦公室主任人選都沒有通過任何途徑向外公布和透露。有西方觀察家分析，習近平一手主導的「國安委」開始以非常隱秘的「離奇」方式運作。其目的就是為了進一步平衡軍方勢力，從而給徐才厚和郭伯雄的余黨造成一定的威懾。

冒險搞「軍改」

　　從習近平掌權至今的發展觀察，其個人威望和權力的增強，是個顯著且持續的趨勢。他從二〇一四年初就陸續通過成立並領導四個機制——中央全面深化改革領導小組、中央國家安全委員會、中央網安和信息化領導小組、中央軍委深化改革領導小組——進一步強化權力。反腐所觸動的利益集團勢力固然強大，困難想必也不小，但對比習近平所掌握的軍政大權，加上反腐有堅實的民意基礎和高度的正當性，阻力應不足以相抗衡。

　　有軍事觀察家認為，軍隊的腐敗問題因其封閉式管理而長期難以根治，按中共的政治經驗，習近平在動手治理軍隊腐敗前，應當已經具備充分的實力與把握。「槍桿子」一貫為中共所重視，整頓軍隊，也是在鞏固統治基礎，這在黨內應該會得到廣泛的支持與擁護。

　　另一方面，外界猜測中國軍方連續表忠心與軍隊下一步深化改革有關。據軍界人士透露，目下醞釀中的軍隊全盤改革「在力度、強度和範圍上都為一九四九年以來少見」。近年來中共「軍改」一直在推進，但多數改革事項尚未涉根本。據悉，習主導下的「軍改」不欲再以「〇敲碎打」方式進行，而是要系統設計、全面推進，可以說是「重整筋骨」。

　　北京的軍事問題專家指出，習近平自主政以來，面臨諸多國內外挑戰，他迫切需要解放軍「脫胎換骨」式變革，以保障其政治抱負的順利實現。但多年的和平積習、軍中部門利益的固化以及思想作風的弱化都使得解放軍難以適應現實需求。為此，習近平用近一年的時間先後在軍中強力反腐、開展群眾教育實踐路線活動以加強軍隊思想作風建設

　　在二〇一四年三月十五日習近平主持召開的中央軍委深化國防和軍隊改革領導小組的首次全體會議上，習近平強

調應當「圍繞強軍目標推進改革」。並且在同月，習近平擔任國家主席後首次公布了國防預算，這是中國三年來最大的一次軍事開支增長。有媒體評論，這是個有力信號，而且這次開支增長似乎表明習近平希望建設一個強大的、有自己話語權的中國。

此外，習近平還敦促軍隊領導人加速讓中國唯一的航空母艦形成戰鬥力。除了這艘航空母艦，中國還正在研發一系列高科技武器，其中包括隱形戰鬥機和可以擊落衛星的武器系統等。習近平對此表示，強軍是軍隊改革的目標。

不過，有分析人士說，和中國領導層想要變革的其他領域相比，軍隊改革是一項需要更多勇氣和決心的任務，搞不好就會連自己的權力也保不住。

各路軍頭密集調動

根據大中共軍報的訊息，習近平加緊了各路軍頭的調動，大量啟用自己信得過的將領。僅二○一四年元旦前後，新一波軍內人士調動又陸續展開。

這其中的變動包括，北京軍區參謀長王寧中將調升副

總參謀長，成都軍區副司令員李作成中將升任司令員，南京軍區副司令員宋普選中將調升國防大學校長。總參謀部作戰部部長白建軍少將接替王寧，擔任北京軍區參謀長。西藏軍區司令員楊金山中將接任成都軍區副司令員，遺缺由第三十一集團軍軍長許勇少將擔任。許勇是二〇〇八年汶川地震後首位率部挺進震中映秀鎮的將軍。廣州軍區第四十二集團軍軍長尤海濤少將繼任南京軍區副司令員，他是原廣州軍區司令員尤太忠上將之子。

在西藏軍區換帥的同時，毗鄰的新疆軍區則更換了政治主官。蘭州軍區二十一集團軍政委劉雷少將升任新疆軍區政委，其前任王建民中將調任蘭州軍區副政委。而軍事科學院作戰理論和作戰條令研究部部長何雷少將空降蘭州軍區副司令員。

何雷是解放軍著名的學者型將領，先後組織領導了四十多項重大研究課題，參與過多部軍事法律法規編制工作。二〇〇六年三月，時任中央軍委主席胡錦濤簽署命令，由何雷主持編修的新一代《司令部條例》發布施行。

新一波調整中力度最大的是空軍。空軍副司令員周來強中將和空軍參謀長楊國海中將退役。南京軍區副司令員兼

徐才厚之死

軍區空軍司令員鄭群良中將調任空軍副司令員，遺缺由南京軍區空軍參謀長黃國顯少將升接。北京軍區副司令員兼軍區空軍司令員麻振軍少將調任空軍參謀長，繼任者是原蘭州軍區副司令員兼軍區空軍司令員莊可柱中將，而北京軍區空軍參謀長張義瑚少將則升接蘭州軍區副司令員兼軍區空軍司令員。

麻振軍、張義瑚都是現時解放軍為數不多的六〇後「副大軍區級將領」，他們都曾是享譽空軍的優秀飛行員，被視作空軍領導層的新生代。而空軍將領的年輕化步伐也走在了其他單位的前面。

與空軍清一色調整軍事主官不同，海軍的調整則全是政治主官。海軍政治部主任馬發祥中將轉任海軍副政委；南京軍區副政委兼東海艦隊政委丁海春中將接任海軍政治部主任。南海艦隊政治部主任王華勇少將則接任東海艦隊政委。

其他的調整還包括，總後勤部政治部主任劉生傑少將升任總後勤部副政委兼紀委書記，武警部隊政治部主任於建偉中將轉任武警副政委，原職務由武警後勤部政委姚立功少將接任。

習近平治理「九龍治水」

　　二〇一四年四月十五日，習近平主持召開中央國家安全委員會第一次會議，強調要準確把握國家安全形勢變化新特點新趨勢，堅持總體國家安全觀，走出一條中國特色國家安全道路。中央電視臺的新聞聯播中未有播出會議情況，只以藍底白字展示長篇官樣文章。文章中不斷重覆地提及「安全」，習提及的「安全」包括國家安全、人民安全、政治安全、經濟安全、軍事安全、文化安全、社會安全、國際安全、內部安全、傳統安全、非傳統安全、科技安全、信息安全、生態安全、資源安全、核安全等等。

　　新華網報道習近平的講話要點有三個方面：其一、安全目標是鞏固黨的執政地位，服務於中國特色社會主義道路。其二、「安全」二字包羅萬象，涵蓋一切，誰反對習李新政，都可以「安全」名義定罪。人們註意到，習在講話特別提及「政治安全」以及「軍事安全」。其三，今後一切工作都要服從於國家安全。習近平指出，中央國家安全委員會要遵循集中統一、科學謀劃、統分結合、協調行動、精幹高效的原則，

聚焦重點,抓綱帶目,緊緊圍繞國家安全工作的統一部署狠抓落實。

習近平在十五日的講話中,將國家安全明確列為頭等大事。他指出,增強憂患意識,做到居安思危,是我們治黨治國必須始終堅持的一個重大原則。我們黨要鞏固執政地位,要團結帶領人民堅持和發展中國特色社會主義,保證國家安全是頭等大事。

這個論調在他二○一三年十八屆三中全會《決定》的說明中也有體現。他說,「國家安全和社會穩定是改革發展的前提。只有國家安全和社會穩定,改革發展才能不斷推進。」他還指出,「設立國家安全委員會,加強對國家安全工作的集中統一領導,已是當務之急。」

集中統一的國家安全體制,在會議中得到更明確的強調。此前,國家安全領域「九龍治水」的局面廣受非議。國防動員委員會、中央維護穩定工作領導小組、國家反恐怖工作領導小組等數十個中央及國務院層面的議事協調機構,安全管理職責交叉、重疊且權威性不足,本身又造成了新的無序局面。即使是專司國家安全議事協調工作的中央國家安全領導小組,其局限性也較為明顯。該小組於二○○○年九

月由中共中央組建，與中央外事工作領導小組合署辦公，直接負責統籌協調國家安全工作領域重大問題，辦事機構成員目前均為外交工作背景官員。

北京的中國問題研究者認為，以往安全決策勢單力薄，以外交口主導的中央外事工作領導小組牽頭負責，面對綜合性的安全威脅，難以將國防、經濟、公安等力量握成一個拳頭，打出組合拳。

北京的政治觀察家特別強調，十八屆三中全會《決定》中，僅僅提及「設立國家安全委員會」的措辭，但在四月十五日習近平的講話中悄然改為「成立」，即「黨的十八屆三中全會決定成立國家安全委員會」。

僅一字之差，針對國安委性質的猜測，已持續數月。查閱《憲法》和《黨章》可以發現，國家機構用的是「設立」，黨的組織則用「成立」。

二〇一四年一月二十四日召開的中共中央政治局會議上，國安委性質初步明確為中央機構，但當時坊間仍普遍猜測，國家層面的國安委也將成立，不排除效仿中央軍委的設置，「兩塊牌子，一套班子」。

中央民族大學法學教授熊文釗也註意到了這一表述變

化。他對西方媒體說,相較黨的機構用「成立」,「設立」意味著要回答依據何「設立」的問題,「涉及到法律和程序等問題,流程會復雜得多。」

熊文釗認為,現在的國安委實際上是黨的機構下的安全委員會,是按照黨中央決議成立的最高協調機構,「按照黨的方式來操作,『成立』是正確的用法。」

現在看來,國安委性質之爭,或告一段落。習也正式成了黨中央的「保衛科長」。

除了西山,不怕美國防長去禁區

二〇一四年四月七日,一頭白髮的美國國防部長哈格爾穿著深藍色西裝,土黃色西褲,紫色細條紋襯衫,沒有戴領帶,走下了標有「美利堅合眾國」字樣的專機舷梯。哈格爾這身行頭,是美國政商界標準的「商務休閑」服裝。這位文職官員身份的美國三軍「大管家」,似乎有意讓自己的首次中國之行以一個輕松點的調子開頭。

在青島,經過習近平特許,哈格爾登上了中國第一艘航母遼寧艦,親眼目睹了中國防衛力量的增長。而就在此前的

美國國防部長哈格爾參觀遼寧艦

兩個多月,他接到美國十一位國會議員聯名來信,強調航母對美國國家戰略的重要性,要求美國保持十一艘核航母編隊。當時,因為經費緊張,美國正考慮裁掉一艘航母。種種復雜情勢,讓哈格爾在遼寧艦上逛得並不很輕鬆。

參觀遼寧艦的哈格爾,是第一位登上中國航母的美國防長,也是第一個登上中國航母的外國人。這個「面子」不小。事實上,參觀航母有著重要的政治含義。美方稱,哈格爾訪華之際提出參觀遼寧艦的要求,並得到中方同意,此舉體現出中方加強交流與增進互信的誠意,也反應習近平領軍

的開放性。

差不多十年前的二〇〇五年，拉姆斯菲爾德訪問了二炮司令部，成為走進這個禁區的第一個美國高官。此前訪華的美太平洋艦隊司令法倫上將想參觀中國的海軍基地，沒得到許可。中國對拉姆斯菲爾德的安排，堪稱高規格。據說，他還想看看西山地下指揮所等更為要害的部門，但遭到拒絕。

香港二〇一〇公開出版一本防務專家寫的書，提到西山是中國二炮的最高司令部所在地。也是中央軍委的最高地下指揮所，還是最後核反擊的指揮所。這本書特別提到，中國大陸最高的所謂核反擊的攻擊命令下達，也是由西山的中央軍委二炮最高司令部負責。北京的西山的地下指揮所，號稱是全世界最大的軍事地下指揮所，也是最嚴密防護的機構。目前中共軍隊的導彈發射基地大約有三十八個。這些導彈陣地包括可以發射中程、短程巡航導彈等等。另外這些當中包括了八到十個洲際長程彈道導彈的發射陣地，另外特別提到目前中國大陸有東風—三十一型的各類型的長程洲際彈道導彈，大約是有五到六個旅，總數大約是在七十到一百二十枚左右，如果每枚可以攜帶三枚的多彈頭。

美國防長想去西山，顯然是夢寐以求，但是，目前習近平能先讓拉姆斯菲爾德餐館航母，已經是個不小的進步了。美國《紐約時報》四月十一日報道稱，美國官員認為，中國向美國軍方高官開放「遼寧艦」，充分地展示了投送海軍力量的決心。那麼，作為美國軍方的掌舵人，哈格爾在「遼寧艦」上又看出了中國軍方的哪些新動向呢？

北京的政治觀察家強調，讓美國防長看航母，習要向外展現的是一種領導中國軍隊的信心。

習近平整軍新方向

軍中大老虎谷俊山、徐才厚、郭伯雄、常萬全的腐敗，令中共高層振動很大，習近平為此下決心治理軍隊。據接近習近平智囊的人士透露，其治理軍隊的三大方向基本已經有了輪廓。

其一：改變軍人的國防觀。軍隊應該具備現代戰爭的理念。後來網上流傳的「習近平就戰爭問題對軍委領導幹部的講話」透露，習近平甚至提出了軍隊國家化的思路。

其二：改變軍隊的指揮系統，向美國等西方國家借鑒。

徐才厚之死

中國的軍隊目前仍然是效仿前蘇聯的軍事指揮系統,在蘇聯解體後,俄羅斯都已經改變為西方的軍事指揮系統。只有朝鮮、越南、中國等極少國家仍停滯在陳舊的蘇聯的指揮系統模式中。

其三:建立獨立的軍隊紀委。目前軍隊紀委是隸屬總政下的一個部門,新的軍紀委將獨立成為一個部門,便於反腐。

消息人士稱,有一種意見認為,在軍中大老虎谷俊山、徐才厚和郭伯雄被打掉後,軍隊官兵的士氣開始回升。軍隊的腐敗如此嚴重,軍隊喪失了作戰保衛國家的能力和方向,動搖了士氣。習近平反腐能動到徐才厚、郭伯雄和常萬全這樣的高級將領,無疑讓軍隊內外對習近平的反腐能力和執政方向有了希望。

還有一種意見指出,軍中腐敗是體制性腐敗,中共軍隊「黨衛軍」的基本架構不該,要消滅軍中腐敗比登天還難,到最後,反腐敗也只是換將更帥的一幕老舊把戲。

第九章

谷俊山供出貪腐總後臺

徐才厚之死

一邊治療，一邊交待

二〇一三年四月，香港《蘋果日報》引述消息源稱：因涉貪被撤查的谷俊山，已交代出徐才厚收受大筆賄賂，徐才厚還涉嫌出賣軍中職務。包括谷俊山在內的一些將軍都是用錢買官。香港《南華早報》援引一位高級退役軍官表示：「確信徐才厚將是軍中最大的老虎，有許多證據表明他涉貪腐」。在谷關押後，徐還一直阻擾對谷的審判，導致谷兩年後還無法審理。

十八大之後，二〇一三年年初，徐才厚入住解放軍三〇一醫院治療癌癥。軍方內部有人通過非官方渠道，再次把徐才厚的案子遞送到已接任總書記的習近平辦公室，要求批準處理徐才厚。

習近平依據十八大時的處理方式表態認為，仍然還有國家軍委副主席職務的徐才厚，仍然需要在三月份全國人大政協兩會上露面，完成最後交接，所以還是繼續「放一

放」此案。剛好，此時江澤民也得知消息插手表態，要習近平把案子壓下來，並且要求確保徐才厚在兩會上露面，然後再正常退休。

不知什麼原因，這個消息很快被軍中「反徐派」得知，他們迅速發難，展開了一系列的行動，迫使徐才厚在兩會上未能露面。確切地說，他們成功推動習近平同意中紀委與軍委紀委聯合出面，與徐才厚正面談一次他的問題，希望他配合調查谷俊山案件。但是不宣布對他實施「雙規」，只是一般談話。

這次談話是在三〇一醫院的病房裏進行的。就是這次所謂的談話，從精神上對徐才厚打擊很大，使得本來就虛弱的他一病不起，即使有心卻也無力出席三月份召開的全國兩會。而且中紀委和中央軍委同他談話的人，希望他在限期內寫出與谷俊山交往的全部情況，包括接受贈予的情況以及谷俊山獲得提拔的細節經過。在這裏，中紀委人員特別註意回避了「受賄」一詞。

從那時起，徐才厚就在病房裏一邊接受治療，一邊「交待」與谷俊山的交往，過起了沒有被稱為「雙規」的雙規生活。

徐才厚之死

谷俊山供出老首長「情事」

徐才厚二〇一三年缺席兩會自然引起外界的廣泛猜測，有海外媒體根據外界已知的原總後勤部副部長谷俊山貪腐案判斷，徐才厚應該是栽在了谷俊山手裏。

香港的《太陽報》應該是最先發出相關報道的海外媒體。據《太陽報》三月二十日報道，中共兩會期間，中共軍委前副主席徐才厚連續缺席會議和高層集體亮相，引外界猜測。有消息稱，徐才厚已經被調查，行動受到限制。港媒近日傳言，谷俊山已供認向徐才厚行賄送女星湯燦。

該報的報道說，谷俊山供認向徐才厚行賄送女星。坊間一直傳聞，說徐十分貪腐，並和大陸娛樂明星湯燦小姐有染。總後勤部副部長谷俊山去年下臺時，其貪污巨資、生活奢靡、包養情婦等醜聞被揭出。和谷及軍中多位將軍有染的湯燦小姐也隨即下落不明。據聞，谷被關押調查時揭發，是他一手將湯燦小姐送給徐才厚享用。因尋求保護傘，谷在送女人的同時，還向徐才厚行賄巨資。報道稱，揭出上述事情後，江出面保徐，但軍中徐的政敵不服，到處活動欲拿下他。

所以，徐才厚留在三〇一醫院，「該是他自保的最好辦法。」

該報認為，雖然該報導未指明湯燦小姐的名姓，但從此前相關傳聞來看，極有可能是指湯燦。二〇一〇年年九月十三日，三十五歲的文藝演員湯燦被特招入伍，加入北京軍區的「戰友文工團」。入伍後，湯燦更被授予了文職級別三級、專業技術五級，大校軍銜，享受副師級待遇，可見提攜她的背景深厚。湯燦如此快的得到提升，據稱是徐才厚的大力推薦所致。

據江雪所著《新公共情婦湯燦》一書稱，二〇一〇年十二月中下旬，總政治部出面抽調軍中各文藝團體骨幹，組成慰問團，前往湛江南海艦隊司令部，慰問南海艦隊官兵。這次慰問由軍委副主席徐才厚親自帶隊。這次組織慰問團，他特意點了湯燦的名，要她一道隨團南下。而慰問演出前後十天，湯燦與徐才厚有多次單獨談話的機會，漸漸地兩人便很熟悉了。就目前曝光的信息看來，湯燦在中共中宣部、公安部和軍隊這三大塊掀起的「淫波污浪」，不但波及中共高層權力的角逐，如公安部部長的候選人、中央電視臺、中宣部的接班人選，更是成為薄熙來、周永康企圖政變的一個重要部份。

軍中公共情婦湯燦

多維新聞網的消息說,二〇一二年九月二十八日新華社公布薄熙來「與多名女性發生或保持不正當性關係」,這裏面就包括湯燦,而且湯燦還是薄熙來和中共政法委書記周永康二人「共享的情婦」。二〇一二年六月,新浪認證的微博「宗麟」(奢尚集團中國事業部營業及市場總監)爆料稱:「湯燦二〇一一年底被中紀委調查,被判十五年,受賄,多

位高官公關情婦，賣資料叛國間諜。」因她涉大量中共高層醜聞，很多高層都竭力阻止公開審判湯燦。

報道還說，早在二〇〇九年原深圳市長許宗衡落馬時，懷疑與其有染的女星名單中就有湯燦。而二〇一〇年五月因涉及收受開發商巨額賄賂等問題被雙規、一度傳出自殺的四十九歲開封市長周以忠，也傳與湯有特殊關係。二〇一一年底網上又出現央視臺長焦利與湯某淫亂的新聞，與此同時，網上還流傳湯燦與中共解放軍總後勤部副部長谷俊山的緋聞。據說，與湯燦有不正當性關係的中共高官至少不下十人。

《澳洲日報》題為「又一政治局委員落馬：徐才厚被限自由」的報道說，原江澤民在解放軍的心腹、總後勤部副部長谷俊山中將貪腐案最近出現新發展。谷俊山被提拔成總後勤部副部長涉及到江派軍委副主席徐才厚和國防部長梁光烈，習近平故意在兩會前夕升級了總後勤部副部長谷俊山的案件，將矛頭直接聚焦到軍委前副主席、政治局委員徐才厚。

報道說，習近平以谷俊山為突破口，在軍隊內刮起了整頓風暴，並把一個政治局委員級別的「大老虎」打了下來。

這只「大老虎」便是谷俊山所仰仗的前軍委副主席徐才厚。

用錢打通徐才厚

　　谷俊山,一九五六年生於河南濮陽,曾任總後勤部基建營房部部長,全軍房改辦公室主任等職,二〇〇三年七月晉升為少將,二〇〇九年十二月升任總後勤部副部長,二〇一一年晉升為中將軍銜。解放軍總後勤部直接經手土地、住房、財務、物質等項目,是軍方利益豐厚、油水最大的一個機構。

　　平民出身的谷俊山,為何能仕途暢通、平步青雲地升遷為中共軍方的高級將領呢?據知情人透露,谷俊山和前不久倒臺的鐵道部長劉志軍一樣,走的都是自己女人的裙帶關係,谷俊山的妻子據說是軍方一個不尋常的人物。具有諷刺意味的是,十年前的二〇〇一年,同是河南人的軍中巨貪王守業卸任總後基建營房部部長,四年後,中將王守業因為情婦檢舉落馬,獲稱解放軍史上第一貪。谷俊山於二〇〇七年接任營房部部長,四年後他也在總後副部長職務上重蹈王守業的覆轍,結束了自己的政治生涯。

　　有所不同的是，谷俊山的貪腐比起前任王守業更是變本加厲，與時俱進。知情人爆料，拋開錢財不說，僅以住房來講，他在寸土寸金的北京市朝陽區CBD商務區繁華地段耗資上億元為自己營造了一個銷金窟，名曰「將軍府」。這個占地二十余畝的將軍官邸，裏面竟然有三座別墅群，鋪金蓋銀，「白玉為堂金作馬」，奢侈勝過皇家，院子裏種植的幾棵樹，每一棵樹的價值都在四十萬人民幣。

　　據劉源的文膽張木生揭露，谷俊山外出都坐專機，享受國家領導人待遇，而且還膽大包天把全軍拆遷辦公室解散，由三名親信主掌全軍拆遷工作。這名中將還將軍隊給退休老幹部蓋的四百棟高級樓房，以個人名義送給私人，他將軍隊建築樓送給地產商有一個條件，必須刻上他個人名字。另外，谷俊山還把上海市中心一塊軍用土地估價為兩千萬元一畝，賣給地方老板二十億元一畝，差價落入了個人荷包。這樣的事，他在全國十幾個省都幹過。

　　谷俊山原在濟南軍區任職，從上個世紀九十年代後半期始一路快速晉升，直至二〇〇二年前後進京任總後營房基建部辦公室主任、營房土地管理局局長，為正師級軍官，此後谷俊山便一路擢升，由正師到副軍再到正軍，進而謀得總後副部長的大區副職高位，用時不過八年。「這樣的升遷速

徐才厚之死

度,在解放軍高級軍官中,也不多見。」軍內人士告訴媒體。縱觀谷俊山的軍隊履歷,谷俊山從河南濮陽軍分區一路跋涉而來,進而輾轉調入大軍區、總部機關,殊為不易,而後仕途漸入佳境,一發而不可收拾。特別是最近幾年更是谷官運亨通的黃金期。

二〇〇七年六月,谷任總後勤部基建營房部部長,為正軍職。兩年後的二〇〇九年年十二月,谷俊山接替六十五歲的副部長、空軍中將李買富,升任總後勤部副部長。從正軍少將到大區副職中將,谷俊山只用了兩年多時間,而總後勤部政委、劉少奇的兒子劉源則用了七年。「谷俊山肯定有他獨特的升遷本領,不然不可能上得這麼快。」熟知軍方調職規律的大陸退役軍官告訴媒體,一般來說,從作戰部隊調職到省軍區系統的軍分區或武裝部的普通軍官,都是養老或等待服役期滿轉業,沒什麼奔頭和指望。從軍分區或武裝部很難調入作戰部隊任職,除非上面領導特別指定任用的軍事、政工幹部。

谷俊山能反其道而行之,說明他有「不一般『才能』」。谷俊山去職消息公布,網上有據稱「熟悉谷俊山情況的老幹部」稱:「一九九五年前,谷俊山只是一個在自己家門口濮陽軍分區服役的上尉軍官,眼見沒有大的升遷機會,谷曾幾次

找地方想轉業。後來由於讓其負責軍分區『三產』，谷打著軍分區的旗號，以支持當地軍隊建設的名義，倒賣油氣物資，撈了不少錢，從而打通了往上升遷的路子。」而另一熟知谷情況的軍官稱，谷在提拔到濟南軍區後勤部生產部時，就以敢拿、敢要出名。令一般基層官兵奇怪的是，這樣的人卻兩年一個臺階，一路順風提拔。

　　谷俊山負責濮陽軍分區「三產」時間在上世紀一九八○年代末，其時正逢中共提出軍隊要忍耐、支持地方建設的指令，總部及各軍區以下發動各部隊「立足實業」搞生產經營，彌補軍費緊缺，鼓勵各單位積極開源創收。總後系統首當其衝。一九八八年全軍後勤部長座談會通過對軍隊生產經營的理論探討，統一確定了軍隊要走興辦實業創造財富的道路。總後立足房地產經營開發，率先成立了中國新興工程建築房地產開發總公司，掌管全軍工程建築和房地產開發。

　　谷俊山老家、河南濮陽軍分區，地處中原油田腹地。靠山吃山，軍分區跟中原油田方合作，從事相關的油品銷售貿易。谷俊山時任濮陽軍分區後勤部物資供應部副主任，為正營級助理員，直接分管該工作。軍隊系統搞「三產」，按規定須「實行軍企分開，集中歸口管理」，以維護軍產產權和軍隊對外形象，但實際上很難步調統一。現為河北國稅系統某主

徐才厚之死

要領導當年在河南濮陽稅務局任職，一次他去向谷俊山負責的「三產」項目聯系收稅，谷冷冷地對他說，「要錢沒有，要血有一盆」，他吃了個閉門羹，只得悻悻而歸。

中國軍隊開放搞活、大幹「三產」的政策，讓長於經營之道的谷俊山找到了用武之地，谷因其「業績」，喜獲上級青睞，由軍分區、軍區調至總部，漸入高速上升管道。

他一路晉升只靠一樣利器——錢。而他案發前打通的最後一道關卡，便是時任中央軍委副主席的徐才厚。

私賣軍地發橫財

已是總後副部長的谷俊山中將，即使在前幾年只任基建營房部「一把手」時，其實權已非比尋常。解放軍基建營房部主管軍隊各級軍官、士兵的營房建設和維修，谷每年手頭掌管數十億元以上的營房建設維修基金。而該部門更掌握全軍軍用土地管理出讓大權，背後的巨大利益為外界難以想象。

解放軍部隊經歷數次精減整編以後，空閑出相當數量的營房和場地。這是一筆具有巨大開發潛力的財富。僅在海

南一省，經詳查與地方無爭議的軍隊土地有二十四萬畝，空閑營房約四十五萬平方米，還不包括部隊自管房地產。而軍方統計數據表明，自一九八〇年代以來，全軍迄今累計完成了近千萬平方米住房新建改造任務，軍方在全軍範圍內穩步實施營房升級改造的「四年規劃」，規劃今後九年集中數十億元財力，分批次、成建制開展營區綜合配套整治，解決保障養兵中的住房等急難問題。

加之近些年來，中國軍費開支持續以二位數遞增，軍委用於全軍官兵的經濟適用房、營房維修建設等資金更趨增多。巨額軍費投下後，基建營房部更加成為總後炙手可熱的部門之一，總後基建部早年投身市場經濟，卓有經驗，原隸屬總後的中國新興總公司房地產公司當年業務歸口部門就是基建營房部。

但浩大的軍隊營房基建、土地轉讓、招投標中資金使用管理，缺少系統有力的制度監督。解放軍雖在總後設有審計署，並建立了各類反腐制度。但軍產轉讓、營房基建工作，因軍事涉密這個理由，常得不到充分競爭。「很多時候說是黨委會集體決定，其結果往往是一把手拍腦門說了算。」這自然容易造成權力監督的「黑洞」。二〇〇五年，海軍原副司令王守業被軍紀委「雙規」，涉案一點六個億，據其交代，王貪

徐才厚之死

腐正是在他擔任總後基建營房部部長時期。

總後勤部部長廖錫龍上將當年在談到王守業案件時指出，後勤管理還有很大的改善空間，特別是高中級領導幹部的經濟權力越來越大，「如何加強監督制約、促使領導幹部正確行使手中的權力，依法、合理、有效地分配和管理使用軍事資源，從機制和源頭上預防和治理腐敗，已成為我黨我軍建設的一個重大課題。」廖錫龍的話言猶在耳，王守業的繼任者谷俊山已步後塵。據知情人士透露，谷俊山涉案的鐵證，正是在查處某大軍區級的營房局長案件過程中被發現的。

解放軍內部嚴整軍紀之風驟起。軍委主席胡錦濤親自作出在全軍團以上黨委機關開展「講政治、顧大局、守紀律」學習教育活動的決策。總後旋即計劃用二十天、分四階段展開該項教育活動，「確保從思想上政治上與黨中央、中央軍委保持高度一致，確保總後機關和直屬隊政令軍令暢通。」

谷俊山涉案被調查後的二〇一二年六月，中央軍委下令要求軍中領導幹部報告其個人財產。總政治部、軍委紀委印發重訂的《關於軍隊領導幹部報告個人有關事項的規定》，要求中高級軍官需登記的內容，包括收入，物業等不動產和投資情況。

交代容易查辦難

　　谷俊山案發後大約一年的時間裏，軍方查處遇到阻力，一直比較低調。有人要對後臺強硬的腐敗將軍從輕發落。然而調查發現，谷俊山的問題越揭越多，其貪腐行徑遍及全國，無法僅限於軍內調查。另有消息人士稱，谷俊山的秘書在案發後不久已逃往國外，他的妻子以及妻弟在機場準備出境時被抓獲。谷俊山貪腐手筆巨大，以權換錢、以錢換官，收賄黃金以公斤計、行賄黃金以百公斤計。這起將軍腐敗案可能涉及前任和現任軍委領導。身為軍委領導的習近平不得不顯示出將此案一查到底的決心。正如有的中國專家認為的那樣，解放軍內部的腐敗已經嚴重影響到解放軍的戰鬥力。腐敗「已經涉及共產黨和解放軍的生死存亡」。

　　谷俊山為什麼如此肆無忌憚，外界傳言是因為有軍中大佬會為其撐腰。但此時還沒有人點出這位大佬就是徐才厚。據北京作家魯直人介紹，當初谷俊山在總後勤部基建營房部部長任職的時候，一直想再上層樓，時任總後勤部部長的廖錫龍就不同意。手眼通天的谷俊山居然沒通過總後，直接由

徐才厚之死

中央軍委任命為總後副部長了，讓不少人為此大跌眼鏡。不僅如此，谷俊山在培植黨羽親信方面也有一套，他的一個秘書剛及三十五歲，就被他提拔到總後某局就任正師級局長，結果引發十幾個下屬單位聯名告狀，說他任人唯親，但因為上面罩著，後來也是不了了之。據悉，谷俊山的貪腐問題，早已是駭人的天文數字，相比之下，王守業過億的貪腐只屬小兒科。

谷俊山是由前武警司令吳雙戰保舉得到軍內升遷。吳疏通的前期關係人是曾慶紅與江澤民，使谷晉升少將軍銜作為江澤民對胡錦濤的「一項拜托」，而在二〇〇三年七月實現。而吳雙戰在涉及重大經濟違紀問題被調查了四個月後，也是江澤民指示吳邦國行「保吳」之策，吳雙戰因此得以保住官位。

原本對谷俊山一直低調查處，他的涉案金額被定在約二百萬元人民幣，而且只限在軍隊內部調查，不會涉及地方。但在調查中發現，谷俊山的問題愈揭愈多，已無法僅限於軍內調查，而且發現他的貪腐行徑遍及全國多個地方，從上海到雲南都有軍用土地被他違規轉售。谷俊山秘書在案件敗露後不久已逃亡海外，其妻子和妻舅則在機場準備出境時被截獲。有消息稱，谷涉案金額二百多億，房產三百余

前武警部隊司令員吳雙戰

處。住七千多平米小樓，護工六十余人管理房院。另有五個
情人。其中一個歌星、兩個影視小星、一個主持人、一個高級
白領。但另有人稱，上述消息並不確切，但在谷俊山家中的
確搜出大量茅臺酒，據說多達上萬瓶。習近平獲知後大為震
怒，怒斥「戰備需要這些物資嗎？」總後勤部政委劉源則稱，
會將谷案「一查到底」。

　　另有消息稱，谷俊山曾掌握全軍的土地基建大權，在軍
用土地的征用、置換過程中，獲利巨大。谷俊山還擅自挪用
軍費，直接給家鄉的武裝部下撥七千萬元人民幣軍費。谷俊
山在軍中以權換錢，以錢換官，在軍中高層早已不是秘密，而

徐才厚之死

他貪腐手筆之大，收賄黃金，以公斤計，行賄黃金，以百公斤計。在劉源接任總後勤部政委後，後臺強硬、視劉源為威脅的谷俊山找到劉源談判，警告說，要不同流合污，好處多多，要不等著走人。被逼到墻角的劉源，沒了退路，決心拿下谷俊山。薄熙來事件爆發後，劉源一手推動的谷俊山案被壓下來。此後，有北京軍方消息人士曾暗示，谷俊山案要到十八大後才能定。果然，十八大上劉源未能進入軍委，於是有人要對谷俊山從輕發落。但習近平在穩住對軍隊的控制權後，就下令徹查谷俊山。

據悉，谷俊山直接牽涉原副總參謀長徐才厚。谷通過向徐行賄，以及幫徐的親屬安排一些基建項目而得到徐才厚的提拔，作為回報，徐在谷俊山提升總後勤部副部長及升任中將軍銜出了很大力

徐才厚、郭伯雄的齷蹉事

有軍中人士寫了一封「給全軍指戰員公開信」，用第一手資料，揭發了徐才厚、郭伯雄的問題。共有九個方面。

一、在谷俊山河南老家搜出了幾千萬的現金和一千八百

多箱茅臺年份酒，十一張老虎皮，是谷本人交代後起挖出來的。谷俊山老家的群眾很振奮，除谷俊山已交代的贓物外，人民群眾還帶著總後工作組另挖了幾處，搜出了大量金銀財寶，就像當年貧雇農帶著紅軍挖地主的浮財一樣。

　　二、谷俊山受賄案首先敗露於總參某工程，谷俊山在這個工程項目中索賄四百萬，總參將此案情通報給總後。谷辯稱是為一個港商謀利。軍紀委竟然同意谷的說法，並督促總後拿出書面意見，給谷解脫。總後不同意軍紀委這個意見，派人去廣東復核，那位港商一見面就表示，此事與他無關，是谷俊山讓他把這件事承擔下來的，谷還答應將來給他好處。總後的人問港商：為什麼你對軍紀委承認谷是為你謀利的呢？港商說：是谷俊山和軍紀委串通好了，讓他這樣說的。總後把這個情況反映給軍委領導，軍紀委只好通知，過兩個月再復查一次看看。就是在這兩個月期間，谷俊山又讓妹夫一手拿著軍紀委的賬號和辦案人員的電話號碼，另一手提著四百萬現金找港商，指定分兩次把錢匯給軍紀委，做全了谷俊山沒有貪污的證據鏈。這時，軍紀委又同總後講：這件事不算事了，結束了吧？總後不同意，只得又去見港商，港商痛快地交出了軍紀委給他的筆錄、賬號條、匯款單等實證。總後的人把谷的筆錄復印件交給軍紀委領導說：這個件只有

徐才厚之死

你們軍紀委才有,怎麼會到了谷俊山的手裏呢?軍紀委領導也吃驚地問:我們的筆錄怎麼到了你們的手裏?總後的人員回答:這是那個港商給我們的,你們執法犯法,何顏以對廣大官兵啊?軍紀委的領導無言以對。總後把這些證據擺到軍委郭伯雄、徐才厚面前說:軍紀委已經直接參與到案中來了,他們和谷俊山、港商一起參與造假、串供、銷贓,證據確鑿。郭、徐楞了半天,知道他們的陰謀敗露,也無言以對。總後領導問:這個情況要不要報習主席?兩人只好同意對谷俊山「雙規」。

三、谷俊山現由總政的人負責看管,他們給谷俊山「充分自由」,谷在被查處狀態下還能給自己覺得不夠可靠的人「退款」。退到後來,仍有一千四百五十萬退不出去,谷向紀委報告,要坦白上交,軍紀委辦案的人居然不接受,讓他繼續放到家裏。總後領導拿這件事質問軍紀委領導:這算什麼性質的問題?軍紀委領導無言以對。

四、谷俊山私自霸占一處房產,古代、現代混合建築院落,在北京紫竹院公園附近,按市價值好幾個億。谷俊山在裏面吃喝玩樂、花天酒地、紙醉金迷。總後領導提出:先封存,待結案時處理。軍紀委領導滿口答應,可就是沒有任何行動,以致後來谷俊山又在裏面幹了不少壞事。

　　五、谷俊山的檔案更為典型，有五處造假：一是年齡造假。他的出生日期先後由一九五二年改為一九五四年，再由一九五四年改為一九五六年，先後改了三次。二是立功受獎造假。一九九三年他的任免表格上填的是一九二九年立了第一次三等功，而一九九五年又填的是八八、八九、九○、九一、九連續五次榮立三等功。三是學歷造假。他沒多大文化，卻填為空軍第二技校畢業，後來又填成河南濮陽教育學院畢業，再後來又改為中專、大專、在讀研究生、直到成為教授、博士生導師，一連串的頭銜都有，但都是假的。四是子女造假。他檔案裏只有一個女兒，可是總政幹部部電腦上，能查到他還有個兒子，都大學畢業了，按規定超生是要「雙開」的。全軍每年都處分造假的人，怎麼到谷這裏就沒人管了？特別是他職務升高以後，要改檔案，必須經過相應的領導和幹部部門，如果沒有領導發話、幹部部門操作，他能改得成嗎？對這些問題，軍紀委不斷地進行敷衍，在通報上只發了一個他是一九五四年出生，一帶而過。

　　六、家庭出身造假。谷俊山的父親是個普通農民，有次他在南京雨花臺烈士名單上，看到有個烈士的名字與他父親相近，就讓濮陽民政局給他發烈屬證，說他父親是烈士。雨花臺上的烈士，

徐才厚之死

七、谷俊山從濮陽軍分區調到濟南軍區，又調到總後，五年之內升了三級，每次都是郭、徐發話。他當總後營房部長時，廖錫龍和總後其他所有領導都不同意，郭、徐就分頭給總後政委和幾位副部長打電話。在強大的壓力下，他們只好改口，黨委會上都表示同意。廖錫龍問：前兩天你們都不同意，今天為什麼同意了？他們說：沒辦法，軍委領導發話了，我們的命運掌握在他們手裏，不同意也沒好果子吃，只得同意。最後他提總後副部長，是徐給總政幹部部交待的，郭給總後領導打電話做工作，在大家都反對的情況下硬提起來的。

八、谷俊山給郭和徐送了重禮，人人清楚，可是直到現在還沒有處理。郭和徐雖然已經退休還在幕後遙控指揮現在的軍委、總部領導，今天安排這個人，明天安排那個人，「東北虎」和「西北狼」在軍中各霸占半壁江山的宗派山頭局面並沒有改變。現在四總部的領導，跟著郭、徐學，一上任就從自己的小圈子中選幹部、調幹部，誰做了多少，全軍都清楚。可是，就是沒有人管。

九、谷俊山給軍委領導送的現金、銀行卡傳聞很多，他做了三尊金佛，每尊重達幾十公斤，有兩尊送給了軍委領導，地方很多人都在說這件事。這樣的事為什麼不公布於

眾？有人說，郭、徐在悄悄的往回退贓，到現在才退為時已晚，作為受賄的贓物在法律上的定性是變不了的。

這封信從行文措辭到內容表達，都能看出是非常了解軍內運作的人士所寫，而且是對郭和徐情況非常了解的人所為，因此，被認為可信度較高。

軍內人員具名舉報

這封信件半年多後在美國一個中文網站被披露。據了解，內容基本屬實。信件內容如下：

敬愛的習主席、中紀委、政治局常委各位領導：

我們是空軍西郊機場三十四師幾位專機工作人員，懷著忿忿不平之情向首長反映我們機場同志意見。

谷俊山是軍中貪污大鱷，他貪污的錢多少還在其次，主要是他非正常火箭式提拔的荒唐事令人髮指，讓全社會都瞧不起我們軍隊。過去他經常坐我們專機，行事作風和徐才厚、郭伯雄一模一樣，難怪是他倆提拔起來的走卒。現在部隊對他倆用人失察反映這麼強烈，可是他倆盡管退下來了，仍把專機當成他們的私家車，飛來飛去，去陝西探親，到外地

徐才厚之死

渡假。因此，希望各位領導傾聽我們的請求。

　　第一、嚴令他們安插在總部和部隊的骨幹要聽黨的話，不能再按他們的旨意辦事。現在提幹部，基本上還是他倆在後邊操縱，就連他們的家屬孩子和工作人員隨便給現職領導打個電話，提個副軍正軍都很容易。我們這有一串提拔名單，都是他們在飛機上無意中說的。這種不正之風如果再不糾正，我們將把名單發到網上去，讓全國人民評評理。他們的工作人員在飛機上互相攀比說，春節期間，廣州軍區司令跑到三亞看郭伯雄多少次，多麼多麼忠心耿耿，廣州軍區政委給徐才厚送了多少禮，又是多麼多麼報恩有加。聽後讓人感覺庸俗至極。

　　第二、要對徐才厚、郭伯雄的行為進行必要限制，待時機成熟再追究行賄受賄罪行。谷俊山給他倆送了多少，全國人民心中有數。別墅金錢是小菜，一人一尊的大金像也不是什麼秘密。他們為什麼不遺余力提拔谷俊山？又提了多少大大小小谷式幹部？究竟收了多少重禮？群眾議論紛紛，不嚴肅處理損害黨的形象。當然查處他們受賄罪需要一段時間，但追究他們用人失查失職，現在就可以辦，起碼先通報一下，讓他們別再耍威風，到處插手。同時對他們的特殊化也要按照黨紀黨規進行限制，退休的中央政治局委員外出都坐民航

或火車，徐才厚、郭伯雄有什麼功勞，走到哪我們專機保障到哪，外出度假光工作人員就有二三十名，好大的派頭！建議取消他們的專機，減少服務保障人員，做到政策面前人人平等。

　　第三、不能利用審查與谷俊山有牽連的人和事掩蓋徐才厚、郭伯雄的罪行。聽說傳達了與谷俊山有牽連的人和事後，有的單位對這些人抓得很緊，尤其是徐才厚和郭伯雄培養起來的那幫人做得更起勁更賣力，企圖借此掩蓋徐才厚、郭伯雄的罪行。我們空軍技術局政委為了提拔給谷俊山送了錢，他為什麼這麼做？因為在徐才厚、郭伯雄把持下用人不公道，不通過他們的「谷式經紀人」送錢就得不到提拔。這是迫不得已，也算受害者。可是徐才厚和郭伯雄培養起來的那幫人抓住不放，挖地三尺，把當事人親戚朋友全抓了，一個與技術局政委熟悉的老板被抓後，不忍凌辱跳樓自殺，造成很壞的社會影響，不少人說，這是什麼世道？！聽說總參、總裝、海軍一些單位做得更過分，與谷俊山有點牽連的人全抓，親戚朋友也抓。實際上，處理與谷俊山有牽連的人應該區分一個度，為虎作倀者理應嚴懲，為了單位營院建設給谷送點錢財禮應從輕處理，真正應該追究責任的是誰把這個軍中大貪污犯培養提拔起來的。

徐才厚之死

　　群眾說，現在這種做法，就是將「小魚小蝦」投入水深火熱之中，以便讓「主犯」逍遙法外，分明就是遮眾人耳目，掩蓋徐才厚和郭伯雄罪行。這些年，他們對軍隊建設破壞最大，影響最惡劣，我們機組人員再也不願意看到他們。

　　我們還聽說，徐才厚在海外藏有驚人的巨額黑錢，徐妻曾特派一嫡系親屬，二十一歲的趙姓女子，以無業人員身份持雙程證赴港，代表徐家處理在港多家銀行的八個賬戶中的一百億港元。這個趙姓女子被香港金融監管機構發現後，移送司法部門後竟棄保釋金三千萬港幣逃跑了。據我們了解，幫助趙姓女子偷渡回大陸的是徐才厚女兒徐某某原在單位：總政聯絡部廣州局以及廣州軍區情報部、駐港部隊的某些徐的鐵桿。他們趁著夜幕用「黃牛」快艇，利用香港海警無力監管的漏洞，將徐的親戚趙姓女子偷渡回大陸雪藏起來。如果黨中央想查清此事的來龍去脈一點也不困難，只需委派中紀委聯系香港警方，調取趙姓女子的檔案卷宗，順藤摸瓜，再清查軍隊情報部門相關人員的近期活動情況，即可很快查明徐才厚貪腐巨額財產的鐵證。

　　　　空軍西郊機場幾名機組工作人員

谷俊山也「咬」郭伯雄

據軍內人士說，郭伯雄也是谷俊山「咬」出來的。而且涉及的買賣軍銜金額也高達數千萬。

郭伯雄從解放軍西北四十七軍起家，一九九三年被中共大佬宋平推薦給江澤民，胡錦濤認可後調入北京軍區，後又調往北京調回蘭州軍區，一九九九年被調往中央軍委、二○○二年被任命為中央軍委副主席。

郭伯雄一九四二年七出生在陝西省禮泉縣的農民家庭，一九五八年八月，剛年滿十六歲的郭伯雄，在初中畢業後參加當地工廠招工；被分配到位於陝西興平市一家編號為「四○八」的兵工廠當工人。在三年學徒期滿後，郭伯雄應征入伍，被分配到陸軍第十九軍五十五師一六四團。入伍後兩年，升為副班長；一九六三年，在加入中共後，榮升班長。一九六五年，服役期滿後，部隊決定將郭伯雄留在軍中，並由士兵提升為幹部，擔任所在的一六四團的一個排長。盡管這是部隊中最底層的軍職；但是，對於從小在農村裏長大的郭伯雄來說，可是一件徹底改變命運的大事。

徐才厚之死

郭伯雄也被谷俊山咬出來了

　　後來的事實，完全可以證明這一點。在排長任上只幹了三個月，郭伯雄就被調入一六四團機關任職，在政治處宣傳股當幹事；八個月後，轉到一六四團司令部，任參謀。也就是說，在「提幹」後剛一年的時間，郭伯雄已經升到了正連職軍官。而在其後的二十多年間，他一直都在軍中的作戰訓練部門任職，並曾參加了中印戰爭。

　　一九七〇年，郭伯雄被提拔為一六四團作訓股股長（副營級軍官）；九個月後，進入第十九軍軍部，任作訓處參謀（正營級軍官）。此後十年，他被逐步提升，相繼出任第

十九軍作訓處副處長（正團級軍官）、處長（副師級軍官）。一九八一年，回到他剛入伍時待過的第五十五師，任師參謀長；一九八三年，升任第十九軍的參謀長。一九八五年，中國人民解放軍進行整編工作，陸軍第十九軍的編制被取消。很幸運，郭伯雄不僅沒有被勒令「轉業」到地方；反而進入蘭州軍區，出任軍區副參謀長。

誰是郭伯雄的伯樂

一九九〇年四月，任解放軍總參謀長的傅全有調任蘭州軍區司令員，他看中了這個看上去憨厚的農家子弟，兩個月後，郭伯雄獲重用，被安排出任蘭州軍區下轄的野戰縱隊——第四十七集團軍的軍長，時年四十八歲。一九九二年十月，在傅全有升任解放軍總後勤部部長，並在中共十四大上進入中央軍委後，曾在其手下工作過的一些蘭州軍區的將領，隨之受到重用；其中，郭伯雄就在一九九三年調升北京軍區副司令員。一九九七年，在中共十五大召開前，郭伯雄被調回蘭州軍區，並晉升為軍區司令。

兩年後的一九九九年九月，在中共十五屆四中全會上，

徐才厚之死

除了胡錦濤被增補為中共中央軍委副主席外；郭伯雄亦被增補為中共中央軍委委員。就在當月，郭伯雄又晉升中國人民解放軍上將軍銜，並出任解放軍常務副總參謀長。

二〇〇二年十一月中共十六屆一中全會上，已經從戎四十載，剛剛步入花甲之年的郭伯雄，當選為第十六屆中共中央政治局委員、中共中央軍委副主席；並在次年三月當選中華人民共和國中央軍事委員會副主席；成為中國人民解放軍的最高領導人之一。二〇〇七年十月，在中共十七屆一中全會上，郭伯雄繼續當選為中央政治局委員以及中共中央軍委副主席。

郭伯雄作秀一流

郭伯雄經常喜歡下連隊「蹲點」，不僅搞得部隊官兵手足無措，也搞得同級將領側目而視。

一九九七年七月初，時任蘭州軍區某軍軍長郭伯雄，收拾行囊、打起背包，由一名參謀陪同，又到駐陝西省蒲城縣某師炮兵團三營八連蹲點，據當時的軍報報道，他以普通一兵的身份與戰士一道，摸爬滾打，正常訓練。八連連長王龍海

（現任職江蘇省大豐市民政局）與郭伯雄相處整整八天，至今對首長的「為人師表」，贊嘆不已。回首這段往事時，他記憶猶新，如數家珍。

據報道，蘭州軍區某師炮兵團在全師、全軍一直大名鼎鼎，團長劉國鋒任勞任怨，當年在團長崗位上已連續幹了十年，一直以刻苦認真、踏實務實、事業為重著稱。時任連長的王龍海自一九八一年入伍後，愛軍習武、勤奮學習、刻苦訓練，一九八五年在越南老山前線戰鬥中擔任排長時英勇奮戰，屢立戰功。回到後方後，不居功自傲，仍以普通一兵嚴格要求自己，尤其是一九九一年後擔任八連連長期間，帶領全連官兵參加軍裏的軍事大比武，多次力挫群雄奪得桂冠。劉團長認為，讓首長選擇這樣的基層連隊蹲點最為合適，能夠使首長直接掌握基層第一手資料，準確了解基層官兵的思想動態，了解基層官兵對上級機關和首長的要求與期盼，為部隊科學決策提供依據。

據王龍海回憶，郭伯雄來到八連，只帶了換身衣服、生活用品和學習用品，可謂輕裝上陣，他就住在連長、指導員隔壁，與戰士們的宿舍緊密相連，他每天六點聽到軍號聲後和參謀立即起牀，起牀後搞好個人衛生，立即跑步進入操場插入戰士隊伍中進行隊列訓練和跑步。早操後吃早飯，早飯

255

徐才厚之死

後自己洗衣服,戰士們搶著要為他洗衣服,都被他婉言謝絕了。飲食上,他入鄉隨俗,連隊有什麼吃什麼,從不搞特殊化。他從不接受任何單位和個人的宴請,也從來不叫食堂為他開小竈和加菜。只是到了周末小會餐時,與官兵們一起包餃子,親手做幾碟小菜,邊吃邊敘敘戰友之情。

到了每天軍事訓練的時間,官兵們看到,郭軍長身著迷彩服、頭戴貝蕾帽、腰系皮帶、腳蹬作戰鞋,按時趕到指揮排進行無線和有線指揮系統操作,與操作能手切磋技藝,探討指揮系統的改進意見。他在參加訓練的同時,還抽出時間為戰士執勤站崗,到夥房幫廚。

郭對陪同人員說:「我也是從農村來入伍的,什麼苦都可以吃,請你們放心!」有熟悉郭伯雄的軍方人士透露,郭經常搞這種「親民秀」以博取上級的眼球,而且每次都做得十分逼真。

一九九八年十月,已擔任蘭州軍區司令員的郭伯雄,再次來到他當時蹲點的炮團三營八連看望全體官兵,給大家打氣助威。可部隊整編,他蹲點的連隊面臨解散,一些官兵說,郭伯雄不來還好,來了連個番號也保不住了。當時,郭與官兵們一一握手,最後合影留念。他還不住給大家打氣,

說：「這是部隊建設的需要，我也捨不得讓大家分開，但不要怕，金子在哪裏都可以發光的，希望你們再接再厲，保持八連的好作風，到新的單位後取得更加優異的成績。」

一年後的一九九九年十月，王龍海從營長的崗位上轉業到江蘇省大豐市民政局工作。當如今他獲悉老首長被抓的消息，連呼了三個「不可能」。

為江澤民午睡站崗連升四級

江澤民從一九八九年至二○○四年任內十一年，一共八次晉升上將，共七十九人。郭伯雄升上將就是其中據有代表性的一例。

江澤民當政十三年，胡掌權後，依然江前胡後了幾年，盡管胡錦濤在軍隊裏換掉幾個江系人馬，但在軍委會裏，真正掌實權的還是江提拔的軍委副主席郭伯雄和徐才厚。

十六屆軍委副主席共三人，國防部長曹剛川排在軍委副主席的第二位，郭伯雄排第一，徐才厚排第三。十七屆，胡要把習近平提拔當軍委副主席，但由於江澤民、郭伯雄堅決反對，才只好作罷。後來軍委副主席就變成二人，郭伯雄和徐

徐才厚之死

才厚。這倆人都是江當政時提拔的,尤其是郭伯雄,不聽胡的意見,而聽江的指揮。某些部隊是胡調動不了的,只有郭伯雄(實質是江澤民)才支使得動。

據有關報道稱,郭伯雄升官的秘訣就是幹面子活兒,緊拍江澤民。一九九二年郭伯雄還是四十七軍軍長,少將軍銜。九十年代初的一天,江澤民到陝西視察,順便去了四十七軍。江中午飽餐後要睡個午覺,郭伯雄一看機會難得,趕緊把戰士轟走,親自在門外站崗。江澤民一覺睡了兩個鐘頭,郭伯雄在外面連廁所也不敢去,怕江隨時醒來,功虧一簣。江睡醒後一推門,猛然看見一衛兵筆挺地立在門前,甚為滿意,但也有些奇怪,這兵咋這麼老啊?定睛一看,原來是四十七軍少將軍長郭伯雄。

江澤民沒享受過軍長站崗的待遇,對郭頓生好感。一九九二年郭伯雄還是四十七軍軍長,僅僅十一年,他連跳四大級,成為軍委第一副主席,僅在胡錦濤之下,讓老軍頭、老將軍們憤憤不平,遭知道內情的人鄙夷斥罵。

第十章

「小圈子」完勝「大老虎」

丁薛祥：「總統」軍師

習近平以總書記的身份執掌中國已一年又半，其間，黨政軍大員調動頻頻，人事基本盤已定。但除了中央部委以及地方省委書記、省長這一群體外，另有一群官員值得外界關註——他們就是圍繞在習近平和整個中央決策層周圍的「智囊」們。這群人遠不如一般高官那樣受人關註，他們隱身幕後，低調行事，但卻把控著中央辦公廳、總書記辦公室、國家主席辦公室、中央政策研究室、中央編譯局等重要機構，為最高權力核心出謀劃策，提供治國方略，其政治能量完全可以影響整個政壇。這其中就包括總書記辦公室主任丁薛祥。

二〇一三年七月二十一日至二十三日，習近平奔赴湖北，進行其上任後的第五次地方考察，在當地調研全面深化改革問題和當前經濟運行情況。七月二十四日《湖北日報》刊文稱，「中央辦公廳副主任、總書記辦公室主任丁薛祥陪同考察」。這是官方首次披露丁薛祥已兼任總書記辦公室主任的消息。

習近平辦公室主任丁薛祥

此前的五月十四日至十五日，丁薛祥曾首次以中辦副主任身份陪同習近平考察天津。之後又多次陪同習參加活動。當時就有外媒預判，丁薛祥或將主導國家主席辦公室甚或總書記辦公室。

值得一提的是，同一天的《人民日報》在刊發這篇由新華社發稿的文章時，將有關丁薛祥的文字刪除，僅以「王滬寧、栗戰書等陪同考察」文字見報。而《湖北日報》的文章則詳細透露，「中共中央政治局委員、中央政策研究室主任王滬寧，中共中央政治局委員、中央書記處書記、中央辦公廳主任栗戰書，中央財經領導小組辦公室主任、國家發展和改

徐才厚之死

革委員會副主任劉鶴，財政部部長樓繼偉，中央辦公廳副主任、總書記辦公室主任丁薛祥陪同考察」。

　　總書記辦公室，更多人稱其為「習近平辦公室」（習辦）。作為服務於最高領導人的專設辦公室，其主任一般為副部級官員。公開資料顯示，丁薛祥一九六一年九月出生，江蘇南通人。調任中辦副主任之前，任職上海市委常委、政法委書記。丁薛祥一九八二年畢業於東北重型機械學院（現燕山大學）機械制造系鍛壓工藝及設備專業，畢業後被分配至上海工作。在機械工業部上海材料研究所度過了十七年時光，歷任該所研究員、辦公室副主任、團委書記，辦公室主任；一九九四年，升任上海材料研究所副所長；一九九六年，任所長。在此期間，他還獲得理學碩士學位，並擁有高級工程師（教授級）職稱。

　　一九九九年，三十七歲的丁薛祥正式步入政界，於當年十月出任上海市科委副主任。此後，他一直在上海市黨政機關任職：歷任閘北區委副書記、代區長、區長，市委組織部副部長兼市人事局局長。

　　二〇〇六年九月，原中央政治局委員、上海市委書記陳良宇因腐敗倒臺後，同年十一月，丁薛祥調任上海市委副秘

書長、市委辦公廳主任。二〇〇七年三月，習近平空降上海任市委書記，兩個月後，丁薛祥躍升為上海市委常委、市委秘書長，進入省部級高官行列。

丁薛祥在習近平主政上海期間扮演著「大秘」的角色，但兩人在上海的共事時間其實只有短短七個月。二〇〇七年十月的中共十七大上，習近平當選中央政治局常委，而丁薛祥職務一直未變，直到二〇一二年五月改任上海市委政法委書記。

外媒引述上海的知情人士稱，丁薛祥協助習在人事布局上掃除了陳良宇的勢力，很快穩住了上海的局面，完成「一把手」易人之後的平穩過渡。其間，丁的沉穩、低調和果斷給習近平留下了深刻印象，很快成為習的左膀右臂。習近平調任中央後，就有將丁薛祥調往身邊任職的初步想法。

由於踏實、廉潔、辦事能力強，不搶風頭的工作風格，在俞正聲接替習近平出任上海市委書記後，丁薛祥繼續被委以重任，他也不負眾望很好地協助俞正聲展開各項工作，直至俞進入政治局常委序列。

分析人士表示，丁薛祥堪稱「福將」，成功輔佐了三任上海市委書記（包括現任中央政治局委員、上海市委書記韓

正），協助他們分別成為黨和國家領導人，其政治立場和工作業務領域已被眾多高層廣泛認可。

在丁薛祥二〇一三年五月調任中辦副主任兼總書記辦公室主任後，有外媒甚至還援引知情人士稱，丁薛祥或是作為下一任中辦主任的重要候選人加以提拔和培養的，並將「長期輔佐習近平」。

有分析人士指出，因為現任中辦主任栗戰書二〇一四年已經六十三歲，這意味著他在十九大後勢必將退下該崗位。誰能接替栗戰書擔任中辦主任之職，成為值得觀察的一項重要人事動向。目前中辦領導層是一正三副配置，另兩名副主任中：陳世炬原為胡錦濤辦公室主任；二〇一〇年十月出任該職的王仲田，則是中央黨校出身的學者型官員。相形之下，資歷更深厚、頗受習近平器重的丁薛祥競爭力不言而喻，未來成為「政壇黑馬」也當屬意料之中。

朱國鋒：「習近平團隊」隱身人

除了丁薛祥之外，人們對習近平的「首席大秘」究竟是誰一直充滿興趣。因為，這個人因為幾乎天天跟著習近平，

被認為是具有「通天之路」的人。

　　據北京的中國問題專家了解，目前唯一以「習近平秘書」身份公開亮相的是朱國鋒。二〇一三年四月博鰲亞洲論壇期間，在一次習近平與外國政要會晤時，一個面容瘦削、戴著眼鏡、文質彬彬的官員一直陪同在座。銘牌上顯示他的姓名和職位「ZHU GUOFENG/Secretary to President Xijinping」，即「朱國鋒/習近平主席秘書」。這個場景也在央視的報道畫面中出現。這是習近平成為中國新一代最高領導人之後，其貼身工作人員的職務和姓名首度公開出現在官方媒體上。

　　人們對朱國鋒所知不多，只知道他畢業於北京大學，平時一向為人低調，行事作風很像習近平。不過，朱國峰剛一露面，便遭大陸媒體管理部門封殺。在朱國鋒的相關訊息出現後，大陸各大網站都進行了轉載。網易新聞的標題是《朱國鋒任習近平主席秘書》，騰訊網的標題是《習近平主席秘書朱國鋒亮相博鰲論壇》，可是網站轉載不到一個小時，這條消息就被莫名其妙地刪除了。有網友戲言道：「剛當上習總秘書，就變成中宣部的刀下鬼了。」一般認為，這是習近平個人的意思，希望大家不要拿他的「身邊人」來炒作。

西方的政治分析家發現，習近平的主要核心成員主要有王滬寧、栗戰書、丁薛祥、朱國鋒為主，從二〇一二年十二月習近平到廣東展開上位後的首次地方考察調研，到二〇一三年上半年他接任國家主席後首次外訪俄羅斯、非洲諸國，以至之後頻頻亮美國和歐洲等相世界各地，這個「習近平團隊」核心成員一直跟著，

另外，習身邊還有緊密層的幕僚，比如楊潔篪以及王毅，另有國家發改委主任徐紹史、商務部長高虎城、中央黨校常務副校長何毅亭等。

蔡奇：嫡系進京護主

二〇一四年三月二十八日，浙江省人大常委會決定免去常務副省長蔡奇的常務副省長職務。大陸新浪微博用戶「汪帥粉絲團」發表消息稱，蔡奇或將上調中央，擔任中央網絡安全和信息化領導小組辦公室專職副主任。不過，有觀察分析，蔡奇並沒有宣傳系統的經驗，難以證實其是否將擔任該職務。一名接近中組部的消息來源說，習近平這回是親自點將，讓蔡返京擔任中央國家安全委員會（國安委）辦公室專

職副主任一職，雖然官升半級，成為正部級，但權力卻大了不少。

生於一九五五年十二月的蔡奇是福建尤溪人，當過知青，畢業於福建師範大學政教系，畢業後長期在省委辦公廳工作，一九八〇年至二〇〇二年期間，習近平在福建任職十七年，其中十四年蔡奇不是在省委辦公廳工作，就是在福建三明市任職，在習近平出掌浙江前兩年，蔡奇又先到浙江衢州市任職，兩人之後又在浙江共事四年多。而自從習近平上調中央後，蔡奇仕途亦不斷上升。此次調升，距他出任浙江常務副省長僅四個月。

據香港《明報》報道，由於蔡奇曾長期在福建、浙江任職，其經歷與國家主席習近平多有重合，而國安委主席又由習近平兼任，蔡奇的此番調動相信是由習本人圈定，他於是成為又一名出掌中樞要津的習近平親信。

一九八三年九月蔡進入福建省委辦公廳工作，為一般幹部。兩年後的一九八五年八月，任辦公廳綜合處副處長。一九八五年習近平南下福建，出任中共廈門市委常委、常務副市長。一九八七年，三十二歲的省委辦公廳綜合處副處長蔡奇被選中，擔任省委書記秘書，官至正處級。一九九一年

徐才厚之死

二月，在正處級秘書崗位上歷練了近四年的蔡奇，兼任福建省委政改辦副主任，官至副廳。一年後福建省委政改辦撤消，蔡奇轉而兼任新成立的福建省黨建辦副主任。在此期間，他的主要工作還是省委書記第一秘書。

　　一九九四年至一九九六年的兩年間，蔡奇以省委辦公廳副主任身份掛職擔任三明市委副書記，開始了他的地方工作經歷。一九九六年九月，已在省級機關任職十三年的蔡奇被省委正式任命為三明市委副書記，一年多後旋即升任三明市市長。四十二歲的蔡奇成為福建省最年輕的正廳級領導幹部之一。當時習近平為福建省委副書記。有目擊者說，有次及習近平去三明視察，兩人在一個小房間一聊就是兩個半小時，被人為何習個人有「私交」。

　　一九九九年五月，蔡奇跨省交流到浙江，任職衢州市市長。三個月後，習近平開始擔任福建省代省長、省長。到了二〇〇二年十月，習近平轉任浙江省副省長、代省長，十一月任中共浙江省委書記，蔡奇正式成為習近平直屬下級。二〇〇四年四月在浙江省新一輪領導幹部調整中，蔡奇被調任臺州市委書記。媒體報道稱，作為地方大吏，他積極響應省委書記習近平提出的「八八戰略」，深入實施工業立市和借力發展兩大措施，為努力實現衢州經濟社會跨越式發展

習近平親信蔡奇

奠定了基礎。所謂「八八戰略」，是習近平主政浙江時提出的「進一步發揮八個方面的優勢、推進八個方面的舉措」的施政規劃。

二〇〇七年一月底，經過習的拔擢，蔡奇出任杭州市委副書記，接著又出任杭州市排名第一的副市長。兩個月後，蔡奇正式當選杭州市市長，官至副省級。此時的習近平已走馬上任中共上海市委書記，接替因上海社保案暫時代理市委書記一職的副書記兼市長韓正。二〇一〇年開始，蔡奇擔任中共浙江省委常委、組織部長。

觀察家注意到，蔡和習兩人從福建一路浙江再到中央，

雖外界看起來並不發現他們之間有緊密關係，但據來自中共組織部的消息，習對蔡十分看重，多次要讓他擔任具體要職，這次調其返京，屬於意料之中。

陳希：既是同窗又是耳目

二〇一三年四月底，習近平一口氣，又完成了兩項非常重要的人事任命，一是安排陳希出任中組部常務副部長；二是任命王偉光接替因為年齡原因退位的陳奎元的中國社會科學院院長兼黨組書記職務。因為陳希當年在清華大學當工農兵學員時是習近平的同窗，所以他的職務更新頗受外界關註，被輿論一致認為是習近平「內舉不避親」，而同時被任命為社會科學院長的王偉光反而沒有得到外界應有的關註。外界特別註意的是，陳希不但因為是習近平當年的清華同窗，而且陳希掌管清華大學期間，習近平獲得了頗受爭議的博士學位。

習近平是在一九九八到二〇〇二年間，在清華大學人文社會學院馬克思主義理論與思想政治教育專業在職研究生班學習的，並獲得了法學博士學位，而陳希則是在美國斯坦

陳希出任中組部常務副部長

福大學做了兩年訪問學者後於一九九三年開始擔任清華大學黨委副書記。習近平在職讀博開始的那一年，陳希被晉升半格，成為清華大學黨委常務副書記，習近平完成在職讀博的二〇〇二年，陳希被晉升清華大學黨委書記，官至副部長級。陳的這些提拔經歷，和習關係不很明顯。

但據熟知習和陳關係的人士披露，習近平和陳希之間兄弟和政治情誼的一個最重要情節是當年在清華大學擔任學生黨支部書記的習近平，就是陳希的入黨介紹人之一。所以說，陳希與習近平之間既是同窗，更是同黨。陳希一九七八年入黨，一九七九年三月與習同時離開清華校門，被安排回到

徐才厚之死

自己原籍福建省的一所大學任教。當年夏天,陳希即考取清華研究生,回京報到後的第一件事情就是拜訪已經在軍委辦公廳穿上了四個兜兒的軍裝的習近平。

二〇〇七年習近平在中共十七大上被安排進入政治局常委會擔任王儲職務之後,至少清華大學黨委內部人人都明白陳希再不會滿足於區區一個清華黨委書記的職務了。果不其然,習近平進入政治局常委會分管中央組織工作剛滿一年,陳希即升任國務院教育部副部長兼黨組副書記。在此位置上不足兩年當時,習近平又於二〇一〇年九月安排陳希外放遼寧,以省委副書記職務為晉升正省部級熱身。二〇一一年四月,也就是陳希在遼寧省委副書記位置上滿打滿算才坐了七個月的時間,習近平又下令調陳希回京,接替鄧小平次女鄧楠的中國科協黨組書記、副主席和書記處第一書記職務,鄧楠的離任完全是因為年齡原因,當時已經是在超齡服役。

不過,如果把習近平安排陳希接掌中國科協黨組的目的也理解成政治犒賞的話,那就太小看習近平的「氣量」和「眼量」了。當時的習近平和陳希一樣明白,如果趕在中共十八大召開之前安排陳希就地晉升遼寧省委書記或者省長的話,肯定會遭到地方幹部的強烈反彈,以李鵬的兒子李小鵬為例,當年此公自己要求放棄副部長級待遇的華能集團董

事長職務,外放能源大省棄商從政後,中組部給這位前總理
公子的最好待遇也不過是山西省省委常委和副省長,兩年之
後才又升格為常務副省長。在中共十八大上,李小鵬只能以
副省長身份被提名中央候補委員候選人。雖然十八大之後中
共高層還是要對李小鵬進行逆勢提拔,強行安排為代省長不
久即成為正式省長,但從副省長到正省長的整個過程也還是
花去了將近五年的時間。

依此為例,假如陳希在遼寧省委副書記的職位上久留
的話,大概也只能和李小鵬一樣,在十八大上被提名一屆中
央候補委員。所以習近平才為陳希安排了能夠在十八大上順
利當選中央委員的政治捷徑。當年陳希雖然與習近平一樣都
是不需要經過正式高考就可以進入大學的工農兵學員,但他
的研究生學歷確實是實打實的,況且美國斯坦福大學的兩
年訪問學者資歷確實也不是編造出來的。也再加清華大學
黨委書記和國家教育部副部長的任職資歷,讓他以科協黨
組書記身份進入十八屆中央委員候選人名單,被差額掉的可
能性自然不大。

事後看來,當初讓這位陳希擔任一段時間的科協黨組
書記,最重要的目的就是要讓他順利進入十八屆中央委員序
列,如果不能進入十八屆中委的話,強行安排出任中組部常

務副部長肯定會在黨內遭致強烈非議。毫無疑問，胡錦濤在位時的先後兩任中組部常務副部長趙洪祝和沈躍躍分別在十八大和十八大之後晉升副國級都是十八大之前胡錦濤和習近平之間達成一致的政治犒賞內容之一，而待沈躍躍出任全國人大副委員長之後，其中組部常務副部長的繼任人是誰，肯定也是籌備十八大的過程中即已經確定的重要人事選項之一。

一般預料，習近平在進一步重用自己這位同窗加同黨的同時，也已經為他預設好了副國級待遇的未來。前有趙洪祝，後有沈躍躍，中組部常務副部長必然會有副國級待遇的政治未來，已經是中共高層政壇的組織「慣例」了。

鐘紹軍：真正的貼身大秘

習近平的貼身大秘鐘紹軍，從浙江到上海，再從上海到北京，一直跟著習的只有一個人，就是鐘紹軍。因此，有北京官場人士預測，其未來角色將會像江澤民執政時期的賈廷安，胡錦濤執政時期的令計劃。目前擔任軍委辦公廳副主任的鐘已經被習封了個大校軍銜，突擊繼續提拔為少將也指日

可待了。

　　鐘是衢州開化縣人，二〇一三年六月，央視新聞聯播在播出習近平赴酒泉衛星發射中心觀看神十發射時，畫面顯示，從浙江到上海再到北京一路追隨習近平的鐘紹軍身著大校軍裝公開露面。據稱其已空降中央軍委辦公廳，助習掌軍。

　　鐘紹軍之所以被賦予「助習掌軍」的使命，是源於其和習近平頗深的淵源。據傳，習近平到浙江上任後，鐘紹軍是省委組織部排名靠後的副部長。曾在浙江省任職的人士稱，此前，鐘紹軍曾是省委組織部的副處級幹部，在剛剛晉升為政治局委員的張德江主政浙江時期，很快獲得提升。二〇〇七年，習近平調任上海市委書記時，鐘也跟隨去了上海，任市委辦公廳副主任；當年秋天習近平晉升政治局常委，又將鐘帶入中南海，一直在「習辦」工作。可以說，從浙江到上海再到北京，鐘紹軍是一路緊跟習近平。也正因為這種緊密的關係，習近平上臺後，外界一直猜疑鐘紹軍可能會是習近平真正的貼身大秘書。

　　鐘紹軍為人處事低調，其真實背景和經歷並不被外界所知。但自鐘紹軍大校軍銜曝光後，外界對其在習班子的大

徐才厚之死

秘角色則更加肯定。有分析認為，鐘紹軍即使穿上軍裝也是以習的軍委主席公室主管身分監軍，「空降中央軍委辦公廳」，應是軍委辦公廳接受主席辦公室領導。鐘紹軍未來可能擔任鄧小平時代王瑞林這樣的角色。

二〇〇七年三月，在陳良宇落馬後，習近平調任上海市委書記，並成為中共第五代的領跑者。習近平空降上海，來得非常突然，幾乎沒有任何先兆。三月二十三日上午，寧波國家高新技術產業開發區揭牌，習近平委託秘書鐘紹軍，以浙江省委書記的身份給揭牌儀式發去了賀信，寄語寧波國家高新技術開發區「鯤鵬展翅搏長天」，並稱該高新區的成功升級對於「促進（浙江）經濟又好又快發展」必將起到重要作用。浙江省政府一位官員稱，「這是習近平作為浙江省委書記最後的公務活動。」而代表其前來正是他的秘書。

當天下午，上海高層官員陸續收到通知，第二天要召開緊急會議。此時，關於習近平要出任上海市委書記的消息就開始小範圍傳播。第二天，新華社證實了這個消息，上海市召開黨政負責幹部大會，習近平走馬上任。

習近平帶著鐘紹軍上任後，暫住在西郊賓館。據說，此後，上海市有關方面，為習近平安排了一幢八百多平方米的

英式三層獨立花園洋房，但遭習拒絕。當時，上海市委還從市政府外辦調撥一輛奔馳四〇〇〇型轎車、一輛凌志轎車，作為習近平和秘書鐘紹軍的專車，也被習拒絕，全部換成了國產車。據說，這些都是鐘的主意。

剛到上海時，鐘紹軍數次陪習近平「微服出訪」，一度令上海官場比較緊張。此後，只要習近平公開露面，當地媒體都會在報導後面寫上「隨行的還有市委辦公廳副主任鐘紹軍」等字樣。如果習近平沒有參加一些活動，則委託鐘紹軍寫信。

如二〇〇七年四月二十七日，習近平委託鐘紹軍給上海百老講師團全體同志寫的信：「你們離退休後不辭辛勞，滿腔熱忱地幫助青少年健康成長，為培養造就社會主義事業接班人作出了積極貢獻，令人尊敬和欽佩。老同志們的精神人生是我們黨領導人民進行革命、建設和改革的生動寫照，是培養教育下一代的珍貴素材。希望叢書能夠早日付梓出版，成為廣大青少年的良師益友。」

中共十七大後，已當上王儲的習近平於二〇〇七年十二月告別上海，又是帶著自己的心腹秘書鐘紹軍北上，準備開始全面接班。當時，習近平的頭銜有中央政治局常委、中央

書記處書記，中央黨校校長等，鐘紹軍也職務也跟著水漲船高，擔任習近平辦公室主任，並兼任兼任辦公廳調研室政治組組長。

剛調到北京不久，鐘紹軍便開始報考清華大學人文社會學院的博士研究生。習近平曾在清華當了三年工農兵學員，而後又在清華拿到了博士文憑，這些都跟他的同窗好友、曾擔任過清華大學黨委書記的陳希有關。因此，鐘紹軍能進清華攻勢博士學位，理應也是借助於陳希的關係。

不管怎樣的推測，在外界眼中，鐘紹軍儼然成為習與軍隊的主要紐帶。對信奉「槍桿子裏出政權」的中共來說，不是自己的心腹又怎能擔此大任？只是，目前仍是校官的鐘紹軍還發揮不了太大的作用，因此這次將其提到軍長級別的少將頭銜也在情理之中。

高官都有「小圈子」

中共的官吏制度基本沿襲了封建社會宦官治國的糟粕，導致和領導有交情的「身邊人」先成為輔佐和耳目，之後成為一方的重臣，而且跟著首長一跟就是十多年。

按照中南海的慣例，「大秘」多為專職出身，且跟隨領導人多年。比如溫家寶辦公室主任丘小雄，一九八二年就進入中辦，和溫長期共事。一九九五年開始擔任其秘書，二〇〇三年任總理辦公室主任，前後長達十六年；更早的總理朱鎔基，其辦公室主任李偉一九九八年起給時任上海市市長的朱當秘書，跟隨他前後也達十五年。

胡錦濤和江澤民兩任總書記辦公室主任，跟隨領導人的時間更久，原胡錦濤辦公室主任陳世炬，在胡擔任貴州省委書記的一九八六年出任貴州省委辦公廳秘書，此後跟隨胡從貴州到西藏，再入中央；而原江澤民辦公室主任賈廷安，一九八五年大學畢業後就出任時任電子工業部第一副部長江澤民的秘書。

也有略微例外的，比如二〇一三年六月擔任李克強辦公室的主任石剛。石剛一九五八年九月出生，安徽桐城市人，先後獲得過中國科技大學工學學士學位和上海交通大學管理學院的工學碩士學位。一九八六年開始在國家信息中心經濟預測部工作，主要從事經濟預測與分析。此前還曾擔任過國家發改委國民經濟綜合司司長。這位新任總理「大秘」，就其簡歷而言，幾乎看不到與李克強的交集。不過，兩個人都是安徽人，這是唯一共同點。

徐才厚之死

據中組部的消息來源，其實，石剛和李克強交情匪淺，李克強之前的分管領域，石剛與他也有頗多工作交集。二〇〇九年，時任副總理的李克強受命牽頭負責制定「十二五」規劃。而石剛作為發改委負責編制經濟計劃的綜合司司長，正是參與的核心人物之一。自李克強擔任總理以來，石剛也陪其出席了多個外事、調研等活動。

隨著石剛正式兼任總理辦公室主任，有香港媒體分析稱，顯然，李克強對這位學者型官員應該非常賞識；另外，石剛是來自經濟部委的技術官員，而非此前慣例——辦公廳專職秘書人員，或可見李克強對經濟能力的重視。

目前，從中央到地方，中共有著一套完整的秘書體系。在中央層面，黨的高層官員由中央辦公廳負責，國務院高層領導則由國務院辦公廳負責。此外還有為國家主席（總書記）、總理設立的專門辦公室，負責具體服務工作。這類專設辦公室並非只存在於領導人在職期間。

作為最貼近高層領導身邊的人，種種歷練對這些「身邊人」此後的仕途長跑大有好處。在領導人卸任後，他們往往會擔任「實職」。現今省部級高官中，不少人都有過秘書經歷。

比如，二〇一三年七月二十七日，江西省第十二屆人大常

委會決定任命李炳軍為江西省副省長。這則看似平常的人事消息，卻引起不少人關註。這是因為李炳軍有著「特殊」的身份，他曾任朱鎔基卸任後的辦公室主任。官方簡歷顯示，李炳軍為山東臨朐人，曾在國務院辦公廳秘書局工作，後任國務院辦公廳副部級秘書、朱鎔基辦公室主任。他還是《朱鎔基答記者問》等著作的總協調人。

朱鎔基總理任上的辦公室主任李偉，則在二○○三年朱鎔基卸任時，調任銀監會副主席，兩年後調任國資委副主任，現在是國務院發展研究中心主任，正部級。

溫家寶辦公室主任丘小雄二○一一年五月任國稅總局副局長。丘轉任之後，國務院副秘書長項兆倫接替其職。二○一三年四月，項出任文化部副部長。江澤民辦公室主任賈廷安，二○○三年起出任中央軍委辦公廳主任，二○○七年調任總政治部副主任，並於二○一一年六月晉升為上將軍銜。

據中組部的消息來源，其余卸任政治局常委「大秘」出任要職的包括：原吳邦國辦公室主任孫偉，二○一一年三月出任山東省委常委、副省長；原賈慶林辦公室主任仝廣成，二○一三年七月出任全國政協機關黨組副書記、紀檢組組長、副秘書長；原李長春辦公室主任張江，在二○○八年九月

徐才厚之死

本台记者 李梦琦 上饶县台 郑军 广丰台
副省长李炳军在我市调研

朱鎔基秘書李炳軍出任江西省副省長

調任遼寧省委宣傳部長、省委常委後,二〇一三年七月任中國社科院副院長。此外,賀國強任職重慶時的秘書淩月明,二〇一三年七月出任重慶市委常委,此前他曾擔任任重慶市副市長、兩江新區黨工委書記。

「二號首長」治國也是腐敗

習近平大量重用舊臣親信,被一些中國問題觀察家認為,也是一種「腐敗」。用一種腐敗去反對另外一種腐敗,其

實是一種更嚴重的腐敗，習近平顯然無法免俗。

有北京的中國問題專家指出，在中國，官員秘書被稱為「二號首長」。秘書在提拔升遷中有優勢，與秘書的崗位特點有關。秘書一般屬於辦公廳或辦公室的編制，這裏是行政運轉的樞紐和行政信息的聚會點。秘書服務的對象是領導，領導往往就是權力和決策中心。秘書一般由領導親自挑選，而且因屬於領導「身邊人」自然備受信任；可以處理領導大大小小的事務，使其手中被賦予很多無形的權力。由於中國官場由上至下的權力結構特點，領導與其秘書往往是「利益共同體」的關係，常幫領導辦理他本人不合適辦理的事情，並隨領導提拔而一起高升。縱觀大陸近年來官員腐敗案，從原中共上海市委原書記陳良宇的秘書秦裕腐敗案，到薄熙來秘書吳文康案以及周永康四大秘書落馬案，都是「拔出蘿蔔帶出泥」。

一些省級官員的秘書更加瘋狂，「河北第一秘」李真，迄今仍然是這些腐敗的「秘書黨」們難以逾越的「高峰」，在擔任原河北省委書記程維高的秘書期間，他甚至有了「第二書記」的稱號，他寫個條子或者說句話，就能決定當地官場的人事任免，「秘書的權力運作」，在李真身上幾乎發展到了極致。

徐才厚之死

二〇一四年四月二十四日四月二十四日,大陸中國社科院法治國情調研室主任田禾在接受采訪時候認為,秘書參與具體政務、代行官員權力、涉及權錢交易,與官員結成利益共同體,借助曾為高官出謀劃策,進軍仕途,占據要位;利用手中海量資源和公權力、話語權,為個人謀利等,已經非常嚴重。因為往往要顧及首長的面子,現今的制度對秘書的行為缺乏有效監管。此外,不少下層官員希望借討好秘書得到升遷機會,因此對於秘書幹政的行為不敢也不願意表示不滿。這種放任的態度,導致貪圖私利的秘書,有更多的機會代領導行使權力,甚至行使腐敗行為,已到了非治不可的時候。

田禾認為,反腐敗工作的一個重點是規範人事任免問題,應建立用人責任倒查機制,嚴懲領導幹部違規配秘書。

據熟悉大陸幹部管理工作的人士介紹,根據中共的規定,只有副省級以上幹部才可配備專職秘書。但是事實上,在中國因沒有明確條文要求省部級以下領導不得配備專職秘書,所以很多縣處級單位也跟風為領導配備專職秘書。市級領導更是配備秘書成風。

二〇一四年三月份,山東曲阜市出臺新規:所有市級領

導幹部一律取消秘書配備，其事務性活動由各辦公室統一協調安排。其中，包括曲阜市委書記、市長在內的十位市級領導秘書配備取消。而這一做法是否會在大陸各地推廣開來，是否會真正得到落實，則有待觀察。

四月二十四日，《人民日報》刊發了習近平的一片上世紀九十年代的舊稿，題目是《秘書工作的風範——與地縣辦公室幹部談心》，習提到，秘書不能認為「機關牌子大、領導靠山硬」而有所依仗、有恃無恐，更不允許濫用領導和辦公室的名義謀取個人私利。」「要克服優越感，堅決防止對基層幹部群眾盛氣凌人、態度傲慢、頤指氣使、發號施令的現象。」有政治觀察家指出，這些話，不知道是說給別人的「秘書幫」聽的，還是自己的「秘書圈」聽的。一些分析家認為，習近平這樣冠冕堂皇說幾句，主要還是為了給自己留條「後路」。

中共體制內反腐專家也對「秘書幫」提出了修理意見。其一要嚴格選人用人機制。堅持公開、公平、公正由組織挑選秘書，堅決反對領導幹部自己挑選秘書或先挑選再「戴帽考察」的現象。特別是在選拔任用高級領導幹部秘書時，應同選拔其他相同級別的幹部一樣執行《黨政領導幹部選拔任用工作暫行條例》，選配領導幹部秘書或從秘書崗位調

徐才厚之死

任實職時，完全應當一視同仁地按黨員幹部標準，按規定的程序選人用人。二要健全監督管理機制。要建立健全對秘書的組織考核、民主評議和測評制度，推行秘書交流、崗位輪換、任職回避等制度，規範民主決策程序，健全監督機制。三是要加強自律。認真執行廉潔從政各項準則和規定，以他律促自律，做到警鐘長鳴，自警、自省、自勵。

有西方中國問題專家說，「二號首長」治國是中共體制長期存在的「瘤子」，不能不指望在習近平當政期間得到消除，相反，極有可能繼續發生「病變」。

第十一章

貪官鬼門關：習王反腐九法

徐才厚之死

一、「向我開炮」法

中紀委官網二〇一四年三月十七日公布了中紀委本身的新版架構圖，根據新的職能調整方案，中紀委除了整合六個、重組兩個內設機構外，還新設了兩個紀檢監察室，一個紀檢監察幹部監督室。尤其是新設的「紀檢監察幹部監督室」，更被認為是習近平和王岐山在反腐敗中，不僅要用一系列大案震懾全黨，還將向「自己人」開刀的強烈信號。

截止二〇一四年四月底，中共有二十六名部省級高官被查處，三月份落馬的山西省委副書記金道銘的履歷中，他長達十一年的紀檢工作經歷成為外界關注的焦點之一。事實上，不僅金道銘，包括在二〇一三年底落馬的四川省政協主席李崇禧也是位在紀檢一線「服役」超過十八年的老將。中紀委反腐打虎不僅「鞭及全黨」還「自曝家醜」，不然難於服人。

有觀察家註意到，在過去，中共對於紀委書記的監督，

除了地方黨委、上級紀委敢監督外，沒有一個同級的機構能監督，而在現行的反腐敗體系中，紀委書記又處於關鍵和核心地位，因此，就出現了一個「平級檢察機關難監督、其他機關更難監督」的局面。在法律法規方面，目前憲法只規定地方人大對「一府兩院」的監督，對紀委書記的監督並未做規定，二〇〇七年一月一日起施行的《監督法》也回避了對黨委及紀委的監督。

北京的反腐敗問題專家強調，十八大之後，中紀委努力擴張辦案機構，掀起反腐浪潮，那麼成立一個專門監督紀委的機構，也屬必然。第一，要取得反腐效果，就要反腐者本身組織有力，忠誠不二，保證執行，不通風報信成為腐敗者的同盟；第二，抓的貪官越來越多，紀委系統的官員也必然越來越有實際上的權威，此時也要嚴明紀律，保證他們明察秋毫但不為害官場，讓官不聊生；第三，要防官之口，讓地方不至於產生「你自己還不幹淨呢」這樣的逆反心理，讓中紀委保持道德和紀律優勢，避免被監督者的反彈。唯有如此，才能讓反腐浪潮繼續保持下去，為治本贏得時間，不至功虧一簣。

有香港媒體指出，中共的反腐盡管花樣百出，但終究還是回避「輿論監督」這個好辦法。大陸媒體曾披露，湖南郴

徐才厚之死

州原紀委書記曾錦春,落馬後在獄中接受采訪時曾表示,對紀委書記最好的監督「還是輿論監督,很有價值,也很有作用。其他監督流於形式,沒有威懾作

有專家表示,在權力監督制度建設上,相對體系內,體系外監督並不完善。按照統計,中共黨內有一百〇二個廉政法規,詳細到對幾菜幾湯的規定。自上而下的紀委監督體系正在建立,比如巡視制度。但是,社會監督的制度建設依然短缺。中共黨內也不斷有人提出,要解決近些年來不斷出現的腐敗窩案現象,必須健全體系外監督,包括公民監督、新聞監督、互聯網監督,特別要做到公開化。這樣才能避免授權者和監督者這些利益相關方串通起來攫取公共利益。

二、網絡反腐法

二〇一四年三月十七日中國青年網發布消息,王岐山在中央紀委監察部網站調研時強調,要「突出紀檢監察特色,架起與群眾溝通橋梁」,更加主動地運用互聯網等新媒體開展紀檢監察工作。中央紀檢監察網由王岐山在二〇一三年九月一手打造,目前,大陸三十個省、區、市和新疆生產建設兵

團、十四個副省級城市紀委、監察廳（局）都已開通官方網站。網絡反腐，成為王岐山反腐的主要特色。

網絡反腐最早起始於民間，二〇〇八年十二月十日，時任南京市江寧區房產局長周久耕因為發表「雷語」，引發「人肉搜索」。後網友發現周久耕抽「九五至尊」香煙，戴「江詩丹頓」手表，親屬涉足地產。十八天後，周久耕被免職。二〇〇九年十月，周被判刑十一年。這一案例的成功，激發網民反腐熱情。民間網絡反腐逐漸形成模式：網友貼出舉報線索，更多網民人肉搜索，傳統媒體跟進，有關部門介入，官員落馬。

中國社會科學院發布報告稱，近三年，每年通過新媒體曝光反腐輿情事件數量已超傳統媒體。但是，中共官方認為，「民間網絡反腐」也呈現出「不可控」的一面。網絡上經常使用的人肉搜索式的反腐模式，容易傷及無辜。於是，王岐山的「全國反腐網」正式登場。

二〇一三年九月三日，新版中紀委網站上線，被稱作網絡反腐的「官方網站」正式亮相。在此之前，中紀委沒有單獨的官網，而所屬的相關網站卻有五個之多。於是，全國從中央到地方，從省市到區縣，從黨政機關到企業院校，紛紛

徐才厚之死

建立了獨立域名的廉政網站，有的建立了廉政網頁，有的設立了廉政專題，還有的在全國知名的門戶網站上開闢廉政文化宣傳窗口。有媒體不完全統計，中國現有的官方廉政網站已超過二百家。

之前，一個普通底層百姓朱瑞峰的「人民監督網」已經一炮走紅，二〇一二年十一月二十日，該網揭露了重慶市一位叫雷政富的區委書記的淫亂調查報道，僅六十六小時後，重慶市委就免去了雷政富職務並展開調查。這一速度刷新了中國貪官從爆料到落馬速度的新記錄。之後，重慶市共有二十一名涉事官員先後被免職和判刑。不過，朱的網站最終還是被大陸有關部門封掉，他自己也一度遠走國外。

北京大學憲法與行政法研究中心主任姜明安在接受大陸《法制晚報》記者采訪時說，網絡反腐的正面作用主要有三：第一，專門機構反腐可能不及人民群眾眼睛「雪亮」；第二，網絡反腐公開、透明，有利於抵制各種勢力對反腐施加壓力；第三，網絡反腐可形成一種「氣勢」，對貪官構成威懾。

在姜明安看來，這不僅是反腐舉報工作的創新，還意味著中紀委正在從「幕後」走向「前臺」，更為透明。

北京航空航天大學廉潔研究與教育中心主任任建明也認為：「官方網絡反腐的優勢在於專業性，民間網絡反腐的優勢是快速、透明和監督性。」

不過，有政治分析家認為，王岐山此舉主要還是和民間網絡爭搶話語權，這樣就可以對貪腐分子起到更強的威懾作用。

三、專項巡視反腐法

在二〇一四年三月十五日舉行的中央巡視工作動員部署會上，王岐山再提「專項巡視」，「要實施組織制度創新，機動靈活開展專項巡視，使之成為高懸的達摩克利斯之劍」。

「專項巡視」最早出現在二〇一四年一月，王岐山在十八屆中紀委三次全會上所作的工作報告中提出，「創新組織制度和方式方法，探索專項巡視」。「專項巡視」為何會成為高懸的達摩克利斯之劍？長期關註反腐問題的大陸學者、北京航空航天大學廉潔教育與研究中心主任任建明認為，二〇一三年，中央巡視采取了「巡視對象不固定」、「巡視組長一次一授權」等新舉措，「專項巡視」也是一項巡視

制度的改革措施。他分析,與常規巡視相比,「專項巡視」的特點在於「問題導向」,針對特定問題、特定領域、特定人員開展巡視,哪個地區或單位問題多,就向該地區或單位派駐巡視組。

據中紀委的消息來源,二〇一三年期間,中央巡視組對二十個地方、部門和企事業單位進行巡視,發現涉嫌違紀違法問題的有價值線索比過去增加很多。原因是多方面的:首先巡視突出重點,改變了過去巡視內容比較寬泛的做法,巡視組組長不固定、巡視地區和單位不固定、巡視組與巡視對象的關係不固定;組建巡視組組長庫、一次一授權,巡視前做實做細做足準備;到領導幹部擔任過一把手的地方「下沉一級」了解情況……中央在改進巡視工作方式方法方面,制定了許多新的舉措。這些創新舉措,收到了很大的效果。

中紀委在總結中稱,自二〇一三年十月第二輪巡視啟動的幾個月中,十個巡視點中,已有二十四名領導幹部被調查,其中包括兩名省級幹部,他們是:山西省人大常委會原副主任金道銘、雲南省原副省長沈培平。其余二十二人均為廳局級及以下官員。王岐山表示,發現「老虎」、「蒼蠅」線索,是中央巡視的主要任務之一。首輪巡視,共發現了廖少華、郭有明、陳柏槐、陳安眾、童名謙、戴春寧六名中管幹部

的違法違紀線索。

不過，中紀委的報告也表示，此前的巡視還是常規巡視，並未針對特定問題、特定領域、特定人員；而且按照常規的做法，一個地區或一個單位巡視一次後，在五年內可能就不再巡視了。這樣的巡視有一定的規律性、計劃性，難免被一些地方或官員鑽空子，在被巡視的時候「嚴格要求自己」，或者多做些「表面文章」，等到巡視組一走，一切又是「外甥打燈籠——照舊（舅）」。

王岐山認為，目前，「專項巡視」雖然還是一個新生事物，沒有現成的經驗，但因為它是在總結當前巡視工作實際情況的基礎上提出來的，符合當前反腐實際。從常規巡視到「專項巡視」，既是巡視工作的一個改革，也是反腐工作的一個進步。

四、殺回馬槍反腐法

王岐山反腐的特色就是花色較為繁雜，他在二〇一四年三月中旬的全國巡視工作會議上，又提出了「殺回馬槍法」開展巡視工作的新辦法。他說，哪個地區或單位問題多，

徐才厚之死

就向該地區或單位派駐巡視組，完全沒有規律可循，上個月巡視過了，只要發現新問題，下一個月還可以再巡視。正如王岐山所說：「我們可以就這一個事、就這一個幹部派一個專項巡視組，把這個問題搞明白。機動靈活，摸不著，突然就來了，我看這個震懾作用很大。」

其實巡視組反腐也不是什麼新東西，早在二〇〇三年中共紀律檢查委員會、中共組織部巡視組正式成立，下設立五個巡視組，標誌著巡視工作進入正式運作階段，二〇〇九年更名為中央巡視組。

中央巡視組實行組長負責制。巡視組組長一般從已離開一線崗位、但尚未年滿七十歲的省部級（正職）官員中選任。從二〇一四年三月中紀委一份內部文件中了解到，第三輪巡視的十名巡視組組長分別為：內蒙古自治區原政協主席陳光林任第一巡視組組長，巡視商務部；中央黨校原常務副校長李景田任第二巡視組組長，巡視新華社；上海市紀委書記楊曉渡任第三巡視組組長，巡視國土資源部；寧夏回族自治區原政協主席項宗西任第四巡視組組長，巡視吉林省；原河南省委書記徐光春任第五巡視組組長，巡視雲南省；河南省政協主席葉冬松任第六巡視組組長，巡視山西省；廣西壯族自治區原政協主席馬鐵山任第七巡視組組長，巡視安

徽省；原遼寧省委書記張文嶽任第八巡視組組長，巡視廣東省；審計署副審計長侯凱任第九巡視組組長，巡視三峽集團；廣西壯族自治區政協主席陳際瓦任第十巡視組組長，巡視湖南省。

　　前兩輪巡視，超半數巡視點都查出腐敗問題。例如，「幹部親友插手工程」等工程腐敗，被查出問題的巡視點多達六個：廣東、湖南、三峽集團、吉林、雲南、安徽。

　　王岐山認為，「巡視發現的問題印證了黨中央對形勢的判斷。重點領域和關鍵環節腐敗問題依然多發，有的地方和部門選人用人問題突出，一些黨組織對反腐敗鬥爭形勢認識不到位」，在中央巡視工作動員部署會上，王岐山對前兩輪巡視總結說，要求三輪巡視堅決防止「四風」反彈，「瞪大眼睛發現問題，不能睜一只眼閉一只眼」。

　　有評論認為，王岐山的巡視工作「殺回馬槍法」將令貪官再無一刻安心，是趕盡殺絕的狠招。如果中央巡視組對一個地方巡視過了，然後齊刷刷「打擊道回府」了，那麼那些有幸「躲過一劫」的貪官，一定會長長地嘆出一口氣，一定會慶幸那是家裏有祖宗「顯靈」救了他。說不定在「如釋重負」之時，會一邊在心中連連默念「阿彌陀佛」，一邊或讓老婆在

家裏炒幾個菜，或幹脆去賓館撮上一頓，以慶賀自己的絕處逢生。只不過現在不行了，只因為王岐山現在有了一把「機動靈活」的「撒手鐗」：殺回馬槍。

有大陸反腐專家對王岐山的這個辦法大家贊賞，認為這種方法有四大優點。其一可以讓貪官防不勝防。搞「突然襲擊」，不讓貪官有「準備」時間。二是此招可以極大地鼓舞人民群眾反腐敗的積極性，可以讓那些本來看著貪官僥幸逃脫心存失望的老百姓，一下子提起精神站起來舉報。三是可以就貪腐問題派一個專項巡視組，體現集中力量打殲滅戰的優勢。其四當「一件事」或「一個幹部」被「一個巡視組」團團圍住時，對方就會無處可逃。

五、「細節」反腐法

二○一三年六月十八日習近平在北京召開的中國共產黨的群眾路線教育實踐活動工作會議上提出反對「四風」（形式主義、官僚主義、享樂主義和奢靡之風）。作為中共整頓黨風以及反腐的總執行機構，反「四風」也成為中紀委二○一三年下半年重要的部署。如何讓「反四風」出現成效，

王岐山自然有一套。

王岐山先從本部門下手，推出了一系列不近情理的措施。二〇一三年五月底，中紀委下發通知，要求全國紀檢監察幹部限期清退收受的會員卡。一位王岐山的老友告訴香港的《鳳凰周刊》一個細節，前些年有個國企老總曾送過一張高爾夫球場榮譽卡給王岐山，王從未用過。王想起此事後，讓秘書翻箱倒櫃找出來給退了回去。該國企的老總接到電話後十分為難：「企業股權都已賣光，沒法退卡。」但是王岐山堅持，無論如何，必須處理掉。

之前，國務院辦公廳轉發了七部門《關於規範商業預付卡管理的意見》，進一步規範商業預付卡管理，出臺了購卡實名登記、非現金購卡、限額發行等一系列制度。

於是，全國上下開始上交各種收到的「會員卡」、「購物卡」。大陸鐵路系統消息人士稱，據不完全統計，僅三個月時間，中國鐵路總公司全路段就收到主動上交錢卡四千五百多萬元，其中有十四個路局達到一百萬元以上，總公司機關黨委有五個直屬機關共收到一百二十多萬元。鐵總紀檢組長安立敏在一次工作會議上，還要求二〇一四年各鐵路公司結合黨的群眾路線教育實踐活動，組織開展一次全面自查自

糾,「一把手」要親自上手抓,務求出實際效果。

不過,有分析人士指,查卡、清卡只是鐵路反腐中的林中一葉。北方交通大學經管學院教授趙堅對一家大陸媒體表示,鐵路系統的腐敗主要發生在物資招標、車皮審批和工程管理上。這位反腐專家說,從近數年來鐵路系統發生的眾多腐敗中我們可以看到:原鐵道部運輸局車輛部副主任劉瑞揚案件暴露出物資采購中觸目驚心的價格虛高問題。呼和浩特局原副局長馬俊飛在一年十個月的時間內,聚斂一點三億人民幣,平均每天進賬二十萬元,凸顯出車皮腐敗之疾已經深入膏肓。他認為,光禁止「現金卡」無法遏阻腐敗,甚至有可能掩蓋更多的問題。

不過,更多的人對王岐山的「細節反腐」表示稱贊,他們認為,月餅、爆竹和購物卡,雖然著力點很小,但是卻是人民群眾看得見、摸得著的腐敗,花氣力殺一殺,確實面貌大變樣。

二〇一三年十一月二十一日,中紀委又把反腐落在了更細微的物品上,該機構下發了《關於嚴禁元旦春節期間公款購買贈送煙花爆竹等年貨節禮的通知》,這是中紀委繼治理公款買月餅、寄賀卡之後,對公款消費進行治理,持續反「四

風」的又一次規範，被中紀委內部稱之為「一個節一個節」推進至此。

此時距離春節尚有兩個多月。知情人士透露，中紀委提前兩個月下達中央精神文件，意在防止一些行業企業開始為公款購買煙花爆竹等禮品準備原材料甚至下單，避免浪費。這表明此類規範絕非作秀之舉。通知強調「嚴禁用公款購買贈送煙花爆竹、煙酒、花卉、食品等年貨節禮」，旁邊特別用括號註明：慰問困難群眾職工不在此限，稱得上用心細緻。

有人把王岐山的反腐策略稱之為：一年一年抓，一個節一個節抓，一件事一件事抓。另有紀委人員形容中紀委的行動如鉚釘般層層「釘緊」。

六、「密告」反腐法

王岐山的反腐有人說有點「東廠」味道。東廠是一種官署名，即東緝事廠，中國明代的特權監察機構和秘密警察機關。明成祖於永樂十八年（一四二〇年）設立東緝事廠，由親信宦官擔任首領。地點位於京師（今北京）東安門之北（一說東華門旁）。東廠只對皇帝負責，不經司法機關批準，可隨意

徐才厚之死

監督緝拿官員和臣民。中紀委顯然沒有「東廠」的權限，但是卻有這個機構剖的部分職責和影子。比如，王岐山就特別提倡「密告」舉報。

二〇一三年九月初，中央紀委監察部網站正式上線，隨即曝光了各地各部門查處違反作風建設有關規定的多個典型案例，引發公眾關註。中央紀委常委、秘書長崔少鵬在與網友在線交流時表示，紀檢監察機關提倡實名舉報，並將優先予以辦理和回復。

崔少鵬介紹，網站首頁顯著位置設置了「我要舉報」專欄，就是為了公眾舉報更方便快捷。

他介紹，群眾舉報主要有三種：一是針對黨組織、黨員和監察對象違反黨紀政紀問題的檢舉控告，也就是通常所說的舉報。二是依法應由紀檢監察機關受理的黨組織、黨員和監察對象不服黨紀政紀處分的申訴。三是對黨風廉政建設和反腐敗工作的批評建議，即意見和建議。

王岐山提出「網站是前臺，支撐是後臺」。如何支撐，王的做法就是，收到舉報後再由中紀委官員派員去當地「個別交談」，鼓勵大家「告密」。

據中紀委巡視組的消息來源，根據巡視條例，巡視組

中紀委秘書長崔少鵬

有接訪、到下屬單位走訪調研、與領導和群眾個別談話等權限。而「個別談話」，是巡視組使用率最高的巡視手段。之所以以「個別談話」為主，是擔心「大家在一起，顧慮較多，很難講出心裏話，更不願意涉及對某位領導同志的具體評價」。

　　一位中紀委巡視組的副組長說：「有些幹部對某個領導不滿意，可是組織找他談話了解這個幹部情況時，他反倒說這個人的好話，好讓這個領導早點調走。」

　　曾任中央巡視組組長的任克禮發表過一篇文章，題目是

303

徐才厚之死

《要解決不講真話問題》，文章稱：「一些幹部對巡視組不講真話的現象比較普遍，說成績多，講問題少，一些人即便在談問題時也明顯帶有保留，甚或把問題當作成績來講。」

為了問出真話，巡視組不得不廣撒網，約談大量地方官員。任克禮曾透露，巡視組每到一地，要和約二百名地方官員談話。

一名原中央巡視組成員對媒體介紹，「個別談話」遵循層次，第一層是副省級以上領導，除分管工作，個人家庭情況如子女、愛人的職業、收入都要涉及；第二層是廳局級幹部，談話重點側重於「對省委和省委領導的意見」。此外，還會根據需求找退休幹部、企業領導、人大政協幹部以及群眾逐個面談。

中紀委第八巡視組組長王鴻舉稱，他在駐地相繼約談了江西省紀委、景德鎮市、人民日報江西分社等單位的部分廳級官員和武警江西總隊的數名高級警官。約談時間平均十多分鐘，偶有較長和較短的。各自所談內容，保密不對外公開。

中紀委還規定，對省部級官員可「下沉一級」，到其曾任一把手的地方調查，這是巡視組發現真相的第二重要手段。

湖北一名官員透露，中央巡視組在獲得湖北原副省長郭有明可能涉嫌違法違紀的線索後，曾去其曾任市委書記的宜昌調查。

二〇一四年一月，中央巡視組第三組組長楊曉渡公開披露，新晉貴州省委常委的遵義市委書記廖少華、湖北省原副省長郭有明、政協原副主席陳柏槐，江西省人大原副主任陳安眾，湖南省政協原副主席童名謙，中國出口信用保險公司原副總經理戴春寧等涉嫌嚴重違紀違法問題進行立案調查，都來自各種不同的「舉報」和「密告」。

七、「無後」反腐法

王岐山因為和姚明姍沒有後代，這成為王反腐的「秘密武器」，一位和王岐山關係密切的人士說，王不止一次私下和朋友聊天時候提及，我來抓反腐，是搭錯了車。中央找我來反腐，是選對了人。

王岐山十八大上位後，掀起的反腐風暴已經席卷二十多名省部高官、六千四百多名縣處級幹部落馬。一時間，各地官場談王色變。鐵腕手段清理官場，王岐山因為「無後」變

徐才厚之死

得異常義無反顧。

據大陸媒體報道，原中紀委官員、中國紀檢監察學院副院長李永忠曾對媒體表示，王岐山反腐有一個秘密武器，那就是：沒後顧之憂。這也是中紀委能在這一年多時間，揪出這麼多貪官的原因之一。

有評論更稱，中共高層屢遭海外媒體點名涉嫌貪腐，王岐山本人的確基本無負面新聞曝光，實為難得。唯有保持清白之人，不必恐懼被政敵「揪小辮子」，打老虎拍蒼蠅自然能挺直腰板、有恃無恐。

人們註意到，中紀委歷任書記：尉健行、吳官正、賀國強，幾乎人人都有貪腐的指控，

在中共高層動輒被人曝出巨額財富醜聞的大背景下，作為前中共元老、國務院副總理姚依林的女婿，王岐山能保持常年正面形象，實在不容易，著得益於膝下無子。在此前一兩年間，習近平、溫家寶、張高麗、劉雲山等多人遭境外媒體點名。如溫家寶家族曾數次被《紐約時報》盯上，賀國強之子也外傳強買強賣搞內幕交易，幾乎人人都很難自保。

也正是因此，王岐山執掌中紀委後動作不斷，為整飭腐敗進行了大刀闊斧的紀委改革，並出臺多項鐵腕反腐舉措，

頗顯魄力。中紀委辦案機構紀律檢查室也由其繼任時的八個猛增到十二個，內部還設置自我糾察機構——紀委監督室，推動紀委監督的多形式、全覆蓋。

王岐山還推出了空前的「絕後」反腐措施，一度引起高層官員魂飛喪膽。外界一度傳言王要求官員在婚姻狀況、出國等個人事宜出現變化時要及時報備，並派人著手抽查申報材料的真實性，雖然事後有媒體進行了辟謠，但反腐擴展官員親屬已是不爭事實。

此外，二〇一三年秋天還有報道稱，王岐山在黨內發布命令，要求所有正部級以上的官員，凡是子女在海外留學的，畢業後一年之內必須回國，否則其父母的職位將會被調動，同時增派調查貪腐人手對其進行調查。此舉的用意在於杜絕和減少日益嚴重的裸官現象。不過，後來查實為虛假新聞。

據中紀委的消息來源，王岐山一直想推出針對高官家屬和子女的一攬子反腐計劃，但是草案遲遲無法推出，原因是中共省部級高官百分之九十六以上都表示反對，他們認為，王岐山的這種做法，不僅僅是不近情理，而且是別有用心，真正的「斷子絕孫」。

八、「假消息」反腐法

二〇一三年四月，一則「王岐山要求高官子女留學畢業一年內回國」的消息從香港一家親北京的網站上披露。報道說，中共反腐將有重大新動作，中共中紀委掌門人王岐山將向全體黨員宣布，正部長級以上職務的留學海外的子女在完成學業後，一年內必須回國，如果不回國，其父親、母親的職務將被調整。同時，中紀委將增加調查貪腐辦案的人手。二〇一四年將把此政策擴大到副部級官員，到二〇一五年會繼續擴大範圍到正廳級官員。此舉旨在杜絕裸官現象。

另據報道，二〇一三年二月，有媒體爆出習近平把其在美國哈佛留學的女兒習明澤召回中國讀書，雖然之後又有消息指，習的丫頭就是倔，堅決不肯返回。但不少人為這個消息感到鼓舞。

中央黨校的反腐專家也曾對海外媒體表示，這幾年各級官員將家人子女送到國外情況太多，黨內雖有報備制度，但無法遏制由此產生的各種腐敗。現在老百姓反應很強烈，說你們當官的都把子女送出國讀書，自己都不愛國，叫我們

怎麼愛國？

　　中共在二〇一三年春天展開的一項調查，發現九成中央委員親屬移民海外。特別嚴重的是，中共政治局從總書記到政治局委員，其子女很多都在美國學習。這些年，包括習近平的女兒、李克強的女兒、李源潮的兒子、汪洋、馬凱兩位新任副總理的女兒都把孩子送到了美國。送孩子就讀哈佛的中共前高級官員領導人還有：前中共外交部長李肇星、中國國家開發銀行行長陳元等。另外，江澤民的孫子江志成畢業於哈佛經濟系、被罷黜的趙紫陽的孫女趙可可是哈佛的MBA，其他像陳雲的孫女陳曉丹、前外長黃華和李肇星的兒子也都念過哈佛、現任國務委員楊潔篪的女兒楊家樂正在耶魯。

　　人們普遍認為，中共反腐的一個難點就是高幹子女在海外的問題，即使高層也在這個問題上有很大分歧，一些人認為，這些官員子女有的手握國家機密，關鍵時會要挾政府。近年各級官員紛紛送子女出國，裸官現象非常普遍，成為民眾最不滿的現象之一，也是腐敗加劇的一個重要因素。中共要求部級官員子女回國，將是反腐的一大看點和亮點。

　　王岐山二〇一二年底上任後，確實也想闖出點新路子。

徐才厚之死

王提出「當前以治標為主，為治本贏得時間」的反腐新思路。中紀委還頻頻出手，打出一套查辦、約談、巡視、抽查、信息公開、環環相扣的密集「組合拳」。中紀委還在原來具體負責案件查辦的八個紀檢監察室基礎上，再增加一些新的辦案力量。而「高官子女海外讀書召回」被認為是得民心的一項反腐新招。

可是，後來被證實這是條假消息。香港那家親中共的媒體還為此發布了道歉聲明。聲明說：我們未經核實審查，轉發此不實新聞，造成不良社會影響，在此向網民公眾深刻致歉，並將采取切實措施，加強重要新聞管理與編輯業務素質培訓，維護媒體的真實性與公信力，更好地為廣大社會服務。這是繼香港《大公報》在習近平「打車記」中鬧烏龍後，再鬧的大烏龍。

不過，有中紀委的消息來源說，這些假消息都是由王岐山手下的「秀才」發布給親中媒體的，其用意在於推動進一步反腐。

也有觀察人士發現，大凡深得民心的舉措，一般都會被證實是「假消息」，只有那些人人痛恨的「馬路新聞」，最後都被證實是真的。這多少也看出了中共高層與民心的背離。

九、「輪訓式」反腐

　　一系列強力整風、反腐動作，以及兩大超級機構——深改組和國安委的設立，尤其是解放軍十八個正大軍區級機構負責人集體表態擁護之後，人們已很難有理由懷疑強勢的習近平在中共體制內的權威。不過，這在中共看來顯然是不夠的，從二〇一三年十一月開始，在中共中央應百年時間，已經對兩千三百多名在職省部級關不進行了集中輪訓，內容就是學習習近平系列講話精神，用習近平講話精神「武裝頭腦」，清正廉潔，並將此定義為「一項長期的政治任務」，顯示出中共為樹習近平權威可謂不遺余力。

　　二〇一四年四月十六日，中共中央統管黨建工作的中共中央政治局常委、中央書記處書記、中央黨校校長劉雲山在北京主持召開座談會，與第七期在京輪訓的部分省部級高官進行座談。據統計，從二〇一三年十一月開始，中央黨校已連續舉辦七期省部級幹部培訓班，專門「學習貫徹習近平總書記系列重要講話精神」。據稱，至今已經有近三千名在職省部級幹部參加了集中學習輪訓。

徐才厚之死

　　觀察人士指出，如此高規格、大規模的對省部級高官進行集中輪訓頗為少見。據稱，在輪訓期間，高官們集體吃在食堂、住在宿舍。早上七點鐘起牀，早晚通讀習近平系列講話，下午分組討論三個小時，晚上不準串門聊天，只能在宿舍內自學，準備第二天討論發言提綱。甚至之前有官方報道透露，參加研討班的學員，只在去宿舍的路上或就餐期間有些私下交流，更沒有了以往用來「聯絡感情」的互相宴請。

　　一直以來，中共都會通過各種各樣的研討班、學習班、培訓班等進以統一中上層高官思想。毛澤東曾說：辦學習班是個好辦法。胡錦濤執政時期，中共中曾就從二〇〇八年九月開始用一年半左右的時間，在全黨分批開展「深入學習實踐科學發展觀」活動，但亦未見到如此高規模的集中和如此嚴格輪訓。

　　此次，劉雲山在座談會上強調，學習貫徹習近平系列講話精神是「一項長期的政治任務」，要「用講話精神武裝頭腦、指導實踐、推動工作」「要在已有基礎上不斷深入學習，做到深學深悟、常學常新。」劉雲山稱，習近平系列講話具有重大的政治意義、理論意義和實踐意義，要把學習講話精神同學習馬克思列寧主義、毛澤東思想、鄧小平理論、「三個代表」重要思想、科學發展觀結合起來。

　　據中國官方新華社報道，這些省部級學員們一致認為習近平系列重要講話「內涵豐富、思想深邃，既有謀劃全局的宏觀思考，又有解決問題的具體思路，豐富和發展了黨的科學理論，是改造主觀世界、客觀世界的有力思想武器」。

　　但中國問題觀察家認為，中共的腐敗是制度性問題，輪訓式反腐，到頭來可能實際效果一般。

第十二章

打老虎遭反撲：要死一起死

信用破產：一起拖下水

二〇一四年一月二十一日有人通過向海外媒體餵料，披露習近平、溫家寶、李鵬、胡錦濤、鄧小平等家族的「離岸解密」經濟醜聞，向習近平陣營發出了「要死大家一起死」的死亡威脅。讓習近平、王岐山反腐的信用破產，把王岐山逼入反腐的絕境。

據媒體報道，美國獨立新聞組織國際調查記者同盟（The International Consortium of Investigative Journalists，簡稱ICIJ）公布的調查報告顯示，中國高層領導的近親在加勒比海避稅天堂英屬處女島（British Virgin Islands）開離岸公司，涉存藏財富，其中包括習近平、溫家寶及李鵬、胡錦濤以及鄧小平的親屬。

英國《衛報》（The Guardian）報道稱，ICIJ經過兩年的努力，從兩家位於英屬處女島公司取得大量外泄的離岸公司財務資料，發現超過二點一萬名來自中國及香港的客戶，涉

國際調查記者聯盟發佈的中共海外財產

嫌利用加勒比海小島避稅或移轉資金。

　　在這次披露的離岸公司機密檔案中，出現了習近平大家姐齊橋橋（原名習橋橋）的丈夫鄧家貴的名字，鄧家貴為Excellence Effort Property Developement Limited公司的總經理及持股人，該公司於二〇〇八年三月在英屬處女島註冊成立。鄧擁有五成股權，另五成股權則由另兩位藉房地產暴富的股東持有，那兩位房地產大亨曾在二〇一三年六月在深圳獲得政府對兩塊土地高達二十億美元的補貼。

　　有業內人士指出，實際上，海外離岸公司在國際上已經風行了二十多年。在世界的一些地區或國家，如英屬處女

群島（BVI）、開曼群島（Cayman Islands）、紐埃島（Niue）、巴哈馬群島（Bahamas）、塞舌爾群島（Seychelles）、巴拿馬共和國（Panama）、毛裏求斯共和國（Mauritius）和百慕達（Bermuda）等，都允許國際人士在其領土上成立一種國際業務公司。當地政府對這類公司沒有任何稅收，只收取少量的年度管理費，同時，所有的國際大銀行都承認這類公司，為其設立銀行帳號及財務運作提供方便。通常情況下，這類地區和國家與世界發達國家有很好的貿易關係。

離岸公司有些什麼便利？有業內人士表示，無論在上述任何一個國家或地區註冊的海外離岸公司，均具有高度的保密性、減免稅務負擔、無外匯管制三大特點，因而吸引了眾多商家與投資者選擇海外離岸公司的發展模式。

這位業內人士說：「這些離岸公司註冊地稱為避稅天堂，其實，這些地區的免稅情況與香港相同，不在當地經營產生的利潤不需要納稅。所不同的是，香港非常透明，在香港成立的公司，須向註冊處遞交的所有信息，包括股東、董事等私人資料都可以取得。」

離岸公司受當地法律保護，要取得離岸公司資料須向當地法院申請，要有確鑿證據令法院懷疑離岸公司有非法

用途，取得法院判令，或有離岸公司董事或股東等相關書面同意書，實際上，都不太容易做到。

香港《開放》雜誌執行編輯蔡詠梅表示，ICIJ在二○一三年四月第一次公布全球離岸公司的資料，盡管並沒有針對中國，但已經發現有中國政協委員牽涉其中。當時就引起許多中國權貴階級的恐慌。這次的最新調查再次證明了各界對於中國權貴隱匿資產的懷疑不是空穴來風。蔡詠梅表示，中國權貴向海外轉移資產是傳了很久的事，但一直沒有詳盡資料披露，這次可以說是證據確鑿。

不過，蔡詠梅也指出，這次公布的資料只是冰山一角，她舉例說，香港可能是權貴在海外開公司最多的地方，未來類似的調查報道還會陸續出爐。蔡詠梅表示，ICIJ的報道將嚴重打擊習近平施政，特別是其反腐工作，可算是信用破產，習近平反腐打老虎其實是權力鬥爭的手段。真正的大老虎都很安全，在中國當局的保護之下。

政治觀察家指出，美國獨立新聞組織國際調查記者同盟這份調查的出籠很耐人尋味，恰好是在周永康案和曾慶紅案陷入膠著的時候，其「要死大家一起」的威脅意味非常強烈。這個王岐山反腐敗的正當性敲響了警鐘。

胡德平老婆陷「捐款門」

在四川涉黑富豪劉漢被公訴和聲討之際，有香港媒體爆料稱，「黑幫頭子」劉漢曾經捐資一億元人民幣發起設立「天諾慈善基金會」，基金會理事長王豫穎就是前中共總書記胡耀邦兒媳、原中央統戰部副部長胡德平的夫人。胡一直是致力於反腐敗的一個主要推手。

被收押的四川漢龍集團原主席劉漢被控組織黑幫、故意殺人等多項罪名已經被公訴。新華社在通報時還表示，劉漢不惜重金拉攏官員，關係網輻射至北京。

香港媒體報道稱，劉漢過去也經常以慈善家的面目出現，汶川地震先後捐款五千萬元，而他最大筆的捐款，就是「天諾慈善基金會」，這是大陸對少數民族地區扶貧領域唯一的國家級私立基金會，註冊於北京。基金會成立之初有五名理事，包括王豫穎、劉漢、盧志強（泛海控股董事長）、楊安民（時任四川省委統戰部副部長）、盧文端（港商）。

資料顯示，「天諾」理事長是胡德平夫人王豫穎，王生於一九七〇年，號稱「慈善美女」，是胡德平第二任妻子，擁

徐才厚之死

胡德平夫人王豫穎

有對外經濟貿易大學EMBA、中華慈善總會慈善大使、香港兒童弱視基金會名譽會長等頭銜，是中國光彩事業國際投資集團董事局主席。胡德平前妻安黎是原商務部副部長安民的姐姐。

　　王豫穎熱心慈善，有多個相關的社會兼職，網上目前仍可找到王豫穎以天諾慈善基金會理事長身分，到藏區參與慈善活動的報道，這家基金會覆蓋文化保護、基礎衛生、基礎教育及基礎設施等方面。而胡德平曾任中共中央統戰部副部長、全國工商聯黨組書記，劉漢曾任全國工商聯執行委員。

　　對這一報道，二〇一四年二月二十五日，胡德平通過「胡耀邦史料信息網」做了回應。胡德平稱，「王豫穎系我的妻子，也是天諾基金會的理事長。該基金會主要面對藏區，每年都在藏區工作很長一個時期。至於劉漢，劉是全國工商聯執委，我記憶中對劉沒有印象。」

　　胡德平說，「其實我和劉漢是否見過面，都沒有印象。更何況見沒見過面，熟悉不熟悉，根本不重要，但有一點可斬釘截鐵斷言，我和劉漢兩人之間沒有一點不軌交易，沒有為劉漢的私利搞過一次關說。如有，就沒有一道不透風的牆。」

　　對王豫穎與劉漢在天諾基金會的合作關係，胡德平說，「如果王豫穎和基金會願意說明此事，當然很好；如願意保持沉默，我認為也是豫穎和基金會的權利。」

　　關於天諾慈善基金會，王豫穎訪問臺灣時曾解釋天諾基金會的源起，她說：「諾」是責任，就是如天的承諾；而「藏」是離天最近的地方，胡耀邦當總書記時，認為共產黨人要對得起老百姓，要對起上天可見的良心，所以基金會取名「天諾」。

胡耀邦外孫媳協助周家洗錢

新一輪貪腐傳言，主要是針對被認為是中共黨內形象比較清廉如胡耀邦等的後人，有人通過境外媒體披露，胡的外孫媳王源源也卷入周永康的貪腐案件。其潛在的意思非常明了，那就是別以為共產黨裏有什麼清官。

三十歲剛出頭的的王源源是胡耀邦麼女、現年六十一歲的李恒（乳名滿妹）的兒媳，李一向低調，曾在制藥巨頭葛蘭素史克的中國分公司工作，二○一三年該公司爆出賄賂醜聞時外界曾質疑李的角色。李的丈夫是劉曉江上將，劉的父親與習近平之父習仲勛交好，劉則擔任海軍政委的高位。

據香港一家媒體爆料，已有多個證據顯示王源源與周永康家族關係密切，涉嫌幫助周家漂白黑金數十億。該媒體還稱，還有多個「中共元老家族成員」卷入周永康集團貪腐案，其中至少包括一位國務院元老的子弟。

其實，大陸的財新網在內的內地傳媒二○一三年梳理周永康之子周濱的財富網絡時，已經隱約挖掘出王源源的身影。王通過兩層關係與周家熟絡。其一是王的父親王樂天。

已經六十歲的王樂天早年做石油生意時，與日後的中石油副總經理王永春相熟。王永春正是周永康的黨羽，二〇一三年年中被停職扣查。王源源與周家的第二層關係，則完全是金錢交易。為了洗錢，周濱一直委托其大學好友米曉東為周家在外打點，主要是通過倒賣石油、石油裝備，以及通過油田買賣等獲利。米經手的金額盛傳高達數十億，二〇一三年十月左右米已被官方抓捕。

二〇〇七年，米曉東在西安成立了一家名為秋海汲清的石油公司，名字來源於周濱的嶽父。公司最開始的股東是米曉東與另一商人，第一年的總股本約一千萬元。但在二〇〇九年，王源源成為公司股東，一年後，米的股份也全權交給王家打理，隨後三年的營業收入加起來不到千萬，但公司利潤卻超過兩億，媒體稱之為周家的洗錢袋子。

報道又指，王源源的父親王樂天的公司，與米曉東也是交易頻繁，常能以不可思議的低價承包國有油田。具體方法便是先由周濱通過其父親的影響力，先行低價收購，然後再轉手賣給米和王，最終又通過王的公司洗錢。至於李恒或其他胡耀邦家人，是否知道親家王氏父女與周永康關係密切，或是否曾阻止兩人幫周家洗錢，目前並沒有確切的消息披露。

徐才厚之死

　　不過，有分析家指出，就胡耀邦家族貪腐事件的披露時機而言，其實是非常的敏感，其中「臨死拉上墊背的」的意味很重，爆料者似乎想把更多的中共高官家庭一起拖下水，證明中共黨內的腐敗人人有份，從而來遏阻王岐山反腐敗推進的深度和進度。

習近平大姐辟謠

　　隨著反腐敗的行動的推進，有關習近平的「謠言」也撲面而來，有些還到了需要習近平家族成員出來辟謠的程度。

　　此前海外媒體盛傳中國某軍區副司令員宴請習近平的大姐齊橋橋請求提拔，結果被習「冷凍」。盡管傳言比較正面，但習近平家庭成員居然為了升官去「吃請」，就特別容易給人產生聯想。習橋橋無奈，只能通過一個總部設在北京的知名網站發表聲明，表示事件純屬子虛烏有。齊橋橋表示，自中共十八大後對外界的宴請十分忌諱，一律回絕，根本不可能接受外界這樣的宴請，更不會向習近平提及軍隊高官的請托。

　　傳聞還稱：「高層圈內傳聞，某軍區副司令員宴請習近

324

平的姐姐齊橋橋，請其代為向習近平說好話，謀求提拔。齊橋橋在一次家庭聚餐時提到此副司令員，問習近平是否考慮提拔。習近平轉身打電話到軍區，問了此副司令員的情況，據說反饋是該副司令員業務等還不錯，本來在提拔之列。習近平告訴軍區：此人善於跑官，以後不必提拔。」

與齊橋橋十分親近的人士也出來替她說項，她說：齊橋橋根本不可能接受宴請，何況是什麼「某副司令員」。該人士表示，這個傳聞看似是顯露習近平治黨治軍的嚴厲姿態，但實際就沒有發生齊橋橋被請托這樣的事。主要原因是齊橋橋根本不可能接受這樣的宴請，尤其是中共十八大後習近平執掌中共一把手，齊橋橋對外部宴請十分忌諱，並且一律回絕。

有家親北京的境外網絡媒體曾從常年在深圳陪伴習近平母親齊心的工作人員處了解到，早在習近平成為中共政治局常委的二〇〇八年底，以及二〇一一年三月份，已八十多歲高齡的習近平的母親齊心分別兩次召集所有家庭成員開家庭會議，嚴令家庭成員不能打著習近平的旗號在外從事任何生意活動以及不法行為，隨後所有家庭成員停止所有商業利益關聯的活動。一名工作人員更聽到齊心說如果有任何人違背這個原則，她將親自追究。

徐才厚之死

　　這位人士說，齊橋橋作為習家的大姐，更是清楚其中的厲害關係，十分註重維護習近平的政治清譽，甚至在她的強勢幹預下，其丈夫鄧家貴也不得不擺脫所有的生意。

　　這位與齊橋橋往來密切的人士稱，習家的人現在的家庭內部聚會也很少，齊橋橋的主要精力都是放在照顧母親齊心上。同時，作為這個紅色大家庭的長女，她還在替母親扮演著一些角色，即維護與監督整個家族，不希望因為家庭的問題而提供機會讓外界戳習近平脊梁骨。

　　對於目前出現的這個傳言，該人士分析說，軍隊人事安排是中共政治中最為敏感的節點。他強調：「齊橋橋怎麼可能接受一名『某軍區』副司令員的宴請，更為荒謬的是她還在家庭聚會中向習近平提及？這都不符合任何邏輯，也不符合齊橋橋的性格，齊橋橋跟隨父母親在政界多年，不會連這麼基礎的政治常識都不懂，這些傳言都是不懂她性格的人所編造。」

　　北京的分析人士指出，習近平和王岐山十分註重自身羽毛，對任何涉及自己家庭的負面新聞都不會輕易放過，哪怕這種消息是「正面」出現的。這位分析人士說，習橋橋高調辟謠、快速消毒，主要還是為了樹立自身的形象，不被別人鑽

空子。

江澤民大罵王岐山

其實，從二〇一二年十一月習近平開始接棒之後，王岐山就準備從反腐作為突破口，殺開一條「血路」，但一直遭到江澤民等退位高官的竭力阻擾，他們最擔心的是這把火最後燒到自家院子裏。

前中新社記者高瑜曾披露：二〇一三年一月二十二日，正當薄熙來案撲朔迷離之際，習近平在中共中紀委第二次會議上發表了「從嚴治黨，懲治這一手決不能放鬆。要堅持『老虎』和『蒼蠅』一起打」的反腐講話後，王岐山應聲列出四個大案上報中央，其中包括周永康的案子，這四個大案涉及一名十七大常委周永康、還有劉淇和回良玉兩名政治局委員以及一名前書記處書記。

在這些案子中，數回良玉的案子「民憤」最大。回在江蘇省任省委書記的三年多時間，曾親自點名提拔了二十五名親信為副省級幹部，控制了組織、紀委、宣傳、財政等大權，又提拔了六十多名廳級幹部。後來因貪腐被判重刑的徐國健、

徐才厚之死

韓建林都是回良玉一手提拔的,而且都被回良玉樹為幹部楷模。據來自江蘇省委的實名舉報材料,自詡對錢沒有興趣的回良玉,在作政治報告、在組織生活會上,喜歡自我表白、自我標榜,經常大言不慚地自詡說:我對錢、對高檔物品是沒有興趣的,最多是和親屬、同事在節假日多炒幾個菜,喝上半斤白幹,就算滿足了。實際並非如此,回良玉離開江蘇到北京就任國務院副總理期間,還經常動用他留在江蘇省委的「榆樹」專利小金庫。自他到北京上任後的一年多時間裏,已從小金庫挪用了近三百五十萬。

回良玉在「檢查」中辯稱,這是用來補助已退休而在江蘇省休養的老同志的,實際上僅有五十萬是用於這筆開銷。其餘三百萬,他在黃山風景區建了幢四百多平方米的別墅。土地、人工和室內裝修費用,還都是由安徽省政府作為社會活動經費處置的。回良玉本人僅交了二千元人民幣,這點錢半年的管理費都不夠。之後他以機關的名義租給了黃山市旅遊局,而每年二十八萬元的租金卻落入了他的腰包。

有關方面已查證:一九九五年至一九九八年間,回良玉任安徽省副省長、省長期間,曾批準挪用國土稅收搞高幹福利,在財政困難的情況下,挪用基建、農村建設資金,在黃山風景區,興建省政府賓館、首長專用別墅區。二〇〇〇年,回

前國務院副總理回良玉

良玉在江蘇任省委書記任上，又在蘇州太湖興建歐陸式別墅，還為政治局委員、常委每人留置一套，以象征性的五千元賣給他們。

　　高瑜認為，應該說習近平和王岐山的反腐決心是大的，是堅決的；如果計劃能夠獲得通過，新政絕對不會是之後這種艱難的局面，落得個「幹嘛嘛不成」和「雷聲大雨點小」的罵名，而是會有一個反腐立威的好開局。

　　高瑜的文章稱，當時面對對新政要出手的四個大案，中央意見非常激烈。胡錦濤剛剛「裸退」，怕事情最後搞砸，也

徐才厚之死

怕自己背上「罵名」最先坐不住了，去找曾慶紅，倆人又一起去找江澤民。江那會兒住在西山湖心島，這裏也是過去鄧小平閑居的舊地。那時距離「兩會」開幕還有一個多月了。江一聽這四個人也坐不住了，在第二天就叫人把王岐山和習近平叫到西山。當時的江澤民要比一年之後威猛許多。

高瑜根據一名目擊者的話說，江當時臉色鐵青，站在屋子中間背著手一直在轉悠，搞得習近平和王岐山坐立不安。江沒有直接對著習開火，而是對著王破口大罵。說你們要搞什麼名堂？黨的形象還要不要？你們是不是要把我們幾屆中央的矛盾讓全世界知道？；連常委也要整下去，怎樣向全黨和全國人民交代？

北京的政治分析家指出，中共的潛規則一向是註重黨的形象。過去老毛從來不管黨的形象，他一呼百應，全黨都得跟著他走。他整完這個整那個，不管什麼黨的形象不形象。鄧小平也不管這個，一下弄掉了一個黨主席和兩屆總書記。中共之所以有「刑不上常委」這個底線，不過是各派系單獨的力量都達不到徹底扳倒對方，所以需要力量之間進行平衡，也就形成了新的潛規則的底線。

王挨了一頓臭罵之後和習兩人回去，經過商量之後，暫

330

時擱淺了「打虎計劃」。不過，據接近江澤民辦公室的消息來源，過了三天後，江澤民專門請秘書給王岐山的秘書打了電話，解釋了自己當時的心情，算是給了王岐山一個臺階。王岐山聞訊後，當晚給江澤民打了電話。據江澤民辦公室的消息來源說，兩個人聊到興頭上據說還「開懷大笑」。

江澤民死扛周永康？

周永康和江澤民的關係非同一般。周永康的升遷主要是靠早期的行賄和後期江澤民的提拔。當然，周的前妻王淑華和江的妻子王冶平之間是否是親姐妹，至今還沒有定論。但周永康一直和前妻的關係不好，這似乎並沒有影響周和江家的關係。

周永康在任四川省委書記其間，周常常吹噓是「江澤民的好學生」，「中央派我來的」、「我是江主席身邊的人」。

據悉，二〇〇七年中共十七大最大的人事爭議點就是周永康進入政治局常委的問題。雖然周永康在他歷屆官職任期內劣跡斑斑，遭到中共黨內外的排斥，不斷被人檢舉揭發，甚至曾幾度被迫提出辭去公安部長一職。但由於江澤民

的強力幹預，周依舊得以留任。江主政其間，正是周永康在仕途快車道上一路狂奔階段。而周永康最終在中共十七大上晉升政治局常委，成為中共九巨頭之一，外界認為其背後推手正是江澤民和中共石油幫「老大」曾慶紅。

周永康二〇一三年十二月被抓後，有一度傳出江澤民和曾慶紅與周永康斷絕關係的消息。有香港媒體披露：在二〇一三年初周永康幫令計劃掩蓋法拉利車禍，以及周永康與令計劃秘密運作「投票」陰謀敗露後，江澤民和曾慶紅都想在第一時間與周永康「切斷」關係，也被稱為「政治切割」。傳言還說，江澤民看完周永康的內部材料後，大罵周是個「叛徒」。據說大罵一番周永康後，老江仍不解氣，隨後又在材料上寫下幾個字：「狼子野心，昭然紙上」。

對於「老江大罵周永康」這段「猛料」，一位海外政治觀察家解讀說，「薄熙來事件後有關周永康的傳聞不斷出現，江陷入如何和周切割的問題，所以變得越來越低調。但問題的關鍵在於，為什麼在周永康被抓後，才傳出老江大罵周叛徒這個細節？」

「很明顯，江只是在告訴大家，江家與周已沒有任何政治關係，同時也想告訴外界現在誰都救不了周永康了。」上

述海外政治觀察家強調指出。

　　在很多中國問題專家和北京觀察人士看來，盡管江澤民大罵周永康並切斷關係，但江澤民和曾慶紅要想與周永康完全切割是不可能，因為在周永康獲得提拔和使用上，江曾都起著關鍵的決定性作用。

　　北京政治觀察人士分析說：「如果追究起來，江澤民和曾慶紅與周永康的關係就是有很直接的領導責任，而且實際上周永康兒子的一些生意，跟曾慶紅的弟弟曾慶淮都有直接和密切的關係，但是眼下習近平要收拾的貪官實在太多了，越來越把冒頭指向了江和曾家族，而江曾散布和周案切割傳言，只是個緩兵之計，是看看王岐山究竟下一步要幹什麼？怎麼幹？」

　　江澤民雖然是非常強勢的一位政治人物，但畢竟高齡隨時可能離世。江虛晃一槍之後發現，王岐山依舊我行我素，甚至還要開始敲打曾慶紅家族和李鵬家族，這下子真的急了，於是就只能從臺後竄到臺前。

　　據中紀委的消息來源，從二〇一四年元旦起，江澤民開始廣泛和萬里、李鵬、李鐵映、李瑞環聯系，以「要從穩定黨心、軍心的高度，全面考量反腐敗的問題」。導致周永康案件

的公布始終卡殼。

元老們給王岐山「軟釘子」

香港《動向》雜志在二〇一四年二月號披露，反腐敗鬥爭工作在中共已退離休黨政軍最高層遭遇阻力和反撲，該刊說，按慣例在中國傳統新年前夕，中共黨和國家領導人分別看望或委托有關方面負責人看望高級老幹部，並設宴招待。不過，江澤民、曾慶紅、李嵐清、李長春等江澤民集團集體以「請假」方式拒絕參加。

馬年春節後，習近平、王岐山再度決定將周永康案的宣布押後至兩會後，以防沖淡全國兩會的改革和民生大主題。但中共元老在「兩會」上給了習近平、王岐山巨大壓力，希望他們不要仿效溫家寶的方式，在記者會上進行宣布。

據來自二〇一四年中共「兩會」秘書處的消息，黨內大佬萬里還通過秘書傳話：要按照司法程序而不只是黨內程序，在兩會上宣布不是合適的時候。

三月二日，全國政協新聞發言人呂新華在政協會議前的新聞發布會上，回應記者有關周永康大案的傳言的提問時

表示，不論什麼人，不論職位多高，只要觸犯黨紀國法，嚴肅的追查和嚴厲的懲處，決不是一句空話。呂新華稱「只能回答成這樣了，你懂的」。他以「你懂的」結束答問，留給外界頗多想像空間，以「你懂的」為對周永康這只「老虎」被打的默認。「你懂的」成了人大和政協為期十一天的兩會期間的第一流行語。

「你懂的」，網路流行語。該詞來源於二〇〇八年中國大陸天涯、貓撲兩大知名論壇上關於求索某淫穢事件門套圖的專用隱語。殊不知，此詞卻因呂新華答記者問所用而引爆兩會。翌日政協開幕會上，呂新華再度被記者包圍追問：「那『你懂的』是什麼意思，我不懂啊，是不是表示當局正調查周永康？」呂新華對前一天說的「你懂的」不願再作出解讀，他稱，「你不懂，我也沒辦法」。

中共黨內對習近平、王岐山反腐敗向縱深推進的的強烈抵觸情緒，從對周永康案公布一直無法達成共識看出了端倪。

來自中央辦公廳的消息來源還說，習近平在二〇一四年一月的中央經濟工作會議上，就周永康問題向與會黨政高級官員進行了小範圍通報。至於官方目前難以公布的主要考量

是，政治局常委落馬茲事體大，必須倚重法治將周案辦成斬
釘截鐵的案件，因此各種證據必須十分確鑿和全面。此案的
高質量要求，也讓辦案人員馬虎不得，案件的地毯式清查，
其工作量無疑是前所未有的。另外，盡管周永康案已經收
尾，但牽連的外圍人員數量仍很龐大，「消化」需要時間。還
有對周永康涉嫌對習近平和王岐山「刺殺」的具體案子如何
認定，還有很大分歧。

令計劃被「解放」有隱情

兩年前受薄熙來事件影響，也因為自家公子出事，胡錦
濤的「大秘」、時任中央辦公廳主任、中央書記處書記的令
計劃就在中共政壇急劇走下坡，被調到沒有甚麼實權的中
央統戰部當部長。十八大上不但未如事先熱議「入常」，連政
治局委員也沒撈上，繼續當統戰部部長。後來只因這個部長
之職「工作需要」當了全國政協副主席。

從此，他一直低調，似乎處於冷藏狀態。那時有香港工
商精英「大粒佬」代表團訪京「專門」拜訪「對口單位」統
戰部，令計劃也只是露了個面。那段時期，他的夫人和家人

也涉嫌貪腐調查，傳言四起，令計劃更加藏頭縮尾，幾乎消失。

二〇一四年「兩會」，事情有了一些變化，令計劃又活躍起來了。那天，政治局常委、全國政協主席俞正聲宴請港澳全國政協委員，令計劃代表中央發表講話，這是他十八大以來「最露臉」的活動，他熱情洋溢地說，中央在精簡各方面的情況下，仍保留今天這場活動，充分體現了對港澳地區委員的重視，也體現了中央對保持港澳繁榮穩定的鮮明態度和堅定支持。

參加俞正聲這次宴請活動的，還有比令計劃地位高的兩位大員，一是中共中央書記處書記、全國政協副主席杜青林，二是國務委員楊潔篪。這個場合中央安排令計劃講話，不但是為了表明令計劃的麻煩已經過去，而且要在「兩會」後配合形勢，讓他領導的統戰部投入港澳工作了。因此，令計劃的講話不僅僅講了一些客套話，而是對過去一年中央港澳工作有所回顧，贊揚政協委員們在「事關國家利益和港澳前途的重大問題上」旗幟鮮明、立場堅定。

二〇一二年在中央直屬機關票選十八大代表時，令計劃「全票當選」，而習近平、俞正聲等人也只是「高票當選」。在

徐才厚之死

二〇一一年的北戴河會議上，令計劃更是通過運作，投票排名第三，壓過習近平，再加上他中辦主任、胡錦濤大秘的身份，使令一度成為中國政壇的「紅人」。當時的那種特殊情況在今天回頭看來就極其耐人尋味。

二〇一二年三月十八日，北京海澱區保福寺橋附近發生一起法拉利車禍事件，令計劃兒子令谷當場死亡。根據今天所能在網絡上發現的只字片語總結，有消息稱在車禍發生後，令計劃和周永康迅速在私底下達成「政治聯盟」，周永康協助令計劃減少「法拉利車禍」影響，並協助令計劃在十八大上順利入局甚至入常，而令計劃則幫助周永康從「薄熙來事件」中抽身。於是周和令同意各出一人組成兩人團隊，和周永康控制的北京警方合作，處理車禍醜聞。

據中央辦公廳的消息來源，這兩人是中央政法委秘書長，中央綜治委副主任周本順和令計劃的妻弟、黑龍江省公安廳副廳長谷彥旭。

此外，令計劃之父令狐野一直與通向薄熙來之父薄一波交好，甚至據傳令計劃仕途的起步正是在薄一波的扶持之下開始的，因此令計劃與薄案有關的消息也在私下流傳。而目前外界關於周的相關傳言中也有很大一部分是周和薄

之間扯不清的關係。周、令、薄之間是否真的曾經有過某種協議，直至今天，我們也很難下這個斷言。但是可以看到的是，薄熙來事發之後，令計劃迅速的「靠邊站」，掌管了統戰部這樣一個「食之無味」的部門。

北京的政治分析家指出，令計劃被「解放」，其實是習近平對黨內針對反腐敗雜音的一種安撫之策，同時，也向王岐山挑明，不管反腐搞到哪裏，都是我習某人說了算。

習近平強勢反擊：打「老老虎」

在中共二〇一四年的「兩會」期間，上海市長楊雄大談自貿試驗區改革的「複雜性」和「艱鉅性」。會議結束後，習近平走到來自文藝界的曹可凡面前，對他說，你好像瘦了。一旁的市委書記韓正解釋：「他去年瘦身成功。」習近平回應：「就像上海政府瘦身一樣，效果顯著。」

據稱，上海二〇一四年將推動市級機關「瘦身」，預計將精簡百分之十的人力編制。

上海在中共政壇上有著特殊的地位。從早期的中共官員王洪文、張春橋、姚文元，到九十年代的江澤民、陳良宇，

徐才厚之死

現在的俞正聲、韓正,都曾在中共政壇上顯赫一時。尤其江澤民主政時期的「上海幫」,其派系特征十分鮮明。一直以來,江派把上海當作自己的獨立王國。

人們註意到,自一九八九年後,江澤民、吳邦國、曾慶紅、黃菊等上海官員陸續進入中共政治的權力中心,據不完全統計,中共十三屆四中全會之後的三十一名常委中,有六人有過在上海工作的經驗,比例高達百分之十九點三,遠超其他省份之上。

此外,江澤民之子江綿恒在上海經營多年,江綿恒通過上海聯和投資公司,控制了上海很大部份的經濟命脈。

分析人士指出,習近平的「瘦身說」,似乎是向江澤民以及其子為首的利益團夥喊話。

二〇一四年開年第一天,被稱為香港「第二央視」的鳳凰衛視官網則放出風聲稱,中紀委將掀起新一輪「打虎」風暴,且此次會比以往還要猛烈,沒有誰不能動。

人們註意到,王岐山打虎的策略上面,先是將周永康在政法系統的裙邊盡量剪掉。僅僅「十八大」過後的三個月內有四百五十三名政法官員落馬,其中公安系統三百九十二人,檢察院系統十九人,法院系統二十七人,司法系統五人,非公

340

檢法司系統十人，另有十二人自殺。中共政治局專門成立「中央清查整頓政法系統班子領導小組」，其任務是清查中央政法系統前領導層涉嫌極其嚴重的違法亂紀活動和行徑。到了二〇一三年底，整體落馬政法官員超過了一千三百人，基本掃清了在辦案時候的障礙。

二〇一四年二月十二日，大陸雜志《南風窗》的封面文章《打虎「路線圖」》被很多網站轉載，大陸門戶網站網易等都改用《中紀委打虎路線圖：退休「老老虎」也要打》為標題重點推出此文，向外釋放即將拋出更大老虎的信號。

《南風窗》引述接近中紀委的人士透露，中紀委在查辦案件上確立了「快查快結」的新思路。在被查的二十名省部級高官中，有多人在短期內迅速結案，被移交司法機關。如南京市原市長季建業，在落馬後三個多月就被移送至司法機關。

作為江澤民老家揚州的「大管家」原南京市委副書記、市長季建業，罕見的在馬年過年期間遭「移送司法」到「采取強制措施」，同時中紀委一再強調「一案雙查」，官媒連續發文暗示警告其背後「大老虎」江澤民。

中紀委馬年伊始反腐加班加點，不斷提出「一案雙查」

的說法，所謂「一案雙查」指對發生重大腐敗案件長期滋生蔓延地方、部門和單位，中紀委查案時，既要追究當事人責任，又要追究相關領導責任。

新華網在二〇一三年三月刊登評論文章還明確預示「山雨欲來風滿樓」：如果把打「老虎」比喻成一場重大戰役，戰前則往往顯得「異常」安靜，越安靜說明「打虎」動作越大，越安靜可能「老虎」層級越高。

據接近中紀委的消息來源，二〇一四年「兩會」之後，一向喜歡在上海過冬的江澤民一直呆在北京，有消息說，江對王岐山的「反腐」力度是否會涉及江家越來越擔心。他在春節的家庭聚會上一再要求江綿恒等幾個子女暫時要「以靜制動」，看看他們「葫蘆裏賣什麼藥」。

第十三章

軍中反腐到底難在哪裏？

徐才厚之死

軍中「大老虎」多涉房產業

無論是徐才厚還是郭伯雄，都涉及到軍中的房地產開發。在此前解放軍的軍內反腐歷史中，最為知名的「老虎就是」王守業，他也是在這個地方了栽了。

王守業在二○○五年十二月二十三日被中央軍委紀委「雙規」。二○○六年，六十三歲的王守業因貪污一點六一年億元人民幣，包養五名情婦，被中央軍事法庭判處死刑緩期執行，一同涉案的四名少將和七名大校中，一名被責令退伍，六名被降級。

資料顯示，王守業長期在軍內基建系統工作。其中，與近期被通報的軍內落馬高層相比，都曾經擔任過解放軍總後勤部基建營房部部長。該部門主要負責軍隊的營房、港口、機關等基礎設施建設。

而原海軍副司令員王守業的違法亂紀行為，主要發生在年二○○一年之前執掌總後基建營房部大權期間。從北京

軍區後勤部基建營房部工程師到總後基建營房部部長，再到海軍副司令員，王守業的升遷之路曾讓外界感到詫異，他的仕途簡歷也被鍍上了一層「傳奇」色彩。

「軍隊腐敗有其特殊性，一般容易發生在工程建設、物資裝備采購、經費使用管理、軍官選拔任用等領域。」北京大學廉政建設研究中心副主任莊德水在接受北京青年報記者采訪時表示，「這些領域，恰恰是軍隊權力最為集中、與經濟往來聯系最為密切的。」此前，軍隊系統內也有「大老虎」因經濟問題落馬。

二○○三年三月兩會期間，軍方人士證實曾擔任蘭州軍區副政委的肖懷樞因為經濟問題已被查辦，在當時見諸媒體的報道中，肖懷樞被描述為「新中國成立以來中國軍隊系統中因經濟問題治罪的最高級別的將領」。

原任海軍北海艦隊航空兵副司令員的孫晉美，曾任青島海軍流亭機場建設領導小組副組長，負責流亭機場改擴建工程，一九八八年被授予海軍少將軍銜，後因受賄被「雙開」。原解放軍第三十八集團軍政委邵松高，因貪污受賄被免職，於一九九六年被判處十二年有期徒刑。

北京根據公開報道不完全統計，近十多年來至少有兩

位數的將軍級別高級軍官被懲處,其中不少人的貪腐行為集中在基建等領域。軍內這些腐敗行為的發生具有壟斷性、封閉性和交易性,「即以獲取經濟利益為目的,以權力運行為手段,以破壞軍隊戰鬥力和純潔性為消極後果。」

軍紀委是軍中打虎主管

專家們指出:「中國軍隊反腐主要依靠軍委紀委,由其負責組織協調反腐工作。」除紀委外,軍隊政治機關對黨員要進行黨性、黨風、黨紀教育,腐敗軍官由軍事檢察院提起公訴,並送到軍事法庭進行審判。

軍隊紀委是軍內反腐的「主力軍」。根據中央軍委二〇一〇年印發的《中國共產黨軍隊紀律檢查委員會工作條例》,軍隊團級以上單位都要設立紀委,同時對各級紀委組成人員有明確規定,如軍級以上單位紀委由九至十三人組成,設書記一人、副書記一至四人。

同時,作為一項有著悠久傳統的舉措,政治思想教育被視為中國軍隊反腐倡廉的一大「秘密武器」。但僅靠教育來遏制軍內腐敗顯然不夠,從制度設計上預防反腐早已開始。

二〇〇六年二月，中央軍委頒布《軍隊預防職務犯罪工作若幹規定》，標志著軍內預防職務犯罪開始進入法制化軌道。

更為深入影響中國軍隊反腐進程的是審計制度的全面鋪開。作為反腐預防性舉措之一，二〇〇七年月修訂後頒布的《中國人民解放軍審計條例》對審計制度有全面清晰的制度設計。審計對象範圍突破了此前的大軍區級高官任職和離任前審計，擴大至團級軍官。而二〇一二年四月，在中央軍委層面設立專門的全軍審計工作領導小組，意味著軍隊審計監督工作「更上層樓」，給各級軍官的權力運作帶上了「緊箍咒」。

依據審計小組的工作部署，工程建設、房地產管理、大宗物資采購、醫療合作被列為監督的重點領域，而作戰部隊主官、專項建設負責人、機關部（局處）長等則是重點監督對象。此外，派遣軍委巡視組開展巡視工作則是近年軍隊反腐的一大創新。和地方巡視相比，軍隊巡視既有相同之處又有不同的地方。比如，根據軍隊工作的保密需要，軍隊巡視組無法做到與中央巡視組一樣，把聯系方式到巡視結果的信息都對社會進行公開。

徐才厚之死

開展專項整治活動是打擊軍內反腐的另一項重要内容。例如,由於近年來多起軍內腐敗案涉及到房產交易,軍内最近的一項專項活動是去年開始在全軍開展的房地產資源普查工作,試圖把建設行為和管理秩序納入規範化、法治化軌道。

有軍事觀察家指出,「總政」與「軍委紀檢委」其實是一個單位兩塊牌子,「中央軍委紀律檢查委員會」的負責人均由總政治部副主任兼任,徐才厚本人就曾兼任過。其次,為保證黨指揮槍,總後政委,乃至各大軍區、省軍區、各軍兵種的政治委員,均受總政治部牽制。總後副政委兼總後紀檢書記必須對中紀委副書記、軍委紀檢委書記、總政治部副主任負責。

軍內打虎要過七道關

梳理王守業等高級軍官的落馬過程可以大致得出軍內「大老虎」被懲處的過程,簡單概括為「軍隊紀委介入、軍隊檢察院提起公訴、軍事法院審判」。

據一位大陸對軍隊落馬高官的查處流程非常熟悉的專

業人士解釋說,根據辦案程序,軍内「打老虎」一般要經過案件受理、案件初核、案件立案、案件調查、移送審理、提起公訴、司法審判等基本環節。

原海軍副司令員王守業於二龍〇五年十二月二十三日被中央軍委紀委「雙規」,二〇〇六年五月,軍委檢察部門介入了對王守業案的調查。由於王守業是軍方人大代表,對他的批捕,須首先終止其人大代表資格。二〇〇六年六月二十九日,十屆全國人大常委會第二十二次會議發布公告,接受了王守業提出的辭去全國人大代表職務的請求,王守業的代表資格終止。當年,解放軍軍事法院一審宣判。

專家們指出,由軍事審判機關管轄軍人犯罪的案件,是世界主要國家通行的做法。在我國,軍事法院作為專門人民法院,是國家設立在軍隊中的審判機關。根據國家司法權統一行使的原則,軍事法院依照法律規定或授權確定管轄範圍,在最高人民法院的監督指導下履行審判職責。

在管轄範圍方面,軍事法院對軍内人員犯罪的案件依法行使審判權,軍内人員主要包括現役軍官、文職幹部、士兵等。根據現行體制,中國的軍事法院分三級設置:基層軍事法院,大軍區、軍兵種軍事法院,中國人民解放軍軍事法

院。其中,中國人民解放軍軍事法院是最高審級,其職權包括審判正師職以上人員犯罪的第一審案件等四類。

有媒體報道認為,無論是軍事法院還是地方人民法院,審理刑事案件都要嚴格執行刑事訴訟法律規定。因此,軍事法院在庭審過程中的主要程序和一般法院大同小異,也有法庭調查、辯論、被告人最後陳述等必要環節。刑事訴訟法還規定,案件受理後兩個月內宣判,最遲不得超過三個月。對於重大復雜案件,如果經上一級軍事法院批準,還可以延長三個月審限。

涉軍事秘密,反腐細節難公開

二〇一〇年,大陸外事委員會副主任、解放軍原副總參謀長劉鎮武上將曾在接受媒體采訪時表示,軍隊一直重視反腐問題,打擊腐敗的力度甚至比地方還要嚴厲。外界對軍隊反腐力度感受不夠,主要是因為反腐案件都是在軍隊內部系統查辦,不對外公開。

專家們指出,不公開審理符合國際慣例,但中共常常有這種方法為自己所用,因為,根據刑事訴訟法規定,有關國

家秘密或者個人隱私的案件，不公開審理。

其實，有關國家秘密都好似有嚴格的規定，軍事秘密作為國家秘密的重要內容，關係國家安全，法律規定不公開審理此類案件，也符合國際司法慣例。比如，聯合國《公民權利和政治權利國際公約》規定，因道德、公共秩序或國家安全的理由，可不使記者和公眾出席全部或部分審判，但任何判決都應公開宣布。但這個規定也不能被政府濫用。

北京大學廉政建設研究中心副主任莊德水認為：「公開是最好的反腐劑，這適用於地方政府反腐要求，但並不適合於軍隊反腐，軍隊反腐更重視紀律權威和懲治力度，層級性和權威性比較明顯。」北京大學廉政建設研究中心副主任莊德水認為。國防大學教授公方彬亦撰文指出，軍隊的職業特性與職業特權制約著監督所必需的公開透明。軍事行動的保密與非保密的界限並不清晰和嚴格，更不為社會大眾所了解。

有專家指出，既然軍內反腐和公眾保持著一定的距離，是否意味著軍內反腐和公共利益關係不大？顯然不是。親中共立場的專家也不認同，他們認為：「軍隊的力量源泉是人民群眾，軍隊離不開社會支持，而社會公共利益需要軍隊加

以捍衛。軍隊反腐直接關係到軍隊本身的公信力和戰鬥力，關係到國家安全和公共利益。軍隊切實開展反腐，不僅可以保證軍費的合理使用，讓軍隊取信於民，而且可以整肅黨紀軍紀，保證軍隊不改變其政治顏色。」

越來越多的人士認為，對於軍隊腐敗案件的審理，只要不涉及國家機密這個前提，可以在適當範圍內向社會公眾進行公開。提升軍隊反腐透明度，充分發揮軍事發言人和新聞記者見面會的制度優勢，公開相關反腐進程和結果，對軍隊內部的腐敗分子形成威懾力。軍隊管理層本身要重視人民群眾的意見反饋和利益表達，暢通軍隊信訪舉報渠道，讓基層軍官的一言一行處在人民群眾的監督之下。

不過，北京的政治觀察家對軍方能夠在審理貪腐案件時候適當空開話，不表樂觀。很可能，像徐才厚案、郭伯雄案永遠不會對公眾開放，其細節永遠塵封在軍紀委的箱底。

反腐，明顯分裂；不反腐，暗中分裂

中國大陸幾乎人人都知道軍隊腐敗比地方烈度大。假若習近平真的推進無差別的反腐，應當從重災區軍隊開始。

但是，習絕對不會「自毀長城」，更何況軍內諸種政治勢力交匯，就算真正反腐也難以下手。比方說，劉源是軍內反腐的旗幟，但他的軍國主義思想嚴重，「從反腐到戰爭」是他的基本政治思路。再有，劉源與張海陽聯手組成的軍內紅色貴族聯盟，與習本人及其親信有著千絲萬縷的聯系。正是在這一背景下，劉張二人雖然沒有能進入中央軍委，但仍得進十八屆中央為中央委員。

更大的難點是，張海陽從來不正面對習表態，一切聽命，也遠比劉源低調，而背後卻是有越戰經驗的一批將領對其口服心服。越戰即中共自稱的「對越自衛反擊戰」是鄧小平掌握實權後的唯一一次規模性戰爭，也是迄今為止的唯一一次實戰，因此，有越戰經驗的將領是軍中的絕對實力派。作為實力派升起的標志，劉粵軍在胡錦濤主導的十八大前軍方人事大調整中，出任蘭州軍區司令。

有軍隊觀察家說，大陸社會流傳「反腐敗，亡黨；不反腐敗，亡國」之讖語，在軍隊它則變成了「反腐敗，明顯分裂；不反腐敗，暗中分裂」。在劉、張等主張反腐敗的強人被邊緣化的情形下，習至少要用軍隊也用反腐敗的態度來威懾不服從的將領，尤其那些既非紅色貴族後代又非越戰實力派的高階將領，以便讓他的名義權威得以維持。在另一端，

徐才厚之死

習在接手最高黨權後不止一次提及「做好軍事鬥爭準備」，此為威懾日本與南海糾紛聲索國的重要策略。

有獨立評論人士說，既然要準備打仗，便不排除習在鄧小平之後為樹立第二個新強權而發動規模性戰爭的可能性。也恰是由於這種態勢，軍內有「讖語」流行說：鄧小平，一瓶沒問題；江澤民，一杯不到；胡錦濤，一口不沾；習近平，一瓶沒開。此說以酒量為喻，形象地說明了鄧江胡習與軍隊的關係。當然，也側面表明軍隊喝酒成風，酒量似乎成了戰場能力的模擬。

習近平沒法在軍隊實質性反腐，但為維持名義權威，還是要做些動作。因此，不久前發出軍隊禁酒令，即在軍內公務接待中不準飲酒。盡管此舉與軍隊反腐相去甚遠，但是無論軍媒還是黨媒都對此令大肆吹捧。實際上，這是習為軍隊反腐設的防火墻。換言之，軍隊反腐「點到為止」，絕不能因反腐而導致軍內明顯分裂。

有傳言說：王岐山二〇一三年親自審定的中紀委學習十八大精神通知，其中有「黨內絕不允許腐敗分子有藏身之地」的措辭。當有人問及王這個文件是否對軍隊有效時，王沒有立刻回答，稍後則言「軍隊反腐安排由習總書記最後批

準」打了哈哈。

北京資深官場觀察人士表示：最積極的估計，習目前還沒有在軍隊發動大規模反腐風暴的能力，郭和徐兩個打老虎，都是因為谷案的牽連，加上和「政變」計劃的關聯。因為中國表面是「黨指揮槍」，其實，即便不是「槍指揮黨」，至少也是黨依賴槍。有誰會傻到把自己的靠山整垮呢？

最難對付的「第二中央」

分析家指出，別看現在習在軍中反腐中呈現強勢，但是他在軍隊內部至少面臨三大難題：其一，江澤民親信派生的子系統頗有實力，屢屢出現的主戰聲音即源於此；其二，軍中太子黨體系內鷹鴿兩派分界不明，但觀點較勁屢屢出現沖突，此至少是個團結問題；其三，維穩系分羹軍權的潛在威脅最大，直接威脅「習核心」的政治安全。鷹派代表人物梁光烈就認為，不要怕爆發全球核戰爭，全面核戰爭爆發後大不了中美一起災亡。

江系鷹派的好戰言論，習也忙於應付，貌似作準備打仗姿態，借此強化單項戰術表演以整合軍內太子黨矛盾。比如

徐才厚之死

說，在美國軍方預判中國要實施第三次反衛星試驗之際，習下令導彈部隊的一個旅展開多導彈打擊同一目標的演習。這樣做不但收到以上預想的軍內整合效果，還增加崔天凱美國之行的談判籌碼。

習近平最難處理的軍權聚攏在維穩系那裏。過去，周永康主導的中央綜治委更名為擴容，實以薄熙來進常委並實控「第二中央」為目標。所謂更名者，就是將綜治委全名中的「治安」二字替換為「管理」，為擴容爭得名正之份；所謂擴容者，就是將綜治委的成員單位由四十個增至五十一個。新增十一個單位中既有武警整個單位亦有軍委總政保衛部、總參動員部兩個二級單位。

由此，與綜治委一套人馬兩塊牌子的中央政法委正式成為擁有軍權的「第二中央」。現在，政法委雖然已經降格，但綜治委構架並未撤銷。直接從綜治委收回軍權或以撤銷綜治委的方式使武警與軍委兩總部下轄的兩個二級單位「諸神歸位」，顯然會激化本來與江系日漸明朗化的矛盾。習對江還得保持鬥而不破之態，並且江系留守力量也給了習一個小小顏色，即給習的網絡反腐潑了冷水。

軍隊反腐到郭伯雄為止？

　　既然無法從維穩系那裏直接收回軍權，習只好借勢江系軍中勢力的打仗呼聲來「製造緊張空氣」，推出軍隊絕對服從「習核心」的軍內宣傳新說法。換言之，對社會可以不說「習核心」，但軍隊必須明白「習核心」存在的事實。為讓「習核心」在軍中有基本概念，一方面軍報發表絕對效忠習的表態文章，另一方面中紀委將反腐政治化導入軍隊，威懾那些潛在的不服從者。

　　實際上，軍隊反腐絕對是重拿輕放，形象地說是「到郭伯雄為止」。目前，前總後勤部副部長谷俊山（中將銜）貪賄案已進入司法程式，但量刑結果如何還要經幾方討價還價，畢竟谷俊山與江系是鐵桿關係，而其對胡錦濤的效忠也是案件晚發的重要原因。身為總後政委的劉源當初發誓要除掉谷俊山，實際上是要警告胡休想削弱軍中太子黨的權力。對於軍中反腐，習不僅「反到郭伯雄為止」，而且還「反到喝酒為止」。其整頓軍紀的所謂重手筆，也只是不允高級軍官大肆喝酒以及公務接待中不得弄大場面，其他如軍內經營風

再起也是睜一只眼閉一只眼而已。

習近平聚攏軍權的權謀顯然得到了軍方鴿派的支持，有太子黨背景的國防大學政委劉亞洲（上將銜）接受中央黨校主辦的《學習時報》采訪，聲稱「軍隊思想與世界大國謀求軍事變革的態勢還有不小的差距」。這番話暗示中共軍隊還沒打大仗的計劃。

與此同時，以劉亞洲為代表的軍中太子黨鴿派比較支持由胡錦濤傳給習近平的「花錢買國防」政策，如研發與仿制超大型軍用運輸機，特別是投入大筆資金持續更新空軍。另外，「埋頭造航母」也是政策子項之一。有軍方研究人士透露：中國到二〇三〇年要建成不包括現有瓦良格（訓練艦）在內的航母六至八艘，分成三大任務群，其中投放東海與南海各一個群。

第十四章

誰是軍中下一個大老虎？

「一家三國」，反腐先天不足

且不說美國彭博通訊社關於習家族數十億的財產問題，光我們看看習家的人就知道，習反腐是多麼得弱勢。

習近平的姐姐是加拿大人，弟弟是澳大利亞人，而女兒一直在美國讀書，若無意外，即將成為美國人。習近平前妻柯玲玲，是中國外交官柯華小女兒，結婚三年後離婚，兩人沒有孩子。柯玲玲現居於英國。妻子彭麗媛是著名軍旅女高音歌唱家，現任解放軍總政治部歌舞團團長。一九八六年底經賴昌星朋友做媒與習近平相識，次年兩人在廈門結婚。女兒習明澤，生於一九九二年，曾經在杭州外國語學校讀書。

二〇〇八年汶川大地震時，習明澤以志願者的身份前往四川綿竹的漢旺東汽小學，參與搶救傷者、心理輔導的工作。同年保送浙江大學，二〇〇九年七月，習明澤進入浙江大學外國語學院，二〇一〇年五月前往美國哈佛大學讀本科。姐姐齊橋橋（習橋橋）為北京中民信房地產開發有限公司董

習近平家族一家三種國籍

事長，姐夫鄧家貴為遠為房地產開發有限公司法人代表，他們目前已獲加拿大籍。

　　這份習近平家人的路線圖並不全面，習還有更多親戚朋友生活在美國、加拿大與澳大利亞，但僅僅從這個可以看出，他的很多近親與家人都生活在海外，據中辦一位老同志透露，這和習近平本人無關，他們兄弟姐妹平時來往不多，他們也從來沒有沾習近平的光，都是靠自己的實力與人脈。他們在國內有這麼好的條件，為什麼都紛紛出國？而且有些已經拿了國外護照？最主要的原因和其父親的坎坷經歷有關係。

徐才厚之死

　　傳聞文革中，習仲勛因為小說《劉志丹》差點被毛逼瘋，習其實神經失常是假，他一直很清醒，裝瘋賣傻只是為了保護自己的家人不受株連。習仲勛後來平反後，被委以重任，而他主管廣東，和廣東華人華僑接觸比較多，從他們那裏才真正了解到西方的真實生活，尤其是政治狀態與政治制度，這是習仲勛政治思想轉變的關鍵。從那時起他就要求子女們有機會的時候都要「遠走高飛」，他說，報效祖國也可以到國外去，但留在國內，說不定就會某一天受到政治迫害，更不用說報效祖國了。但他要求子女中留一個搞政治的，而且希望是那個最淳樸沒有心機的習近平，他說，在中國這種政治下，別以為有心機就能夠成功，張春橋、江青有心機吧，滅亡得更快。習仲勛自己一直對當局與毛澤東直言不諱，在政治上從來不參與迫害人，表現得毫無心機，雖然受到了迫害，但屬於最終笑到最後的人。

　　習仲勛要求子女遠離中國，符合他的思想。子女在他的影響下，一有機會就出國了，唯獨習近平留在了國內，但可能是受父親影響，習近平也把獨生女兒送到哈佛大學讀書。據哈佛大學一位叫David的老師透露，習近平的女兒有中國大陸派來的保鏢二十四小時保護，美國聯邦調查局最近也加派人手暗中保護她。一般來說在校學生無法申請綠卡，但習

近平女兒已經有美國的長期駐留簽證，而且隨時可以申請加入美國國籍。習近平女兒的成績不錯，空閑時也上網閱讀中文網頁，業余愛好是時裝與閱讀。

不過，傳聞習近平升任中共總書記後，一度有讓女兒回國學習的打算，但遭到女兒拒絕。美國第一夫人二〇一四年中國訪問，寶貝女兒勉強返回，但拒不在鏡頭前留影。

習強勢造成「自傷」

觀察人士指出，習近平上臺之後一系列強力整風、反腐動作，以及兩大超級機構——深改組和國安委的設立，尤其是解放軍各路軍頭二〇一四年多次集體表態擁護習中心之後，人們已很難有理由懷疑強勢的習近平在中共體制內的權威。《紐約時報》曾刊文稱，在擔任黨的領導人一年多之後，習近平正顯現出一個堅定而自信、甚至帝王式的國家主席形象。相比之下，他的前任胡錦濤則以充當精英階層共識的乏味執行人為己任。

蕭功秦是中國支持「新威權主義」的人中最知名的一位，他認為，習近平的出現是件極大的好事，習近平是他概

徐才厚之死

念中的模範領導人鄧小平的新化身。在上海師範大學教歷
史的蕭功秦，曾在二十世紀八十年代末小有名聲，但也引起
一些爭議，當時他提出，中國需要一個支持市場經濟的強
人，能壓制政治上的反對聲音，同時能帶領中國實現經濟現
代化。他說，習近平通過有意識地模仿鄧小平，吸收了這種
「新威權主義」觀點。

蕭功秦說，「習近平代表著中國新威權主義黃金時代
的到來。」他說，「現在集中權力很重要。這個時期需要一個
強人，一個強有力的領導人，這個強有力的領導人必須既具
有聲望，又具有得到制度保障的權力。」十八屆三中全會全會
上，習近平雄心勃勃的設定了全面深化改革的總目標，並首
次明確提出要「推進國家治理體系和治理能力現代化」。權
威的樹立無疑有利於推動方方面面的改革。

但是，提倡民主自由化的人士則在習近平集中權力中看
到許多危險，在新設立的、可能具有很大影響力的國家安全
委員會上也看到危險。有批評者認為，習近平想當普京，習
掌握的國家經濟權力可能遠遠大於鄧小平所掌握的。如今
國家的資源極為富足，幾乎與美國的相當。所以，如果他們
利用得當，將會產生巨大的影響。但如果利用不當，則可能
會帶來巨大的危害。」

不少中國問題觀察家認為，習近平如何避免濫用自己擴大的權力與隨之而來的權威，或能避免把這些權力浪費在不能兌現的承諾上，都將是對他極大的考驗。中國政情觀察人士無論是外間將習評價為新時期「強人」，還是對可能出現的「新權威主義」的擔憂，都從側面顯示出習近平的個人擔當，因為習近平不光會因為推動改革的成功獲利，而一旦種種改革出現曲折、反復、甚至失敗，習近平都要為此承擔相應的後果和非議。

習王反腐抄襲普京

提及習近平的反腐，假定和俄羅斯的普京比較，許多西方中國問題專家認為，習近平幾乎是沿著普京的反腐路子步步推進的。

普京在他執政的前十年中，始終面臨和習近平一樣的問題。眾所周知，俄羅斯前總統葉利欽家族也很腐敗，普京被葉利欽推上臺就是因為內幕交易，他承諾上臺後不追究葉利欽家族的腐敗。而普京果然兌現承諾，上臺後便簽署了對葉利欽家族的特赦令，放棄追查葉利欽家族的腐敗行為。

徐才厚之死

有了這個先例，普京反腐自然底氣不足，不可能動真格的，官員貪腐起來便無所顧忌。這讓人聯想到江澤民和習近平的關係，江家的貪腐，習近平至今也不敢碰，原因之一就是江澤民對習近平有恩。在這點上，習近平和普京如出一轍。

不過，到了二〇一二年大選之前，為了爭取選票，普京開始著手高調反腐敗。這時的普京已經在俄羅斯政壇上縱橫馳騁了十幾年，政治技巧比較老練了，在反腐敗問題上，也有了強硬的資本。他變得六親不認，不惜拿身邊的人開刀。

電力系統是腐敗大戶，被普京選為首個重點清理對象。普京把調查腐敗的工作交給了自己頭號心腹謝欽，結果發現，在三百五十二名電力產業高管中，有一百六十二名與總數達三百八十五家商業組織有聯系。而這三百八十五家商業組織要麼是這些高管親屬或心腹經營的電力服務企業，要麼就是在海外離岸地區註冊的公司，用來將高管及其親屬、心腹們賺來的錢轉移到國外。

和李鵬家族控制中國電力一樣，俄羅斯的電力也控制在幾個腐敗家族手中。比如北高加索電力系統幾乎全部控制在卡伊托夫家族手中。卡伊托夫本人是「北高加索配電公司」負責人，他利用手中職權將公司電網運營及服務業務包

給自己親屬開辦的公司，然後又將賺來的錢通過皮包公司洗乾淨，或分發到親屬賬戶上。普京在選民面前顯示了自己的「鐵腕」，親自在會上詳細公布上述案情，並把電力系統貪腐官員共十三人全部解職。

但是，在電力系統打響反腐第一炮之後，普京便及時住手了。他並沒有在同樣腐敗叢生的能源部、經濟發展部、俄羅斯鐵路集團、俄羅斯天然氣工業公司、儲備銀行、原子能集團等系統大張旗鼓清除腐敗分子，而只是要求這些系統用兩個月時間，對所有國有或國家擁有股份的公司進行檢查，杜絕類似電力系統內存在的這種腐敗現象，尤其是海外離岸公司幫助官員轉移財富的現象。但是事實證明，讓這些國有大企業自己查自己根本起不到任何作用。這些系統的腐敗自然依然故我。

於是，普京開始下大手筆。在他以百分之七十選票贏得大選後，在二〇一二年的九個月內，俄羅斯聯邦調查委員會為兩萬起腐敗性質的案件立案，這比二〇一一年全年還多七千起案子。大批政府高級官員落馬，如國防部部長謝爾久科夫因為牽涉腐敗被免職查辦；前農業部長、後曾擔任總統顧問的斯克雷尼克因為農業部下屬公司巨額資金流失被調查；普京的同班同學、聯邦資產管理機構負責人安納托利-

斯捷爾秋克被逮捕,等等。為了從根子上防止腐敗,普京在二〇一二年底的國情咨文中提出,在監督政府官員收入和財產的同時,開始監督這些官員、國有公司領導以及其家屬的收入及開支。普京的心腹、俄總統辦公廳主任伊萬諾夫高調宣示,反腐敗鬥爭「必須果斷行動,不要顧及等級和頭銜」,「我們沒有不可以觸及的人」。

這令人想到,習近平十八大上任後一年半中對二十多名副部級以上高管的查辦。

中俄反腐大PK:一比嚇一跳

普京在反腐問題上,走得明顯比習近平遠。普京在個人財產問題上動了「大手術」,可是,習近平至今患得患失,不敢向前雷池一步。

二〇一二年,普京制定了《審查公務員消費占收入比例法》。按照這項法律,政府官員及其配偶、未成年子女的支出如果超過此前三年內收入總額,將面臨司法調查,相關財務信息將在政府網站公布並交給媒體,他們非法購置的財產將被法院凍結。在申報財產中弄虛作假的官員將被免職,

甚至面臨刑事指控。根據這想法律,二十一萬人接受了檢查,發現了1一點六萬起違規事件,總共有三百二十二人被解職。

顯然,普京反腐比習近平來得更加徹底和決絕。更讓人眼睛一亮的是,普京率先公布了個人財產。二〇一三年四月十二日,俄羅斯政府網站公布了總統普京、總理梅德韋傑夫上一年的收入和家庭財產情況。根據公開的官員家庭財產情況,普京二〇一二年收入五百七十九萬盧布,名下有一處公寓、一塊地、一個車庫和三輛俄羅斯產汽車,妻子柳德米拉全年收入為十二點一四萬盧布,名下無其他財產。總理梅德韋傑夫二〇一二年收入五百八十萬盧布,名下有一塊地,一處公寓和三輛蘇聯產高爾基汽車,其妻子斯維特蘭娜沒有收入,名下有一輛大眾高爾夫汽車和兩個停車位。此外,總統辦公廳成員、政府官員和聯邦委員會成員等都公布了財產。全俄羅斯總計有超過五百萬的公務員,有一百三十萬人按規定申報了財產。

更讓習近平感到汗顏的是,普京還制定了《禁止國家官員及其配偶和未成年子女擁有海外資產法》,該法案二〇一二年十二月在俄杜馬通過了第一次審議。法案禁止政府官員擁有國外銀行賬戶和有價證券。除政府官員外,該禁

徐才厚之死

令適用人群還包括擔任現職的法官、議員、軍人、檢察人員、內務部工作人員、市級行政長官，以及參與競選總統、州長、聯邦和地區杜馬議員、聯邦委員會議員候選人等。這些人除了不能在國外銀行開設賬戶儲存現金和貴重金屬，還不能擁有一切形式的外國金融產品，包括有價證券和金融衍生品。以上人群的配偶及未成年子女也適用該法案。該法案雖然不禁止官員在國外擁有不動產，但要求他們必須進行申報並公開購買不動產的資金來源。

二○一三年二月十二日，普京將這一法律草案遞交國家杜馬進行第二次審議。五月七日，法案正式簽署。按規定，從法案生效之日起三個月內，適用人群中擁有國外賬戶者必須關閉賬戶，擁有外國發行的有價證券者必須割讓，否則將被停職、免職或辭退。相關機構在總統授權下，可對適用人群中的任何人是否違法進行調查。和習近平反腐措施遭到黨內抵制一樣，普京的反腐運動也遇到很大阻力，禁止官員在國外擁有賬戶和不動產的法律草案在下議院就遇到阻擊。普京的反腐同樣遭到龐大的官員群體的集體抵抗，但普京似乎越戰越勇，底氣十足。

北京的政治觀察家認為，習近平缺乏普京的魄力。美國彭博社追查了中共八大元老一百○三名家庭成員的經濟狀

況，指出這些人通過控制國有企業、經營私人企業，聚斂了巨額財富，這和俄羅斯貪官的手法如出一轍。在這一百〇三人中，有二十六人控制著大型國有企業，其中包括王震之子王軍，鄧小平的女婿賀平，以及陳雲之子陳元，三人控制的國有企業在二〇一一年資產規模達到一點六萬億美元，超過中國年度經濟總產值的五分之一。

中國社會科學院發布的《當代中國社會流動》研究報告指出，在金融、外貿、國土開發、大型工程、證券等五大領域中，擔任主要職務的基本上都是高幹子弟。中國的億萬富翁中，九成以上是高幹子女，其中有兩千九百多名高幹子女共擁有資產兩萬億。《新太子商》一書的作者于石坪說：「從財富規模和積累速度看，我們不得不承認，中共新權貴家族要比八大元老家族的後代們，更貪婪，更肆無忌憚。無論是新權貴家族還是老權貴家族，都已成為中共新領導人習近平的一塊心病，也是中共全面腐敗的一個主要根源。從這個層面看，我對習近平反腐病不抱多少期待。」

北京的西方中國問題專家坦言：中國腐敗最嚴重的電力、電信和金融系統的大老虎究竟如何打，中南海心裏還沒數，況且，太子黨家族的腐敗問題更是連蓋子都沒有揭開。所以，習王反腐，可以圍觀，可以叫好，但不要太當回事，否

則期望越大失望越大。

左派看習六宗罪

第一、片面倚重胡溫，破壞了黨內權力制衡。習近平上臺後，片面倚重胡溫勢力，排斥江系。這就破壞了黨內的權力制衡。如果他是一個有遠見、有韜略、有作為的政治家，在矛盾尖銳復雜的政治漩渦中不會這麼做的。他應高高在上，左右其手，讓各派互掐，坐收漁利，逐步把牢政治權力。但是，習近平愚蠢地采取了一邊倒政策，片面倚重胡溫集團，做了一系列無法凝聚黨心民心的事情。

第二、冒天下之大不韙重判薄熙來。薄熙來重慶唱紅打黑振奮人心，引起國內外強烈反響，習利用手中的政治權力打擊薄熙來，實際上誅殺了他的政治主張。起初，習近平是被卷進倒薄行列的，但他加入以後，對倒薄形勢起了決定性的作用。人民翹首以盼他上任以後能給薄熙來一個好的處理結果，但他卻給薄判了重刑。這在政治上也給習近平自己判了重刑。人民的殷切期待迎來的是一盆冷水，所以不再相信他。

第三、高調給爹祝壽令天下人齒冷。二〇一三年十月，習近平做出一個出格的舉動，大張旗鼓地給他已故的父親習仲勛辦壽。習仲勛也不過是毛澤東時代的一介地位不算很高的開國將領，鄧小平時代有了點地位也不算太高。習近平當了總書記、國家主席，拿出平時小兄弟圈裏的派頭來慶賀自己當了黨和國家元首。這個舉動讓全黨全民目瞪口呆。這簡直是流氓無賴的做法，典型的腐敗行為。更可笑的是，給爹祝賀完生日，又在全國開展整頓「四風」活動，無法服天下人。

第四、十八屆三中全會舉毛旗走鄧路。中共十八屆三中全會召開了。這事非同小可，關係黨的路線和國家大政方針，是檢驗習近平政治品質的試金石。三中全會講了些國有企業的話，很得人心；又說了些混合所有制的話，讓人不放心。歸根結底，他是要讓私人資本進入國有企業。如果有高超的策略，真的致力於發展壯大國有企業，也不是不可以。但直到二〇一四年兩會之後，沒見到任何發展壯大公有制經濟的理論和思想出臺。

第五、以反腐之名打擊國有經濟政治領導力量為全盤私有化開路。十八屆三中會合後，以反腐為名打擊周永康的動作開始升級了。人們都沒看透這步棋到底想幹什麼，只知道

徐才厚之死

這與薄熙來有關，是打擊薄熙來的延續。到了兩會期間，圖窮匕現，才知道他打擊周永康是為了系統的清除國有企業的政治領導力量，給全盤私有化開路。

第六、兩會開啟全盤私有化航程。李克強政府工作報告關於二○一四年工作總體部署中提出：「制定非國有資本參與中央企業投資項目的辦法，在金融、石油、電力、鐵路、電信、資源開發、公用事業等領域，向非國有資本推出一批投資項目。制定非公有制企業進入特許經營領域具體辦法。實施鐵路投融資體制改革，在更多領域放開競爭性業務，為民間資本提供大顯身手的舞臺。完善產權保護制度，公有制經濟財產權不可侵犯，非公有制經濟財產權同樣不可侵犯。」這段話在長篇大論的報告中篇幅不長，份量卻是最重的，也是報告的核心內容。一句話，就是要在過去從來不開放的公共事業領域全盤私有化。

全黨一致「保黨」

反腐讓中共內部炸了鍋，一邊是如英國《金融時報》之類的媒體發文爆料江澤民等黨內大佬等對習近平發出警示，

要求習近平反腐「打虎」要適可而止；一邊中共媒體頻頻出現七大軍區和各軍兵種司令在《解放軍報》集體發文力挺習近平的消息。有媒體記者和政治觀察者由此得出結論，認為中共高層又要陷入激烈動盪的內部政治權力鬥爭，也有人認為，習近平的反腐「打虎」已經難以進行下去。但北京的政治觀察家不以為然，他們認為，反腐敗其實就是一種「保黨」運動，無論中共黨內哪個派系，在「保黨」的大是大非問題上都是驚人一致的。

北京的獨立媒體人指出，假定我們把中共當做一個九十多歲的老人，而且還是一個拒絕體檢、不看病不吃藥的倔強老人，那麼，今天他真的已經病入膏肓，他的是絕癥，而且不止一種，首先基因有問題，其次後天的成長後問題，最關鍵的是不受任何管束。導致百病纏身，命懸一線。中共今天的反腐其實和大家的期待還是有很大的距離。首先他是試圖想告訴大家，在沒有監督制度、基本不進行政治改革的情況下，他能夠解決腐敗問題。他還想告訴大家的是，他通過自身的手術，在不去除病竈的情況下，依舊能夠萬壽無疆。這本是一件完全不可能的任務，共產黨就是要把這種不可能變成可能。可以說，今天中共的反腐，是中共延續自己夢想的最後一線希望了。它的唯一的出發點就是讓這個黨繼續更

徐才厚之死

體面的執政。

即便對中共一向抱有成見的海外民運人士也認為，目前的「習式打虎」不是苦肉計，也不全是權力鬥爭，是最後一次保黨行動，再不反，這個黨就徹底完了。從這個意義上來講，人們相信習也好王也好是動了真情，但這裏面主要還是對黨的感情。今天中共已經創造了一個奇跡，這就是在如此大面積腐敗的情況下，他的統治卻沒有垮塌。中共碰到了這個星球上最富有人情味和隱忍精神的國民，面對理想和操守完全兩級的一群統治者，竟然能夠如此順從。或許這一點在一定程度上也感動了習近平和王岐山，他們也覺得一個貪腐到極致的利益團體是沒有臉面面對歷史和人民的，他們尋求在他們設立的遊戲規則裏面局部解決問題，而老百姓最終期待是砸爛這個規則，所以，中共雖然很難走出越反腐越腐敗的怪圈，但還是會讓人覺得他們在努力著。

中共黨內的一些針對反腐敗的雜音，主要不是出於反腐敗的方向上認知，而是出於對自身安全的考量，擔心「多米諾骨牌效應」殃及自己家族的利益。從習的角度來說，目前他的政治底盤和權力基礎十分穩固，一般預料習的反腐會繼續向前推進，他要靠這個方式樹立自己的絕對權威。

軍中反腐任重道遠

從前海軍副司令員王守業到總後裝備部副部長谷俊山，再到徐才厚和過比熊涉案，軍隊貪腐的特點十分明顯。

其一：一，既貪又腐，財色兼收，牀下贓款無數，牀上情婦多人，集貪官與流氓於一身，這種人是軍內的敗類，國家的毒瘤，社會的雜碎，家庭的逆子，於黨、於軍、於國、於家都是不幸；其二，欲壑無底，永不滿足，從數十萬到數百億，一路官、一路貪，四面刮，八方撈，不分對象也不擇手段，心狠手黑，比強盜還惡；其三，臺上道貌岸然，臺下卑鄙齷齪，滿口真理正義，滿肚子男盜女娼；辦公室裏掛滿了錦旗、勛章、優秀等獎狀和各種用錢買的在職進修的學歷證書，私家裏藏著無數贓款贓物，其實這種人肚子裏除了男盜女娼和拍馬奉迎的權術則實無它物；對上點頭哈腰，踮著腳走路，對下，既狠有毒，橫行霸道，領導在位及盡拍馬之能，老領導失權失勢必投井下石，甚至淫其妻女。其四，貪官多為全家一起貪。一人為官，雞犬升天，全家全族皆貪。

李克強在兩會結束的記者會上表示，中共當局堅持「有

徐才厚之死

貪必反，有腐必懲。不論職位高低，法律面前人人平等，只要觸犯黨紀國法，就要依法依紀，嚴肅查處。」

自二十世紀八十年代的大規模市場改革以來，軍隊一直存在嚴重的腐敗問題。當時國家允許軍隊搞實業，以便賺取武器現代化和供養軍隊所需的資金。隨後便出現了普遍的走私、貪污和牟取暴利行為。經過多年的爭論，共產黨在一九九八年命令軍方與商業分離。但是，隨著中國政府增加軍費開支，官員又開始利用這些資源來謀取私利。

軍方占有大量土地，其價格與全國各地的房地產價格一同飆升。人們認為，房地產交易是軍隊最大的貪污源頭。一名前軍官曾對海外媒體稱，為了規避國家對住宅面積的限制，將領們有時會把住宅的天花板修成標準高度的兩倍。他說，「這一來，以後他們就可以加蓋一層。」

據信，軍隊中的行賄買官現象比黨內還要習以為常。軍方內部知情人士透露，將軍的軍銜可能需要花費百萬以上人民幣。軍隊的采購活動也充斥著浪費和欺騙。例如，有關方面最近訂購了一些戰鬥機機艙蓋，而該部件設計機構的一名學者說，采購費用幾乎是一個國家航空承包商投標價格的三倍，購得的產品還布滿瑕疵。

在習近平的前任胡錦濤，人們往往認為他無所作為，對軍隊事務不管不問。在他執政期間，此類濫用職權現象大量增加。有軍方知情人士表示，他給軍方高官建造了幾百套特大別墅，從數十起土地交易中獲利，還給自己置下了許多房產，單是在北京市中心就有三十多套。

有媒體就此采訪北京復轉軍人白建勇，他表示自己成長於軍隊幹部家庭，愈來愈有感於現今的軍隊腐敗泛濫，且軍中腐敗和中國社會其它領域腐敗並無區別，這使得軍隊形象早在公眾中坍塌：現在軍隊都用現金交易了，不光是軍隊，象醫院、教育，這些過去都比較『崇高』的，讓人敬畏的行業，問題都很多，處在這種環境和體制下，出淤泥而不染很困難。現在我看到的很多問題和建軍的宗旨相差很多。

白建勇也表示如果習近平能夠斬斷軍中貪腐的利益鏈條，相信會為他加分不少，但很多年的經驗是「希望、失望」不斷往復，因此即使谷俊山、徐才厚等人落馬，軍中整體性腐敗能否得到遏制？還有待觀望。

大陸學者姚監復認為，徐才厚案就如周永康案一樣，兩年間各種傳聞紛起，媒體也多次報道，但遲遲不見中國官方最後的定局，只要官方消息不出，其中就可能再生變數。且在

徐才厚之死

中國軍隊內部系統，更是牽一髮而動全身，徐才厚多年前握有軍隊大權，動他不是一件容易的事情：「現在要一動，就得有一大批人對抗。就和動周永康，就得動一批人一樣，動徐才厚，是不是又要動很大一批人，這批人可能要'團結'起來對付習了。不像原來想像中的多米諾骨牌一樣，一個一個推倒，他們都在一條船上。」

軍外「常委級」老虎已經鎖定

二〇一四年四月十八日大陸媒體紛紛報道，據中央組織部有關負責人證實，華潤（集團）有限公司董事長、黨委書記宋林涉嫌嚴重違紀違法，中央已決定免去其領導職務，現正在按程序辦理。

宋林生於一九六三年，他是山東乳山人。同濟大學固體力學專業工程力學學士。《財富》雜志二〇一二商界領袖榜，宋林排名第二十位。宋林倒臺兩年前，其實媒體已經揭露其問題，中共高層也指示調查，但「某高層」卻成調查阻力。海外指此阻力是當時的中紀委書記賀國強。在宋倒臺之後，大陸官媒光明網卻刊發評論文章，呼籲當局追查阻力，

華潤董事長宋林被查

「再打大老虎」，其矛頭直指賀國強，很讓人感到意外。

　　大陸光明網屬於《光明日報》，《光明日報》是中共機關報，屬喉舌媒體。其文章題為《誰是嚴查華潤董事長宋林的阻力》，質問「是誰頂了高層領導的批示近一年？誰是嚴查宋林的阻力？」文章又指此阻力「一定非同一般，或者是某個人，或者是一個團夥，總之是足以抗衡甚或勝出高層批示的人」，「如果宋林是老虎，這個阻力就是大老虎」，文章要求當局徹查。

　　有熟悉大陸事務的觀察家指出，賀國強即便涉案，但他畢竟是剛退位的政治局常委，按規矩黨媒禁提，但光明網鬥膽挑戰這一禁令，必定另有原因。是否賀國強會先於周永康

徐才厚之死

倒臺，也是一個看點。

　　大陸媒體人李建軍透露，早在二〇一〇年國家審計署就開始調查華潤收購弊案，但被「某高層」強行壓下；二〇一一年時任總理溫家寶、中紀委副書記何勇等又批示查處，不料在中共十八大召開前「再次被人為制止」。外界相信，能「人為制止」上述高層批示的，只能是時任中紀委書記賀國強。

　　曾任中紀委書記的賀國強，原來是毛澤東前妻賀子珍的侄子，大陸官媒曾報道他上任後嚴格要求自己的家人和孩子「遵紀守法」，「出了問題，對大家都不好」。但據二〇一四年四月香港媒體的報道，二〇一三年中紀委展開反貪打老虎行動後，就接獲多宗實名舉報，矛頭直指賀國強的兒子賀錦濤和賀錦雷，中紀委不止一次約談賀氏兄弟，特別是賀錦濤，要求他就舉報所涉及的問題解釋。

　　令中紀委意外的是，二〇一三年底才發現賀錦濤已安排妻子攜孩子飛往美國三藩市。據說，賀家兩妯娌以她們的名義投資當地的酒店和房地產，生意做得很大。

　　有熟悉賀家的消息指，賀國強有兩個兒子，大兒子賀錦濤曾在部隊服役，後轉業到地方工作。小兒子賀錦雷是北京

大學北大資源研修學院院長兼黨支部書記。兩人以老二賀錦雷較老實低調。老大賀錦濤最為大膽敢做，在賀國強任中組部長期間，就被人舉報打著父親的旗號，收受賄賂為人買官賣官。

其中，這次倒臺的中資香港華潤集團董事長宋林，就被指靠著與賀錦濤的關係，花巨額資金送禮，得以坐上現在的位置。二〇一二年七月，香港媒體曾曝光華潤在收購山西大同煤礦事件中涉嫌巨額腐敗，華潤集團在賀錦濤直接介入後，硬從另一買家手中搶到大同煤礦。

據透露，賀錦濤在華潤山西礦收購案中，親自向競爭對手山西大同礦務局領導打電話，要大同礦退出競爭，否則「大同煤礦整個領導班子也會像重慶一樣出很多問題」。大同礦原擬七十億元收購，但最終收購資金由原來七十億驟升到一百二十億人民幣。據悉，多出的五十億的巨額資產，不久落入北京一家有世界五百強外資背景的投資公司。

賀國強曾經給外界一種比較清廉的形象。官媒曾稱賀的兩個兒子的婚禮都是在普通招待所舉辦，僅辦兩桌酒席；又指二〇〇三年年底賀國強的父親去世時，賀沒有回家奔喪，據稱如果他回去，湖南各級地方官員恐怕都要以祭奠的名

義過去，所以他決定不回去。直到第二年春天，賀國強才回鄉祭奠父。隨行人員聽不懂賀的湖南方言，只見他在父親墳前長跪不起，說了很多話，並失聲慟哭。

二〇一二年底賀國強從中共權力頂峰退下後，賀大公子的斂財行動變得公開化和更加猖獗。二〇一三年初路透社報道披露，雖然內地私募基金市道低迷，集資不易，不過，賀錦濤組建的私募基金Nepoch Capital，短時間內已籌得兩億美元，據知情者指出賀的目標是把集資額增至五億美元。

重手反腐的三大謎團

中共的反貪風暴席捲上屆中央軍委、中紀委、中央政法委，之前有待揭盅的兩大謎團，一是牽連數千人的中央政法委前書記周永康案如何定性？二是中央軍委前副主席郭伯雄、徐才厚捲入貪腐色情醜聞，風起何處、颳向何方？如今再添第三個謎團：賀國強會否步周永康後塵？

自前年中共十八大後，賀國強幾乎絕跡於公眾場合和媒體，是上屆政治局常委退休後最低調的一個。據說，賀國強是個孝子，退休後再次把母親從湖南接到北京同住，早晚都

宋林被查矛頭直指賀國強

會向母親請安。直至二〇一四年一月，《賀國強黨建工作文
集》出版，多個省市黨委舉行專題讀書會，規格之高又超出
其他出書的常委。詭異的是，一個月後就有媒體報道，賀國
強的兩個兒子被中紀委約談後，把妻子送往國外，財產也轉
移海外。

　　宋林案再令輿論關註曾阻撓案件調查近一年的中共高
層就是賀國強，而賀國強又適時在媒體「露面」，出現在四月
下旬解放軍前福州軍區副司令員王直的弔唁名單上。反而，
郭伯雄、徐才厚並沒與梁光烈等上屆軍委成員一起出現，似
乎佐證兩大軍頭遭調查不假。

徐才厚之死

元老爭露面，角力白熱化

　　華潤董事長宋林二〇一四年四月落馬前後，中共退休高官爭相露面，先有前總書記胡錦濤高調亮相，後有江澤民、李長春、賀國強等退休高官爭相露面，或遊山玩水，或出席弔唁活動，密度之高在中共十八大後罕見，突顯中共高層角力的刀光劍影。

　　華潤董事長宋林落馬前後，中共退休高官爭相露面，雖有官方輿論指他們現身是要力挺習近平、力挺改革，但由於宋林案劍指上屆中紀委、劍指煤電行業，幕後老虎已被震動，外界看到的是高官人人自危，有人露面是為了報平安，有人露面是為了顯示他們在政壇的影響力猶存。

　　宋林作為大型央企的老闆，只是副省部級官員，在每個月都有省部級高官落馬之際，本不應引起政壇太大反應。但北京官方媒體披露，去年宋林被舉報後，中共現任高層已批示嚴查，但遇到阻力被「頂」了近一年，報章甚至公開呼籲查處阻撓宋林案調查的幕後大老虎，因此觸發海內外輿論關註，習近平、王岐山的反貪打虎行動能否堅持到底。

內地有順口溜說：「省部級多是高官生的，市縣級多是金錢買的，鄉鎮級多是酒肉餵的，村一級多是拳腳幹的，富豪都是有背景的！」宋林的父親宋吉清在中共建政前參加革命，後曾任山東師範大學黨委書記，是否與同為山東人的中共元老宋平有親有故則不得而知，但盛傳為宋林撐腰的則是中紀委前書記賀國強。

宋林案之所以令高官人人自危，是案件有兩大擴大化跡象：一是劍指賀國強，大有向上擴張之意，這是第一次直指中央領導機構的負責人。在中共的黨政軍領導機構中，中紀委是排在中共中央、全國人大、國務院、全國政協、中央軍委之後的第六大權力機構。周永康案雖然拖累中央政法委，令中央政法委被削權，但政法委只是中共的辦事機構，層級不及紀委。二是劍指煤電系統，橫向、縱向都有老虎可打。宋林貪腐涉山西煤電交易，與他差不多同時間落馬的還有國家能源局核電司司長郝衛平、煤炭司副司長魏鵬遠，煤電系統大有可能繼石化系統後成為當局整肅的重點行業，而無論是電力行業，還是山西的煤炭行業，都令各界關注前總理李鵬家族的影響力。李鵬之子李小鵬現任山西省省長，李鵬之女李小琳是中電國際董事長。

在周永康案風暴可能颳落更多省部級高官之際，宋林案

徐才厚之死

出現突破、牽連之廣，無論是高層權鬥的泥漿戰也好，還是彰顯習近平「反貪無禁區」也罷，都足以引爆高官人人自危，足以彰顯中共權貴的貪腐並不是個別事件，而是集體性、制度性的問題。

焦點鎖住梁光烈

筆挺的身板，略帶四川口音的洪亮聲音，一身松枝綠軍裝，左胸的級別資歷章上整整齊齊排列著七排五十三道豎杠，這就是前中央軍委委員、國防部長梁光烈的「標準形象」。胸口的這些資歷章，記錄了梁光烈從一名普通士兵到軍委委員、國防部長、上將的半個多世紀的戎馬生涯。

梁光烈一九四〇年十二月出生於四川省三臺縣。一九五八年一月入伍，成為陸軍第一軍一師二團工兵連的戰士。中華人民共和國成立六十周年盛大閱兵式舉行前夕，梁光烈回憶起自己剛參軍的日子，感慨萬千：「那時候沒法和現在比。那時候我們叫『小米加步槍』，我當兵的時候，扛的還是從蘇聯引進的七點六二氣槍，拉一發上一發子彈打一發，現在我打一下出去是數發子彈。過去我們的火炮是通過

望遠鏡測距人工計算距離,現在是遠程的精確打擊,一百公里、兩百公里都可以消滅敵人了。

一九七八年底,在籌備對越自衛反擊戰時,鄧小平親自點將,將武漢軍區司令員楊得志調任為昆明軍區司令員。當時,楊得志唯一隨身帶走的部下,就是武漢軍區作戰部副部長梁光烈。到雲南後,梁光烈深入邊境了解情況。開戰前制定作戰計劃,楊得志讓大家估計完成對越反擊需要多長時間,眾人都認為需要較長時間,只有梁光烈說,不要兩個星期解決戰鬥。果然,僅用了八天,解放軍就打下涼山,兵臨河內城下,迫使越軍撤退到胡志明市。

自此,梁光烈軍中大嘴巴的雅號不脛而走。隨著職位的上升,作為軍中鷹派,梁在很多重大國際場合,都以敢於直言著稱。

二〇一一年一月十日,梁光烈與到訪的美國國防部長蓋茨會談結束後回答了記者們的提問。美國記者問:「中國發展武器裝備會不會威脅他國安全?」梁光烈答道:「我們反對有些人將中國軍力發展說成是『軍事威脅』。」美國記者又問:「中美兩軍關係今後是否還會受到類似美國向臺灣出售武器這樣的事情幹擾?」梁光烈回答說:「美國向臺灣出售

徐才厚之死

梁光烈和美國國防部長蓋茨

武器，損害了中方的核心利益，我們不願意再次看到這樣的問題發生，也不希望因為美國向臺灣出售武器進一步損害中美兩國兩軍關係。」

二〇一一年六月，梁光烈參加在新加坡舉行的「香格里拉對話」，一名日本與會者批評中國「說一套做的卻是另一套」，質疑中國建造航空母艦純屬防禦用途的說法。梁光烈當場回答道：「當國家經濟有了發展之後，拿出一定的經費來發展國防實力，以維護人民的小康生活，是符合實際需要的做法。如果無視客觀事實，僅憑意識形態和社會制度的差異去主觀揣測和曲解別國的戰略意圖，就會人為制造敵

人。」有的與會者質疑中國在朝鮮半島核問題上的態度，梁光烈立即駁斥道：「我們跟朝方做的工作，比你們想象的多得多。」

國防部長是解放軍排名第三的高級職位，負責管理解放軍與中國國家機構和國外軍隊的關係，但沒有戰地軍事作戰控制權，梁光烈的「大嘴巴」說說無妨，胡錦濤也一直是睜眼閉眼不去管它。

梁防長這回有點懸

薄熙來案件發生後，梁光烈是第一個「遭難」，也是第一個在中共十八大前神秘「失蹤」的軍方高官。

中共十八大上，解放軍代表團熱烈討論十八大報告的內容，由郭伯雄團長主持，幾個副團長和解放軍基層代表紛紛發言總結，而作為國防部長的梁光烈卻沒有露面，並且在二〇一二年十一月八號十八大召開的直播中也沒有看到梁的鏡頭。假定十八大對梁來說不是個十分重要的出席場所，那麼在十八之前梁務必出席的一個重要活動，梁作為國防部長居然也缺席了。

徐才厚之死

　　二〇一二年九月二十四日，中共第一艘航空母艦「遼寧艦」按計劃完成建造和試驗試航工作，當天上午在中國船舶重工集團公司大連造船廠正式交付海軍。胡錦濤出席交接入列儀式並登艦視察，並向海軍接艦部隊授予軍旗和命名證書。溫家寶宣讀了黨中央、國務院、中央軍委的賀電。賀電指出，我國發展航空母艦，是黨中央、國務院、中央軍委著眼國家安全和發展全局作出的重大戰略決策。第一艘航空母艦順利交接入列，對於提高我軍現代化水平，促進國防科技工業技術進步和能力建設，增強國防實力和綜合國力，對於振奮民族精神，激發愛國熱情，鼓舞全黨全軍全國各族人民奮力奪取全面建成小康社會新勝利、開創中國特色社會主義事業新局面，具有重大而深遠的意義。如此重要的活動，梁光烈依舊沒露臉。

　　據來自中共軍委高層的消息來源，胡錦濤對梁光烈很反感，起因是胡出訪期間，梁居然事先不打招呼，去參加由薄熙來主導的一個軍事演習。

　　二〇一一年十一月十日，胡錦濤動身去夏威夷開APEC會議。恰在同一天，成都軍區第六次實兵演練在重慶舉行。觀摩者有重慶市委書記薄熙來，中央軍委委員、國務委員兼國防部長梁光烈，成都軍區司令員李世明等多個軍方巨頭。

據方的內部消息，連西藏軍區的司令員、政委、貴州和雲南的一把手都去觀看軍事演習。薄熙來在梁光烈的支持下，擴大了觀摩的範圍，犯了中共的大忌。此事，後來在薄熙來被抓後，徐才厚為了脫掉幹系，專門寫了給中央的舉報信，指責梁不聽中央軍委其他同志勸阻，執意前往重慶的嚴重錯誤。

梁光烈顯然也不是省油的燈，他在「隱身」期間，向中央交代了他是在征得郭伯雄和徐才厚的同意才前往重慶的，而且在臨走前還專門和兩位做了溝通。梁還揭發了徐和谷俊山聯手賣軍銜的具體實證。

二〇一二年十一月二十九日，「神隱」多月的梁光烈終於露面。那天，他在八一大樓會見了來訪的斯洛伐克軍隊總參謀長彼得沃伊泰克空軍中將一行並合影留念。人們註意到，梁的軍中鷹派形象已經蕩然無存，他講話比之前柔和了許多，而且不再鋒芒畢露，用中央軍委辦公廳一位秘書的話說：簡直判若兩人。

軍中打老虎輪到常萬全

按照周永康薄熙來的政變計劃，常萬全是軍委常務副

徐才厚之死

主席的高位,據來自中央軍紀委的消息,谷俊山在獄中交代了賄賂常萬全的詳細內容,其中包括十億人民幣的財物,光是黃金就有一千公斤。

常萬全是中共中央委員、中央軍委委員、國務委員兼國防部部長、上將軍銜,屬於國家級領導人。接近北京軍界的人士稱,常萬全仍然在公開活動,然而,他因為涉嫌嚴重貪腐行為,已在內部接受調查。

常萬全一九四九年一月出生,老家在南陽市南召縣四棵樹鄉,但據常萬全的幼年夥伴回憶,他老家在石橋鎮麥仁店村,姊妹五人,家境貧寒。常萬全在校期間喜歡打籃球,這讓他有緣進入軍營。一九六八年二月,部隊來河南徵兵,個頭高、球技好的常萬全一下子引起了徵兵領導的註意。他們看好這棵是好苗子,就有意帶他到部隊鍛煉,於是,常就稀裏糊塗當了兵。

常萬全發跡於蘭州軍區,一九七八年成為蘭州軍區司令員、並一度擔任開國上將韓先楚的秘書。歷任蘭州軍區參謀長、北京軍區參謀長、瀋陽軍區司令員、總裝備部部長等職;二○○七年十月起為中央軍委委員,並晉升為上將。十八大後更升為國務委員兼國防部部長。

按照慣例，大陸的載人航天工程總指揮由總裝備部部長擔任。在常萬全擔任總指揮期間，大陸「神七」、「神八」、「神九」和「天宮一號」都成功上天，這些航天計劃對於中共而言，不但是科技的展現，其發射成敗更關乎中共臉面，因此成功發射的負責人都會再晉升更高職務，因此，常後來獲得多次晉升並不奇怪。

曾有海外媒體報道稱，常萬全是胡錦濤就任軍委主席後提拔的，他是胡錦濤的唯一軍中心腹。甚至還有人把常萬全視為胡錦濤的共青團派成員，稱其是軍中的「團派」。據大陸軍方消息人士透露，實際情況則是，常出身於西北系，是現任中央軍委常務副主席郭伯雄親手培養起來的。

一九九〇年六月郭伯雄升任第四十七集團軍軍長三個月後，四十七軍常萬全調任蘭州軍區司令部作戰部部長。一年半後的一九九二年二月，常萬全晉升為陸軍六十一師師長，這是常萬全第一次擔任作戰部隊的主官職。六十一師被中共中央軍委確定為全軍首批應急機動作戰部隊，前軍委副主席張震之子，現任第二炮兵部隊政委、黨委書記張海陽為該師政委，時任中央軍委主席江澤民曾親自到該師視察，可見對該師的重視。

徐才厚之死

雖然郭伯雄只在蘭州軍區的第四十七集團軍當了三年軍長，但對曾擔任過軍區司令部作戰部長的常萬全多有提攜，在郭調任北京軍區副司令員後，便通過蘭州軍區的老關係，於一九九四年十一月把常萬全調到第四十七集團軍擔任參謀長。

一九九七年，常萬全被授予少將軍銜。二〇〇〇年即升任陸軍四十七集團軍軍長，成為正軍級軍官。而此時的前四十七集團軍軍長郭伯雄，已當上解放軍常務副總參謀長。

二〇〇二年，常萬全擔任蘭州軍區參謀長，在這年秋天召開的中共十六大上，被選為中央委員。一年後，常萬全再次獲得晉升得中將軍銜，並在二〇〇三年十二月任北京軍區參謀長，二〇〇四年十二月開始擔任瀋陽軍區司令員，成為正大軍區級將領，取得進入解放軍四總部的基本資格。

離開瀋陽軍區後，常萬全曾在軍報上發表了《回眸參與東北邊防建設的三年經歷》，文章被《強軍之路——親歷中國軍隊重大改革與發展》一書收錄。該文從展示國威、軍威和國家安全穩定的高度，反映他率領的部隊在安邊、興邊、強邊、睦邊和控邊等方面所做的大量紮實有效的工作。

當時有軍事觀察家分析，作為二〇〇四年十二月才就任

國防部部長常萬全

的沈陽軍區司令，常萬全的工作離不開當時軍委分管軍令的
副主席郭伯雄和總參謀長梁光烈的指點。不過，常萬全在通
篇文章中，只字不提郭伯雄，也未提梁光烈。這一做法被認
為常萬全希望再進一步，進入下屆軍委，但由於被外界指有
濃重郭系色彩，因而極力避嫌，兩個人的名字都不提，這樣
可以兩個領導都不得罪，其身段之柔軟可見一斑。

　　二〇〇七年，常萬全升為總裝備部部長，並在中共十七
大上當選為軍委委員。同年根據軍銜條例規定，晉陞為上
將。

徐才厚之死

權力繼承弊端

一般認為，反腐有好處：第一可以收買民心；第二可以空出位置給自己人；第三可以製造恐懼，報復政治對手；第四可以維持特權，繼續腐敗。哪一屆中共領導班子不反腐？毛殺劉青山、張子善，鄧小平說「反腐敗鬥爭關係到黨的生死存亡」，朱鎔基準備了一百口棺材，胡溫所謂「新政」，習李所謂「中國夢」，反腐鬥爭是屢敗屢戰，樂此不疲。從成克傑、胡長清、王懷忠、姜人傑、許邁永、陳希同、陳良宇，斃了一個又一個、判了一批又一批。結果卻是越反越腐，前腐後繼。不貪個幾十億，不弄個女明星，都不好意思跟人說是省級幹部。這是為什麼？

從政治權力的角度看，不論徐才厚被拿下與否，其或上或下的現象，實際上反映了中共權力繼承與交接的制度性缺欠，也擺明了中共掌政六十余年後仍然不脫槍桿子裏面出政權邏輯的政治現實。

一般而言，在一黨獨握權柄的政治結構中，其政治權力的代際繼承主要是黨的領導權的交接。正常情況下，新任黨

的領導人正式上位，即意味著退任的黨的領導人失去權力，新任黨的領導人繼承了權力。由於國家所有政治權力都由一黨獨占，所以，掌握了黨的領導權的新任領導人，理應也就掌握了附屬在黨的領導權之下的所有政治權力。

但是，在中國，事情卻不那麼簡單。遠的不說，至少在最近三十年的中共權力繼承史中，中共黨的領導人即使掌握了黨的領導權，卻不見得掌握了全部政治權力。而中共黨的領導人是否握有實權，是否真正成為有職有權的黨的領導人，其最重要、甚至也可以說是唯一的標志，就是看這個領導人是否在接過了黨的領導權的同時，也接過了軍隊的領導權。

胡耀邦、趙紫陽這兩任中共領導人，由於沒有軍隊領導權，所以被能夠指揮軍隊的人易如反掌地拿上拿下。習近平之前的兩任中共領導人，都是先接過黨的領導權，而後再接過軍隊的領導權。而後者，才是中共權力繼承與交接的實質和標志。也正是「黨指揮槍」與「槍桿子裏面出政權」之間不容調和的矛盾，使得掌握軍隊領導權成為中共權力繼承與交接的實質性內容所在。中共建政至今，誰掌控了軍隊，誰就掌控了黨、掌控了國家。

如果說鄧小平之前，中共領導人掌控軍隊靠的是權謀

徐才厚之死

手腕以及資歷、戰功和親信占位的話,那麼,到了在軍中既無資歷和戰功、也無親信的江澤民,其用來作為與軍隊效忠和服從的對價,就是放任那些在軍中掌握實權的軍頭們的腐敗。而到了胡錦濤在名義上接過軍隊領導權的時候,他甚至連開出對價的能力也不具備,軍頭們張狂到敢在他設宴的場合為爭權而掀翻酒桌的地步⋯⋯

對此,作為胡錦濤接任者的習近平自然看在眼裏,記在心上。在習近平一舉接過中共黨和軍隊的領導權後,他當然不想像胡錦濤那樣,受縛於主要是別人為其安排的政治局成員和軍隊領導層,而是要把黨和軍隊的實際領導權全部抓在手中。

無論是周永康還是徐才厚,從政治體量來看,都堪稱大老虎。但是,這兩個大老虎都有一個特點,即都是退了休的大老虎。找體量大的老虎打,可以為打虎者樹立政治權威,有助於其掌控實際權力,威懾那些不服、不滿或挑戰者。而拿退了休的大老虎開打,又是可進可退之舉——進可剪除大老虎羽翼,鏟除其餘黨,以便騰位換人;退可以打虎儆猴,凸顯懷柔之恩,以便安定人心,收感恩之利。